WUNDERWELT DER TIEFSEE

FASZINATION DER WEITEN WELT

WUNDERWELT DER
TIEFSEE

Reader's Digest

DEUTSCHLAND · SCHWEIZ · ÖSTERREICH

WUNDERWELT DER TIEFSEE ist die vollständig überarbeitete deutsche Ausgabe
des Buches EXPLORING THE DEEP,
das bei The Reader's Digest Association Limited, London, erschienen ist.

MEIN ABENTEUERLICHES LEBEN AUF DER *CALYPSO:*
Die Originalausgabe MEIN ABENTEUERLICHES LEBEN AUF DER *CALYPSO*
von Albert Falco und Yves Paccalet erschien beim Scherz Verlag, Bern, München, Wien.

Die französische Ausgabe dieses Werkes erschien unter dem Titel
CAPITAINE DE LA CALYPSO bei Robert Laffont, Paris.

Der Text wurde ins Deutsche übertragen von Michael Martin.
Die Kurzfassung in diesem Buch erscheint mit Genehmigung
des Autors und des Verlags.

Die Texte dieses Buches wurden gemäß den Regeln der
reformierten Rechtschreibung verfasst.

Printed in Italy

ISBN 3 87070 851 4

VORWORT

Unglaublich klangen die Geschichten früher Seefahrer, die von bizarren, alles verschlingenden Ungeheuern und geisterhaften Lichterscheinungen erzählten. Doch selbst die furchteinflößendsten Berichte hielten die neugierigen Menschen nicht davon ab, die Meere zu befahren, die rund 71 % der Erdoberfläche einnehmen. Inzwischen ist unser Planet umrundet und kartiert, doch die Tiefsee gibt ihre Geheimnisse nicht so einfach preis. Noch immer ist sie von einer poetischen, aber auch beunruhigenden Aura umgeben; einer eigenen Welt, die sich Stück für Stück denjenigen öffnete, die sich mit Tauchglocken, Atemgeräten oder Unterwasserfahrzeugen in die dunklen Tiefen wagten.

Mit der modernen Meeresforschung ist ein Name unauslöschlich verknüpft – Jacques-Yves Cousteau. Von 1936 an widmete er sich der Erkundung der Meere, wofür ihm seit 1950 das Forschungsschiff *Calypso* zur Verfügung stand. An Cousteaus Seite lernte der aus Marseille stammende Albert Falco die Ozeane der Welt kennen. 35 Jahre lang arbeitete er als Taucher bzw. Kapitän auf der *Calypso* und lässt den Leser in „Mein abenteuerliches Leben auf der *Calypso*" an seiner Leidenschaft für die Wunder der Tiefsee und der Begeisterung für ihre Entdeckung teilhaben. Mit der Crew der *Calypso* erkundete Falco die Rätsel der Meere und die zauberhaften Korallenriffe, die in ihrer Farbigkeit mit dem ständigen Ballett bunter Fische konkurrieren. Sein besonderes Interesse galt der Suche nach versunkenen Schiffen und Schätzen. Außerdem nahm er an Experimenten teil, bei denen erste Siedlungen auf dem Grund der Ozeane erprobt wurden, wie sie Jules Verne in seinem Roman „20 000 Meilen unter dem Meer" beschrieb. Die Ozeane bilden ein Universum, von dem Albert Falco nie genug bekommt.

INHALT

Die Welt der Ozeane

Mein abenteuerliches Leben auf der *Calypso*

Sonderthemen

DIE WELT DER OZEANE

Eine Einführung

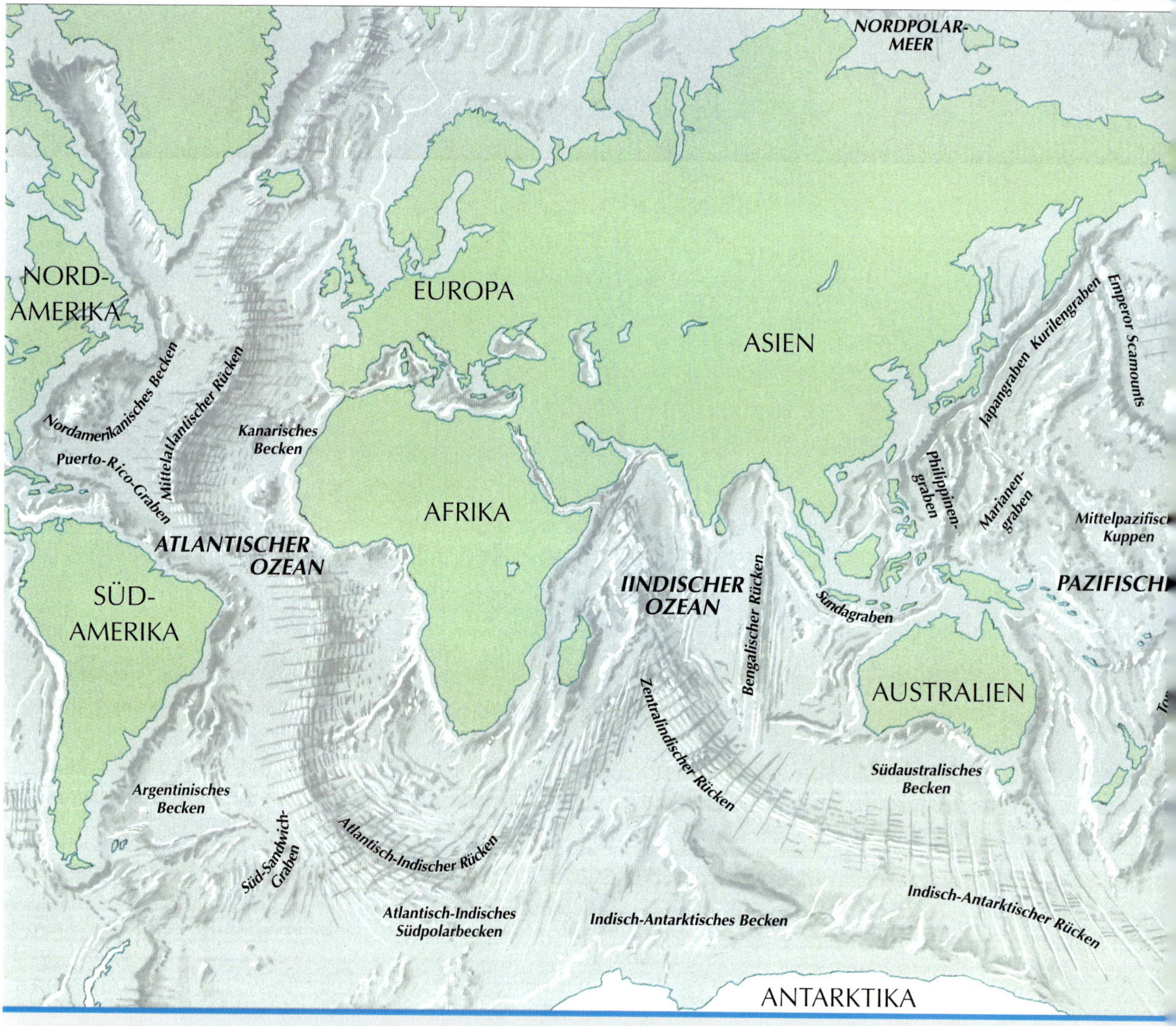
NORDPOLAR-
MEER
NORD-
AMERIKA
EUROPA
ASIEN
Nordamerikanisches Becken
Mittelatlantischer Rücken
Kanarisches
Becken
Puerto-Rico-Graben
ATLANTISCHER
OZEAN
AFRIKA
SÜD-
AMERIKA
IINDISCHER
OZEAN
Bengalischer Rücken
Sundagraben
Philippinen-
graben
Marianen-
graben
Japangraben
Kurilengraben
Emperor Seamounts
Mittelpazifisc
Kuppen
PAZIFISCH
AUSTRALIEN
Zentralindischer Rücken
Argentinisches
Becken
Süd-Sandwich-
Graben
Atlantisch-Indischer Rücken
Südaustralisches
Becken
Atlantisch-Indisches
Südpolarbecken
Indisch-Antarktisches Becken
Indisch-Antarktischer Rücken
ANTARKTIKA

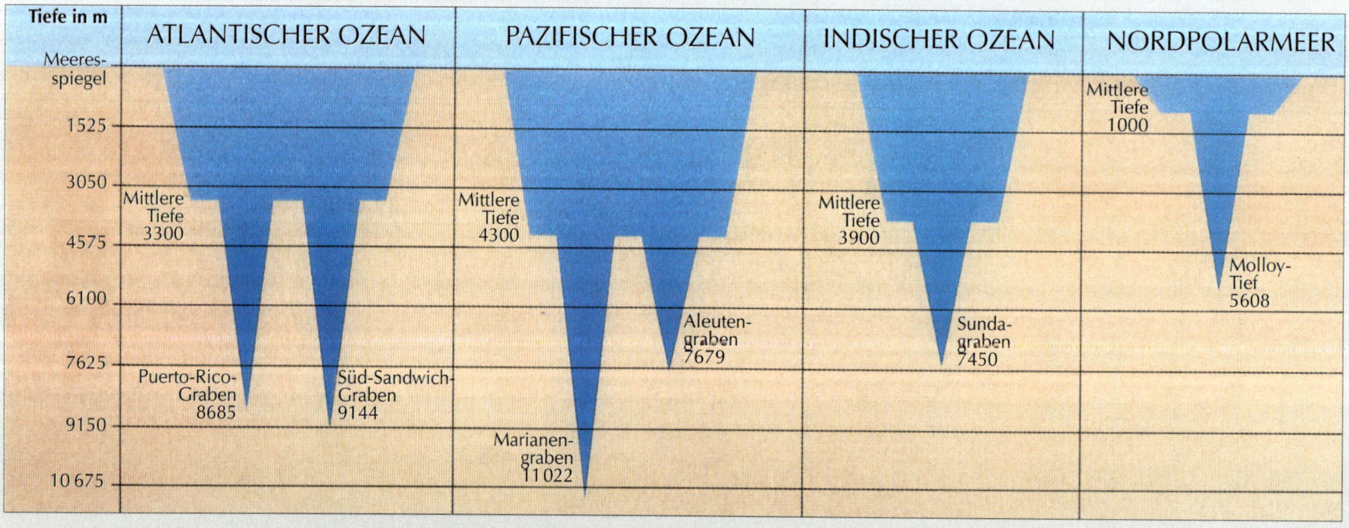
Tiefe in m
ATLANTISCHER OZEAN
PAZIFISCHER OZEAN
INDISCHER OZEAN
NORDPOLARMEER
Meeres-
spiegel
1525
3050
4575
6100
7625
9150
10 675
Mittlere
Tiefe
3300
Puerto-Rico-
Graben
8685
Süd-Sandwich-
Graben
9144
Mittlere
Tiefe
4300
Aleuten-
graben
7679
Marianen-
graben
11 022
Mittlere
Tiefe
3900
Sunda-
graben
7450
Mittlere
Tiefe
1000
Molloy-
Tief
5608

Das Relief

Unter dem Meeresspiegel verbergen sich die verschiedensten Formen des Meeresbodens (oben): ausgedehnte Becken, lang gestreckte Rücken (Gebirge), viele tausend Einzelberge sowie einige schmale Tiefseegräben. Hier und dort ragen die untermeerischen Gebirge als Inseln aus dem Wasser. Die mittleren und maximalen Tiefen der Ozeane (links) weichen stark voneinander ab.

DIE WELT DER OZEANE

Weiße Wolkenwirbel auf tiefblauem Grund, dazwischen die Landmassen als braungrüne Flecken: So sieht unsere Erde aus dem Weltall aus. Kein anderer Planet unseres Sonnensystems bietet diesen Anblick, denn kein anderer Himmelskörper im Umkreis der Sonne besitzt Meere.

Mehr als sieben Zehntel der Erdoberfläche werden von den Weltmeeren eingenommen – Ozeane, in deren tiefsten Abgründen man die höchsten Gebirge der Welt spurlos versenken könnte, wobei zwischen den Gipfeln und der Wasseroberfläche dann noch immer gut zwei Kilometer Platz bliebe. In dieser gewaltigen Wassermasse leben wahrscheinlich hundertmal so viele Geschöpfe wie an Land.

Erst als man im 20. Jahrhundert die Ozeane genau vermaß und die Formen des Meeresbodens enthüllte, erkannte man die überwältigenden Dimensionen der Meere. Doch schon die alten Kulturen haben offenbar etwas von der schieren Unendlichkeit der Ozeane geahnt und die Meere in ihren Schöpfungsgeschichten als Wiege des irdischen Lebens gedeutet. Die moderne Wissenschaft liefert dafür jetzt durch unermüdliche Forschungsarbeit die Beweise. Danach entstanden die Urozeane aus Wolken vulkanischer Gase, die vor etwa 2,5 bis 4 Milliarden Jahren über dem allmählich erkaltenden Erdball zu Wolkentröpfchen kondensierten, sich zu Regentropfen vereinigten, zur Erde fielen und sich als „Ursuppe“ in Senken der Erdoberfläche sammelten. In dieser wässrigen Lösung verschiedener organischer und anorganischer Substanzen entwickelten sich dann wahrscheinlich die ersten Formen des Lebens.

Eine Reise über den Meeresboden

Noch immer bergen die Ozeane Geheimnisse und sind in vieler Hinsicht weiße Flecken auf der Landkarte geblieben. Ein Meereskundler gestand einmal ein: „Über die erdabgewandte Seite des Mondes wissen wir mehr als über den Grund der Meere.“

Zumindest die Vermessung des Meeresbodens ist inzwischen fortgeschritten. Vor allem die Lotungen mit Schall und Ultraschall, die in den vergangenen Jahrzehnten für Forschungszwecke, aber auch im Zusammenhang mit der Erkundung untermeerischer Lagerstätten durchgeführt wurden, haben eine verblüffende Vielfalt

▲ Das Säulenbasaltpflaster des Giant's Causeway in Nordirland entstand vor rund 60 Millionen Jahren, als der Urkontinent der Nordhalbkugel zerbrach und sich aus den Spalten glühende Lavaströme ergossen.

Faszinierende Unterwasserlandschaften

Die Weltmeere sind unvorstellbar groß. Sie bedecken rund 362 Millionen Quadratkilometer der Erdoberfläche und erreichen Tiefen um 11 000 Meter. Früher nahm man an, solche Abgründe seien seltene Ausnahmen, der Grund der Tiefsee sei größtenteils so flach wie der Boden eines Kochtopfs. Doch heute wissen wir es besser.

Unter dem schimmernden Meeresspiegel verbirgt sich eine faszinierende Unterwasserwelt mit kilometerhohen Steilhängen, von Schlammlawinen durchtosten Cañons, ausgedehnten Tiefsee-Ebenen, zahllosen Tiefseekuppen und Gebirgen, die sich mitunter 60 000 Kilometer weit über den Grund der Ozeane ziehen. Diese Kuppen, Gebirge und ozeanischen Inseln, die über die Weltmeere verstreut sind, bestehen hauptsächlich aus erstarrter Lava. Vor allem in der Mitte der Ozeane steigen ständig glühend heiße Gesteinsschmelzen durch Spalten aus dem Erdinnern auf und verwandeln sich beim Kontakt mit dem kalten Tiefenwasser blitzschnell in harten vulkanischen Fels.

Die Tiefseegräben mit den größten Meerestiefen liegen dagegen meist an den Rändern der Ozeane, wo die ozeanische Kruste ins Erdinnere hinabgezogen, gewissermaßen verschluckt wird, um in der Tiefe zu schmelzen und so Lava für neue Vulkane zu liefern.

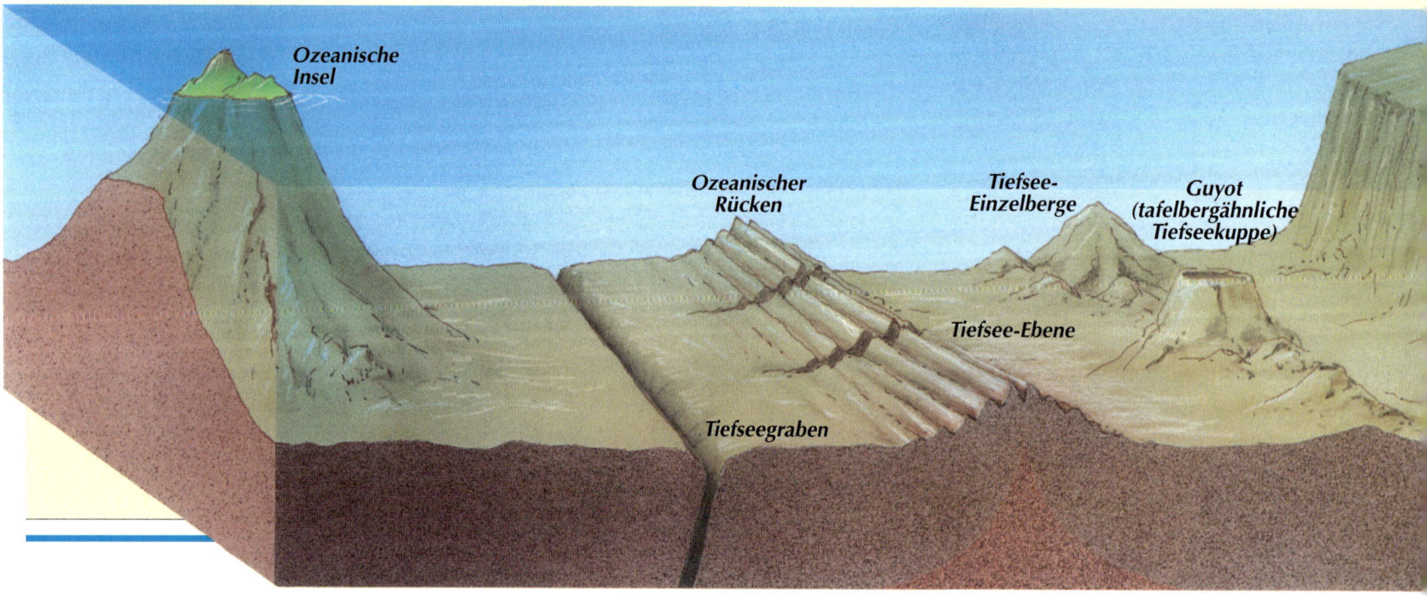

▲ Dramatische Geburt der ozeanischen Insel Surtsey, 1963. Vor der Küste Islands erschien damals, begleitet von Aschen- und Lavaeruptionen, eine neue Insel im Meer.

◀ Feuer und Wasser: Mehr als 30 Kubikkilometer Magma steigen alljährlich in der Erdkruste unter den Ozeanen auf.

Die Großformen des Meeresbodens ▼

von Formen des Meeresbodens enthüllt. Sie liegen nicht wahllos über den Grund der Ozeane verstreut, sondern ordnen sich in jedem Weltmeer in einer ganz bestimmten Reihenfolge an, die man als submarine Serie bezeichnen könnte. Begeben wir uns also auf eine imaginäre Reise über den Grund eines Ozeans – in diesem Falle des Atlantiks.

Vom Land kommend, überqueren wir zunächst eine leicht seewärts geneigte Tafel, den Kontinentalschelf oder kurz Schelf. In der noch lichtdurchfluteten, mit Nährstoffen reichlich versorgten Zone entwickelt sich das Leben üppig, hier liegen ausgedehnte Tangwälder und Seegraswiesen sowie die wichtigsten Laichgebiete der Fische. Dann wird es dunkler, das Leben spärlicher. In 150 bis 200 Meter, manchmal aber auch erst in 500 Meter Tiefe erreichen wir die äußere Kante des Schelfs, von der der Kontinentalabhang mit durchschnittlich etwa fünf Grad Gefälle mehrere tausend Kilometer abfällt. In diesen markantesten „Berghang" der Erde, der zuweilen erst in 9000 Meter Tiefe endet, sind untermeerische Cañons eingekerbt, oft tiefer als der berühmte Grand Canyon.

Am Fuß des Abhangs folgen weite Ebenen, die mit tonigen Sedimenten bedeckt sind. Dieses so genannte Abyssal oder Hadal, die eigentliche Tiefsee, liegt in ewiger Finsternis und ist noch wenig erforscht. Würmer, Schnecken und skurrile Fische mit Leuchtorganen bewohnen sie, angepasst an Kälte und Finsternis und den ungeheuren Druck von mehreren hundert Atmospharen. An vielen Stellen erheben sich Tiefseekuppen über die Ebenen, erloschene oder noch tätige Vulkane, die zuweilen als ozeanische Inseln den Meeresspiegel durchstoßen oder Korallenriffe tragen.

Der Mittelatlantische Rücken

Hinter den Tiefsee-Ebenen steigt das Terrain wieder an. Wir nähern uns dem Mittelatlantischen Rücken, einem gewaltigen, annähernd in der Mitte des Atlantiks in nordsüdlicher Richtung verlaufenden Gebirgszug. Hier müssen wir hohe Bruchschollen aus erstarrter Lava überwinden und stoßen schließlich auf zwei Gipfelgrate. Zwischen ihnen liegt eine grabenförmige Senke, in der aus Spalten und Vulkanschloten an vielen Orten glühend flüssige Lava quillt.

Dies ist der Schmelztiegel, in dem die ozeanische Erdkruste entsteht und von dem Zentralgraben wie auf einem gigantischen Fließband in entgegengesetzte Richtungen transportiert wird. Denn dieser Tiefseegraben markiert die Grenze zwischen den Platten Eurasiens und Afrikas, die nach Osten driften, und denen Nord- und Südamerikas, die sich nach Westen bewegen. An der Bruchnaht reißen ständig Zerrungsspalten auf, durch die Magma aus dem Erdinnern aufsteigt und die entstandenen Lücken mit Basalt und anderem vulkanischen Gestein auffüllt. Präzisionsmessungen von Satelliten im

Weltraum haben gezeigt, dass die Platten unter dem Atlantik pro Jahr um drei bis vier Zentimeter auseinander driften – eine Wachstumsrate des Meeresbodens, die der unserer Fingernägel entspricht.

Die gesamte Oberfläche des Erdballs vergrößert sich dadurch jedoch nicht. Hätten wir unsere Reise im Pazifik unternommen, so hätten wir gesehen, dass ihn Tiefseegräben säumen, die im Marianengraben bis zu elf Kilometer tief sind. Im Unterschied zum Zentralgraben des Mittelatlantischen Rückens wird dort allerdings keine neue ozeanische Kruste geschaffen, sondern die vorhandene Kruste von Strömungen ins Erdinnere hinabgezogen, gewissermaßen verschluckt. Die aus verhältnismäßig schweren Gesteinen aufgebaute Pazifische Platte schiebt sich dabei unter die leichteren kontinentalen Platten Eurasiens und Amerikas. Dabei wird sie zum Teil aufgeschmolzen und liefert neues Magma für einen wahrlich „explosiven" Vulkanismus auf dem küstennahen Festland. Am Meeresgrund werden diese „Verschluckungszonen" von Tiefseegräben nachgezeichnet.

Luft- und Meeresströmungen

Die Kreisläufe innerhalb der obersten Gesteinshüllen der Erde wurden erst in den vergangenen Jahrzehnten entdeckt und richtig gedeutet. Kreisläufe in der Lufthülle und in der Wasserhülle unseres Planeten, in Atmosphäre und Hydrosphäre, sind dagegen schon seit Jahrhunderten bekannt. Und über Wetter und Klima kommt der Mensch damit auch hautnah in Kontakt.

Die allgemeine Zirkulation der Atmosphäre prägt mit den verschiedenen Luftdruck- und Windgürteln das Klima einer bestimmten Region entscheidend. Mitteleuropa liegt zum Beispiel innerhalb der Westwindzone der Nordhalbkugel und wird deshalb durch Tiefdruckwirbel, die in fast ununterbrochener Folge aus Westen über den Atlantik heranziehen, reichlich mit Niederschlägen versorgt. Mindestens ebenso wichtig wie die großräumigen Luftströmungen sind allerdings die Strömungen in den Ozeanen. Dafür ist das Klima Mitteleuropas ebenfalls ein gutes Beispiel. Es zeichnet sich nämlich durch ungewöhnlich milde Wintertemperaturen aus: Beiderseits des 50. Breitenkreises, der mitten durch Deutschland verläuft, sind die Durchschnittstemperaturen im Januar mindestens um zehn Grad höher als der weltweite Durchschnitt dieser Breitenzone im betreffenden Monat. Diesen Wärmeüberschuss, der nach Norden hin noch anwächst, verdanken wir den Ausläufern des Golfstroms. Sie führen subtropisches Wasser in riesigen Mengen quer über den Atlantik bis an die Küsten Europas und bilden so eine natürliche „Warmwasserheizung", die Nord- und Mitteleuropa für den Menschen erst bewohnbar macht. Jenseits des Atlantiks verschiebt der kalte Labradorstrom die Siedlungsgrenze dagegen weit nach Süden.

▲ **Satellitenbild des Hurrikans Diana vor der amerikanischen Ostküste im September 1984. Der dunkle Punkt in der Mitte ist das „Auge" des verheerenden tropischen Wirbelsturms.**

Kliffe auf der Orkney-Insel Hoy werden von der schweren Brandung unterspült. „Alter Mann von Hoy" wird der einsame, schroffe Brandungsturm vor der Landspitze genannt. ▶

Übersichtskarte der großen Meeresströmungen. Kühle Strömungen sind blau, wärmere rot dargestellt. ▼

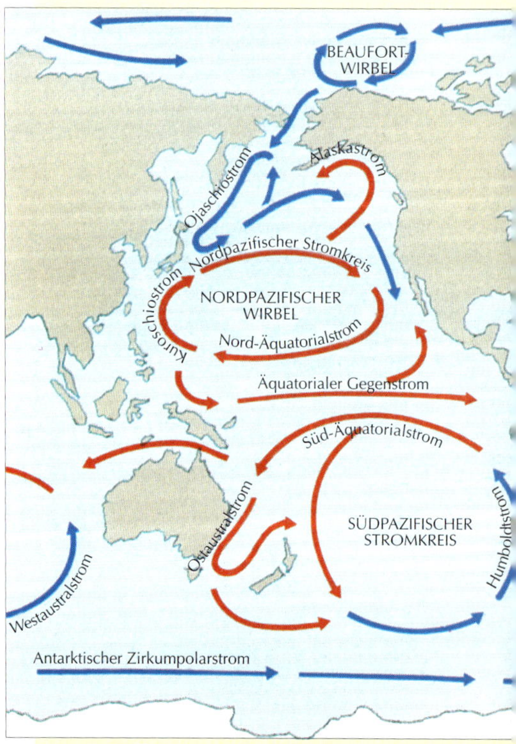

Wetter, Wind und Wellen

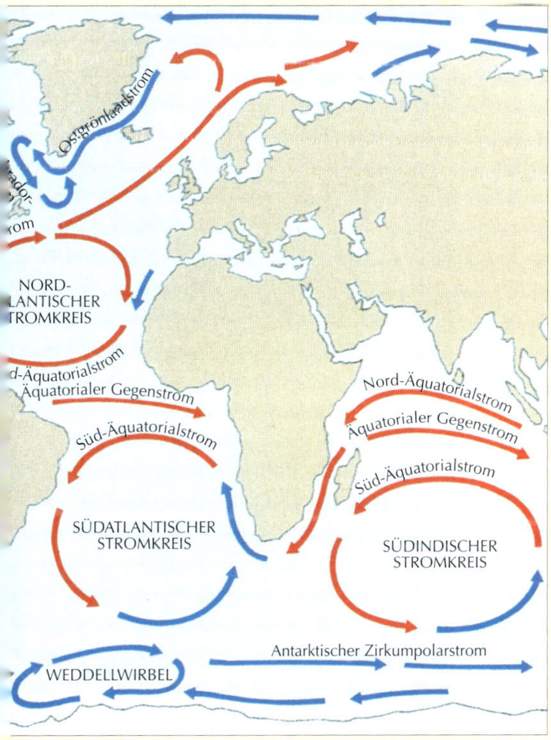

Die Meere, die sich viel langsamer als die Landmassen erwärmen, aber auch abkühlen, wirken innerhalb der irdischen Atmosphäre wie ein riesiger Thermostat. Sie mildern die jahreszeitlichen Temperaturextreme, sorgen für den Ausgleich zwischen den heißen und den kalten Zonen unseres Planeten und bescheren den Kontinenten darüber hinaus noch einen Großteil ihrer Niederschläge. Die tropischen Wirbelstürme, die sich nur über den Ozeanen bilden können, das unangenehm feuchtkühle Wetter ozeanischer Klimazonen oder die Sturmfluten, von denen unsere Küsten zuweilen heimgesucht werden, sind demgegenüber nicht mehr als kleine Wermutstropfen.

Der Wind kann sich über dem offenen Meer freier entfalten, weil die Reibung der bewegten Luftmassen an der Erdoberfläche hier weitaus geringer als auf dem festen Boden ist. Ganz reibungslos verläuft der Kontakt zwischen Luft und Wasser jedoch nicht: Einen Teil ihrer Energie geben die Luftströmungen an die Wasserhülle der Erde ab und versetzen damit die Wasserteilchen in kreisende Bewegungen, die sich an der Oberfläche in Wellen widerspiegeln. Und diese Wellen können mit verheerender Gewalt gegen die Küsten anrennen: Bis zu siebzig Tonnen pro Quadratmeter beträgt der „Wellenstoß“ der Brandung gegen das Ufer – genug, um einen 2600 Tonnen schweren Betonblock aus einer Mole zu reißen.

Die Zirkulation der Atmosphäre ist auch die treibende Kraft der oberflächennahen Meeresströmungen, gigantischen Strömen in den Ozeanen, die sich auf der Nord- und der Südhalbkugel jeweils zu mehreren Stromkreisen verketten und je nach Herkunftsgebiet kalte und warme Wassermassen über den Erdball verfrachten.

Eine Meeresströmung macht alle fünf bis zehn Jahre weltweit von sich reden: der mysteriöse El Niño, das „Christkind“. Immer in der Weihnachtszeit schiebt sich vor den Küsten Ecuadors und Chiles plötzlich ein Warmwasserdeckel vom Äquator her über den kühlen, nährstoffreichen Humboldtstrom, der normalerweise von Süden aus der Antarktis kommt und die Sardellenschwärme nährt. Die Fische verschwinden, die Seevögel verhungern zu Zehntausenden, und die Fischerei erleidet verheerende Einbußen. Doch die Folgen dieser Anomalie reichen noch weiter: In Mittelamerika häufen sich die tropischen Wirbelstürme, in Südamerika kommt es zu Wolkenbrüchen und Überschwemmungen, Australien leidet unter Dürre, der Regen in Ostafrika bleibt aus, und die über Europa hinwegziehenden Tiefdruckwirbel nehmen andere Bahnen. Wahrscheinlich hängt diese folgenreiche Umpolung der Meeresströmungen mit Verschiebungen der Luftdruckgürtel über dem Ostpazifik zusammen, die genaueren Ursachen liegen jedoch noch weitgehend im Dunkeln.

Monster, Mörderkraken, Meerjungfrauen

Das Unbekannte ist der Nährboden für Aberglaube und Mythen. Seit Jahrtausenden wird Seemannsgarn gesponnen von Leviathanen, Seemonstern, Sirenen. Im Mittelalter scheuten sich Fahrensleute, an kleinen Inseln festzumachen, aus Angst, das Eiland könnte sich als Riesenwal entpuppen, der sie in die Tiefe reisse; durch zahllose Erzählungen geistert immer wieder die Große Seeschlange, die Schiffe angriff oder zum Kentern brachte.

Unsere nüchtern-wissenschaftliche Zeit führt solche Horrorgeschichten einerseits auf die unter den Menschen verbreiteten Angstphantasien zurück, andererseits auf reale, damals noch nicht erklärbare Naturphänomene. Denn wir wissen heute, dass es tatsächlich monströse Meerestiere gibt: Riesenhaie, Teufelsrochen, Wale und Riesenkraken, die mit den Pottwalen kämpfen, von denen sie gejagt werden. Sind damit die alten Legenden aber schon hinreichend erklärt? Oder lauern im Meer doch noch Ungeheuer, von denen wir uns nicht träumen lassen? Die Technik der Tiefseeforschung ist noch nicht weit genug fortgeschritten, als dass wir uns hier ein endgültiges Urteil erlauben könnten. Jedenfalls kommt es immer wieder zu unheimlichen Begegnungen der nassen Art: Riesige Lebewesen tauchen fern und schemenhaft an der Meeresoberfläche auf oder werden in der Tiefe gesichtet; unbekannte Kreaturen werden an Strände gespült oder verfangen sich in Netzen.

1848 meldete der britische Kapitän Peter M'Quhae der Admiralität, er und mehrere Besatzungsmitglieder des Schiffes *Daedalus* hätten ein schlangenartiges Lebewesen gesichtet, „Kopf und Schultern ständig vier Fuß über Wasser“, mehr als zwanzig Meter lang, mit einer Mähne am Kopfende. So nahe sei es vorbeigeschwommen,

▲ Diese verwesenden Überreste eines rätselhaften Meereslebewesens fanden japanische Fischer 1977 bei Neuseeland in ihrem Netz.

◄ Karte des Europäischen Nordmeers, gezeichnet von dem Schweden O. Magnus (1490–1558)

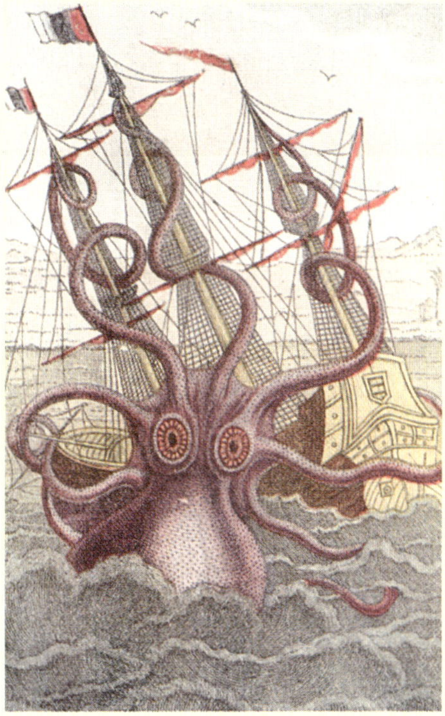

Ein gigantischer Krake greift ein Schiff an. Illustration in einem zoologischen Handbuch aus dem 19. Jahrhundert über Weichtiere ►

Ungeheuer der Meerestiefen

Seitdem der Mensch die Weltmeere befährt, berichten Seeleute von unheimlichen Begegnungen auf ihren Reisen. Alte Seekarten bevölkern die Ozeane mit Riesenseepferden, bärenähnlichen Fischwesen und Schiffe verschlingenden Schlangen. Manche dieser grausigen Kreaturen sollen auf allen Meeren ihr Unwesen treiben, andere nur dort, von wo kein Seemann jemals wiederkehrt.

Nicht alle diese sagenhaften Geschöpfe sehen zum Fürchten aus. Verführerische Sirenen und liebreizende Meerjungfrauen suchen den Seefahrer zu betören und in die Tiefe zu locken. Homers Held Odysseus entrinnt diesem Los nur, weil er die Ohren seiner Männer mit Wachs verstopft und sich selbst am Mast festbinden lässt, um den lockenden Rufen der Sirenen nicht folgen zu können.

Das meiste mag Seemannsgarn gewesen sein, doch es gibt beispielsweise ernst zu nehmende Berichte über Attacken von Riesenkalmaren auf Schiffe, vermutlich weil die riesigen Kopffüßer die Schiffe für Pottwale, ihre Erzfeinde, hielten. Auch in neuerer Zeit wurde über Begegnungen mit monströsen Meereslebewesen berichtet. So ging 1977 einem japanischen Fischtrawler ein zehn Meter langer Kadaver eines unbekannten Meerestieres ins Netz. Obwohl die Besatzung Fotos von dem rätselhaften Fang machte und Gewebeproben entnahm, konnte das Tier zoologisch nicht bestimmt werden.

◄ Odysseus' Begegnung mit den Sirenen (Gemälde von Herbert James Draper, 1864–1919). Nach Homer war Odysseus von den Sirenen so betört, dass er sich schreiend losreißen wollte.

Spektakuläre Meerestiere

Das Meer ist der größte und älteste Lebensraum unseres Planeten. Vor mehr als 3,5 Milliarden Jahren haben sich in ihm die ersten Organismen entwickelt, und seither sind hier die Existenzbedingungen der Lebewesen weitaus stabiler geblieben als in irgendeinem Ökosystem auf dem festen Land. Kein Wunder, dass die Ozeane von exzentrischen und bizarren Bewohnern nur so wimmeln.

Manche, wie die Perlboote, sind wahre Veteranen der Evolution, gewissermaßen „lebende Fossilien". Seit 400 Millionen Jahren gibt es diese archaischen Kopffüßer. Sie hausen wie einst die Ammoniten in spiralenförmig gewundenen Schalen, schwimmen per Rückstoßantrieb und können durch Regulierung der Gasmenge in ihren Kammern beliebig auf- und abtauchen.

Andere Meerestiere erreichen Rekordgrößen, etwa die Wale, die im nassen Element zu wahrhaft leviathanischer Größe heranwachsen. Kein Landtier kann so groß werden: 150 Tonnen Körpergewicht erreicht der Blauwal – dreimal mehr als der schwerste Dinosaurier.

In den Abgründen der Tiefsee lauern unheimliche Fische mit Riesenmäulern, messerscharfen Zähnen und Leuchtorganen, mit denen sie in der Finsternis die ahnungslose Beute ködern. Doch wo Schrecken ist, da gibt es auch Schönheit: Der Tintenfisch zum Beispiel, ein wahres Chamäleon des Ozeans, kann in Sekundenschnelle matte oder schillernde Farben, Flecken- oder Streifenzeichnungen auf seine Haut zaubern.

▲ Der Anglerfisch ist mit Leuchtköder, Riesenmaul und Fangzähnen ein typisches Geschöpf der finsteren Tiefsee.

◀ Tintenfische tarnen sich nicht nur durch das Ausstoßen eines Farbstoffs, der „Tinte", sondern können auch die Farbe ihrer Haut der Umgebung perfekt anpassen.

▲ Dreißig Tonnen (und mehr) in freiem Flug: Manchmal schlagen die springenden Buckelwale richtige Purzelbäume in der Luft.

Ein Perlboot (Nautilus) verzehrt eine Garnele, deren Scheren noch zwischen den 94 Tentakeln des Kopffüßers heraushängen. ▼

dass, „hätte es sich um einen Menschen meiner Bekanntschaft gehandelt, ich seine Gesichtszüge mit bloßem Auge hätte erkennen können", berichtete der Kapitän.

1897 untersuchte Professor Verrill von der Yale-Universität in den USA den Kadaver eines kopffüßerähnlichen Tieres. Es wog sechs Tonnen, hatte einen Körperdurchmesser von sieben Metern und mehrere über zwanzig Meter lange Fangarme. Der Atlantikruderer Chay Blyth, der einen Zeugen namens John Ridgway im Boot hatte, sichtete 1966 „eine sich windende, riesige Kreatur als phosphoreszierenden Umriss im Meer, wie von einer Kette Neonlichter behangen. Sie war an die zehn Meter lang, und widerstrebend musste ich mich mit dem Gedanken anfreunden, dass es sich um eine Seeschlange handelte."

Die Wunderwelt der Meerestiere

Alle Sagen und Legenden werden von der Natur, wie es scheint, immer wieder übertroffen – was nicht überrascht, gilt doch das Meer als Wiege allen Lebens, und entwicklungsgeschichtlich sind Meerestiere weit älter als Landtiere. Sie hatten folglich mehr Zeit, im Freiluftlabor der Natur einmalige, spezialisierte und oft bizarre Wesenszüge zu entwickeln.

Bereits vor rund 370 Millionen Jahren lebten in den Meeren der Devonzeit Fische, die den heutigen Haien sehr ähnlich waren. Seither gehören die wendigen Raubfische zu den gefährlichsten Jägern, deren Appetit offenbar keine Grenzen kennt: Ein vor Australien gefangener Hai hatte beispielsweise eine Ziege, eine Schildkröte, einen großen Kater und einen kleineren, fast zwei Meter langen Hai verschlungen. Und im Magen eines anderen Hais, der in der Adria erlegt wurde, fand man einen Regenponcho, drei Mäntel und ein Autonummernschild.

Wie langlebig erfolgreiche Entwicklungen auch in der Natur sind, sieht man vor allem an den Perlbooten der Gattung Nautilus. Diese archaischen Kopffüßer besitzen als Besonderheit eine in viele Kammern unterteilte, druckfeste Spiralschale, deren Design seit dem Erdaltertum unverändert geblieben ist. Perlboote suchen sich ihre Nahrung in verschiedenen Stockwerken des Meeres bis hinab in 700 Meter Tiefe und können dazu durch die gezielte Veränderung des Gasvolumens innerhalb der Kammern und damit auch des Auftriebs ab- und aufsteigen.

In noch weit größeren Tiefen, im finsteren Abyssal, leben der Anglerfisch und seine vielköpfige Verwandtschaft. Nahrung ist hier rar. Deshalb besitzt der Fisch am Ende des umgebildeten ersten Rückenflossenstrahls ein Leuchtorgan. Wie ein leuchtender Köder hängt es vor seinem riesigen Maul. Beute, die sich anlocken lässt, wird ins Maul gesogen und mit dolchartigen Zähnen getötet.

Eine weitere sehr interessante Gruppe sind die Säugetiere, die völlig oder überwiegend im Meer leben. Die Wale, einschließlich der Delphine, die Seekühe und die Robben, Nachfahren von Landsäugern, wagten sich gegen Ende der Kreidezeit zurück ins Meer. Dieser kühne Schritt zahlte sich zunächst aus, denn die Gruppe brachte in ihrem neuen Lebensraum Geschöpfe wie den bis dreißig Meter langen und 150 Tonnen schweren Blauwal hervor, die von der Größe her alle anderen Tiere in den Schatten stellen. Doch dann wurden die intelligenten, eleganten Meeressäuger zur gehetzten Beute des Menschen, Walfänger und Robbenschläger dezimierten ihre Bestände bis an die Grenze der Ausrottung. Nur mit Mühe konnten Naturschützer in den vergangenen Jahren diesen Missbrauch eindämmen. Einige Länder und Völker dürfen allerdings weiterhin Wale und Robben jagen, als unentbehrlichen Bestandteil ihrer traditionellen Wirtschaftsweise oder zu wissenschaftlichen Zwecken.

Mensch und Meer

Auch der Mensch entstammt dem Meer. In grauer Vorzeit stiegen unsere Urahnen an Land, wo sie sich zu Reptilien, dann zu Säugern und schließlich im Eiszeitalter zur Gattung *Homo* entwickelten.

Während im Eiszeitalter heute versunkene Landbrücken die Besiedlung der Erde durch den Menschen erleichterten, mussten sich unsere Vorfahren in der Nacheiszeit durch den immer höher ansteigenden Meeresspiegel mit dem neuen (oder alten) Element vertraut machen und Flöße, Boote und Schiffe bauen, um die Meere zu überqueren, Fische zu fangen oder andere Meerestiere zu jagen.

Wahrscheinlich hat die Seefahrt damit begonnen, dass Flussanrainer auf Schilfflößen in geschützten Küstengewässern kürzere Fahrten unternahmen. Dann lernte der Mensch, Boote aus Holz zu bauen, und wagte sich weiter hinaus. Die erste größere Seereise ist für das 5. Jahrtausend v. Chr. belegt. Und die berühmten seefahrenden Völker waren stets auch geschickte Schiffbauer: die Polynesier, die riesige Entfernungen zurücklegten, um die Inseln des mittleren Pazifiks zu besiedeln; die Phönizier, die rund ums Mittelmeer mit Sandelholz, Zinn und Gold handelten; oder die Wikinger, die mit ihren schnellen Drachenbooten Europas Küsten attackierten, aber auch friedlich Handel trieben und sich als Bauern auf Island und Grönland niederließen.

Seit mindestens 6000 Jahren wird die Windkraft zum Antrieb der Schiffe genutzt, gegen den Wind musste man jahrtausendelang

Windjammer unter vollen Segeln: die *Sedow,* mit 3476 Tonnen weltweit das größte noch fahrende Segelschiff, hier im Indischen Ozean. 1921 wurde sie als *Magdalena Vinnen* in Kiel gebaut und 1950 von den Briten der Sowjetunion geschenkt. Heute dient sie als Forschungs- und Schulschiff. ▶

СЕДОВ

Pioniere der Meeresforschung

Das Meer und das Leben in ihm fasziniert die Naturforscher von alters her. Bereits im 4. Jahrhundert v. Chr. beschrieb der griechische Naturphilosoph Aristoteles über 150 verschiedene Fische, Muscheln und sonstige Meerestiere. Systematische Studien zur Erforschung der Weltmeere wurden jedoch erst in jüngerer Zeit möglich.

Zu den Wegbereitern der Meereskunde gehörte der italienische Edelmann Graf Louis-Ferdinand Marsigli, der 1706 bis 1708 den Meeresboden vor der französischen Mittelmeerküste untersuchte. Sein 1725 erschienener Forschungsbericht gilt bis heute als bahnbrechend.

Ende des 18./Anfang des 19. Jahrhunderts folgten die ersten weltweiten Forschungsreisen, unternommen von James Cook, Alexander von Humboldt, John Ross und Charles Darwin. Im Dezember 1872 lief die *HMS Challenger*, ein Forschungsschiff der britischen Marine, unter dem Kommando von Sir Wyville Thomson zu ihrer etwa tausendtägigen Forschungsfahrt aus. Wie ihr Navigationsoffizier, Oberleutnant zur See Swire, berichtet, war sie „aufs Beste ausgerüstet mit Laboratorien und allen technischen Einrichtungen zum Loten und Dredschen (Entnehmen von Tiefseeproben), um Tatsachen über das organische Leben in den Tiefen der Ozeane in Erfahrung zu bringen“.

Die *Challenger* befuhr fast alle Ozeane und entdeckte Wunder über Wunder. Der wissenschaftliche Abschlussbericht füllte fünfzig Prachtfolianten, in denen Biologen heute noch nachschlagen.

◀ Graf Louis-Ferdinand Marsigli (1658–1730), Privatgelehrter und einer der Begründer der Meeresbiologie

Karte der Korallengärten an der französischen Mittelmeerküste vor Marseille. Graf Marsigli zeigt auch, wie die Korallen damals geerntet wurden. ▼

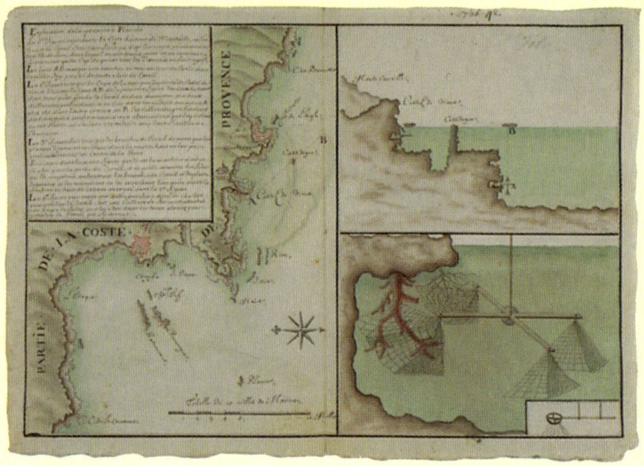

▲ Die *HMS Challenger*, kunstvoll porträtiert im Tagebuch eines Expeditionsteilnehmers

Hier im modern ausgestatteten Bordlabor der *Challenger* wurden die zahllosen Funde, Lotungen und Bodenproben ihrer 68 890 Seemeilen langen Reise katalogisiert und ausgewertet. ▶

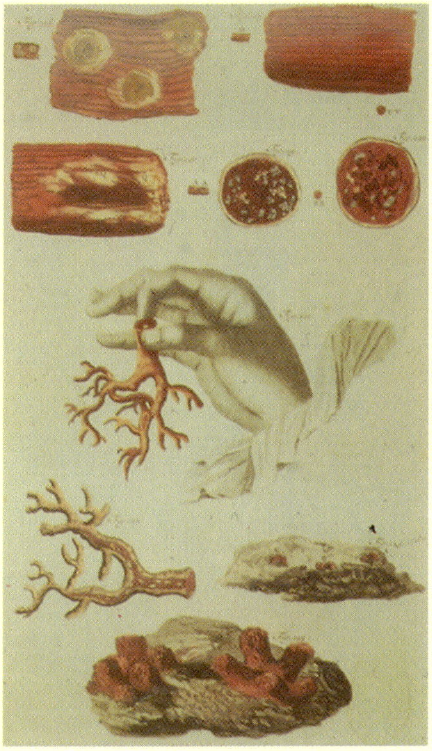

▲ Diese Aquarelle von mediterranen Korallen fertigte Graf Marsigli zwischen 1700 und 1710 an. Damals hielt man die Korallen noch für Pflanzen.

paddeln oder rudern. Portugiesische Karavellen waren im 15. Jahrhundert die ersten größeren Hochseeschiffe, die Dreiecksegel führten, ähnlich der Lateintakelung einer arabischen Dau. Dadurch wurden die Segeleigenschaften wesentlich verbessert, man konnte z. B. gegen den Wind kreuzen wie mit einer modernen Jacht. Diese Innovationen bildeten die Voraussetzungen für die Entdeckungsfahrten zu Beginn der Neuzeit: Binnen eines Jahrzehnts hatte Bartolomeu Dias als Erster das Kap der Guten Hoffnung umrundet, Christoph Kolumbus den Atlantik überwunden und Vasco da Gama einen Handelsweg nach Indien gefunden.

Vor dem Zeitalter der Entdeckungen verliefen die wichtigsten Handelswege zwischen Europa und Asien über Land, jetzt verlagerte sich der Welthandel aufs Meer. Die Ozeane wurden die Fernstraßen, auf denen die Nationen Europas auf Entdeckungsfahrt gingen, Handel trieben und Kolonialreiche begründeten. Und allmählich keimte auch das Interesse für die Meere selbst.

Die Geburt der Meereskunde

Bereits in der Antike hatten sich Naturforscher und -philosophen mit den Meeren beschäftigt. Aristoteles unternahm im 4. Jahrhundert v. Chr. erste eingehende Untersuchungen der Tierwelt im Mittelmeer. Um 330 v. Chr. erkundete Pytheas von Massalia das nordwestliche Europa und verfasste über die Entdeckungsfahrt den Bericht „Vom Ozean", der nur in Bruchstücken erhalten ist. Von der systematischen Erforschung der Weltmeere war man im Altertum allerdings noch weit entfernt. Sie begann erst ab dem 17. Jahrhundert.

1662 rief die britische Royal Society im Handbuch „Directions for Seamen bound for Voyages" die Seefahrer dazu auf, weltweit Informationen über Gezeiten, Winde, Strömungen, Meerestiefen und den Salzgehalt des Meerwassers zu sammeln. Von da an dienten die Seereisen auch der wissenschaftlichen Forschung.

Wohlhabende Privatgelehrte betrieben ebenfalls eigene Forschungen; manche, wie der italienische Graf Louis-Ferdinand Marsigli, wurden so zu Urvätern der Ozeanographie. Vor der französischen Mittelmeerküste begleitete er Fischer und nahm Proben von allem, was ihnen ins Netz ging. Diese untersuchte er zu Hause unter dem Mikroskop und fertigte genaue Zeichnungen und Notizen an. Er vermaß das Profil des Meeresbodens vor dem Languedoc und bestimmte die Wassertemperaturen im Mittelmeer. 1725 publizierte er seine „Histoire Physique de la Mer", das erste ausschließlich dem Meer gewidmete naturkundliche Werk.

Die erste moderne meereskundliche Großexpedition unternahm das britische Forschungsschiff *Challenger*, eine umgebaute Marinekorvette. Von 1872 bis 1876 durchkreuzte sie alle Weltmeere außer

Der Mensch als Aquanaut

Der Mensch ist für das Leben unter Wasser nicht geschaffen: Er muss beim Tauchen Ballastgewichte tragen, sich durch spezielle Taucheranzüge vor Unterkühlung schützen, und vor allem braucht er Luft zum Atmen. Die einfachste Lösung – ein Schlauch zur Wasseroberfläche – ist ab zwei Meter Tiefe wirkungslos. Hier wird die Lunge durch den Wasserdruck schon so stark zusammengepresst, dass das Luftholen unmöglich wird.

1690 fand der Brite Edmond Halley heraus, dass ein Taucher, dem Luft mit demselben Druck zugeführt wird, den seine Umgebung hat, ganz normal atmen kann. Seine Erfindung nannte er „Taucherglocke": im Prinzip ein großes, luftdichtes, unten offenes Fass. Lässt man es ins Wasser hinab, wird die Luft darin auf natürliche Weise komprimiert. Dadurch verliert sie allerdings auch an Volumen (in zehn Meter Tiefe schon 50 %), wodurch die Einsatztiefe nicht allzu groß ist.

Gegen Ende des 18. Jahrhunderts wurden technisch verbesserte Taucherglocken entwickelt. Pumpen versorgten sie mit Pressluft von der Oberfläche, was größere Tauchtiefen und längere Tauchzeiten ermöglichte. 1829 baute der deutsche Werkzeugmacher August Siebe den ersten Helmtaucheranzug – Standardausrüstung für Taucher in den nächsten hundert Jahren –, der ebenfalls mit Pressluft von der Oberfläche arbeitete.

Größere Meerestiefen konnte man damit allerdings immer noch nicht erreichen. Zu ihnen stießen die Forscher erst im 20. Jahrhundert mit bemannten Unterwasserfahrzeugen *(Submersibles)* vor: 1934 erreichten William Beebe und Otis Barton in ihrer Tauchkugel „Bathysphere" 923 Meter Tiefe. 1960 drangen Jacques Piccard und Donald Walsh mit ihrem Bathyskaph *Trieste* auf den Grund des Marianengrabens bis in eine Tauchtiefe von 10 916 Metern vor – ein Rekord, der kaum noch zu überbieten ist.

▲ Taucherglocke bei einer Bergungsaktion (Mitte des 19. Jh). Durch einen langen Schlauch wird Luft in die Glocke gepumpt.

▲ Die Hilfsmannschaft wartet nach Beebes und Bartons Pioniertauchgang auf den Ausstieg der beiden Forscher.

Endlich wieder frische Luft: Jacques Piccard und Donald Walsh nach ihrem Vorstoß zum Meeresgrund. ▶

▲ Schwammtaucher in einem nicht mehr ganz zeitgemäßen Helmtaucheranzug

dem Nordpolarmeer, legte dabei eine Strecke zurück, die fast dem dreifachen Erdumfang entsprach, entdeckte 715 Gattungen und 4417 Arten bis dahin unbekannter Organismen, führte im Marianengraben Lotungen bis in Tiefen um 9000 Meter durch und überquerte als erstes Dampfschiff den südlichen Polarkreis. Die spektakulären Beobachtungen erbrachten Material für fünfzig dickleibige Bände. Andere Nationen folgten – die USA, Deutschland (etwa zur gleichen Zeit wie die *Challenger* mit der Forschungsreise der *Gazelle*), Frankreich, sogar Monaco, dessen Landesherr Fürst Albert I. ein namhafter Ozeanograph war. So hatte man gegen Ende des 19. Jahrhunderts solide Grundlagen für eine internationale Zusammenarbeit in der Meeresforschung gelegt und die ersten nationalen und internationalen Institute zur Erforschung der Ozeane gegründet.

Studiert werden konnte freilich bis dahin im Wesentlichen nur, was mit Dredschen – Schleppnetzen oder Schöpfgefäßen zur Gewinnung von Bodenproben oder Tiefseelebewesen – an die Oberfläche gezogen wurde. Noch niemand war als Augenzeuge in die tieferen Stockwerke der Ozeane vorgedrungen.

Vorstoß in die Tiefe

Der natürliche Aktionsradius des Menschen unter Wasser ist gering. Ein routinierter Taucher kann bei angehaltenem Atem allenfalls bis zu vier Minuten unter Wasser bleiben, was die erreichbare Tauchtiefe auf maximal sechzig Meter beschränkt. Wer länger und tiefer tauchen will, braucht technische Hilfsmittel, das heißt Geräte, die den Taucher mit Atemluft versorgen.

Auch auf diesem Gebiet waren die alten Griechen wieder Pioniere. Im Altertum benutzten Schwammtaucher Tauchtöpfe, umgestülpte Behälter mit einer Luftblase darin, von der sie zehren konnten, wenn sie in Atemnot gerieten. Solche Tauchtöpfe blieben viele Jahrhunderte für Bergungsarbeiten in Gebrauch und waren die einfachste Methode, einen Taucher mit Luft zu versorgen, bis gegen Ende des 17. Jahrhunderts die Taucherglocke – im Prinzip ein vergrößerter Tauchtopf – aufkam.

Die Entwicklung leistungsfähiger Luftpumpen und vor allem die Einführung des Helmtaucheranzugs Anfang des 19. Jahrhunderts stellten weitere große Fortschritte innerhalb der Tauchtechnik dar. Dennoch hatte sich bis 1930 niemand tiefer als 600 Fuß (knapp 200 Meter) Tiefe vorgewagt. In diesem Jahr erreichten der Naturforscher William Beebe und der Ingenieur Otis Barton vor den Bermudas eine Tiefe von 800 Fuß (rund 250 Meter). Sie benutzten eine sogenannte Bathysphäre, eine an einem Kabel hängende Tauchkugel aus Stahl, mit anderthalb Meter Durchmesser und einer Wandstärke von über drei Zentimetern. Als sie die 700-Fuß-Marke passierten, jubelte Beebe: „Nur Tote sind bisher tiefer gesunken.“

Vier Jahre später tauchten Beebe und Otis sogar 923 Meter tief, in eine Region, die Beebe folgendermaßen schildert:

> Schwärzer als schwarz schien das Wasser zu sein. Es schien, als müssten alle zukünftigen Nächte in der Oberwelt lediglich als Zwielicht verschiedenen Grades betrachtet werden. Nie wieder konnte ich unbefangen das Wort „schwarz" verwenden.

Selbst in dieser Rekordtiefe blieb die Tauchkugel noch per Nabelschnur mit einem Schiff verbunden. Wollte man tiefer hinab, musste man sich abnabeln. Dies taten Jacques Piccard und Donald Walsh 1960 auf spektakuläre Weise, indem sie mit ihrem Bathyskaphen *Trieste* (Bathyskaph: „kleines Boot, das taucht") zum Boden des Marianengrabens vorstießen. Sie tauchten zehnmal tiefer als Beebe und Otis, 10916 Meter; und dort, bei einem Wasserdruck von mehr als tausend Atmosphären, das entspricht gut einer Tonne pro Quadratzentimeter, erblickten sie etwas völlig Überraschendes und Unerwartetes – Leben; oder, mit Piccards Worten, „einen Plattfisch mit starrenden Augen am Nadir der Welt".

Leben auf allen Etagen

Niemand kennt die ganze Vielfalt des Lebens in den tiefsten Stockwerken der Ozeane. Dass es dort überhaupt Lebewesen gibt, grenzt an ein Wunder. Aber wie sehen diese Kreaturen in pechschwarzer Tiefe? Wie vermehren sie sich? Und wovon ernähren sie sich?

Wenn wir einen Tropfen Meerwasser, glasklar und scheinbar lebensleer, unter dem Mikroskop betrachten, stellen wir fest, dass er oft Tausende winziger Einzeller, vor allem Diatomeen (Kieselalgen) enthält. Als pflanzliches Plankton stellen sie das erste Glied der Nahrungskette im Meer dar. Unter günstigen Bedingungen vermehren sich die Bestände dieser im Wasser schwebenden Mikroorganismen täglich um ein Vielfaches, und ein Kubikmeter Meerwasser kann Millionen davon enthalten.

Die winzigen Pflanzen bilden die Nahrung kleinster Tiere, die unter anderem von Fischen verzehrt werden, und diese werden wiederum von anderen Fischen, Seevögeln, Robben und einer großen Schar weiterer Räuber gejagt. So, in groben Zügen, ist die Nahrungskette aufgebaut, an der alles Leben im Meer hängt – Leben, das in den verschiedenen Etagen der Unterwasserwelt sehr unterschiedliche Formen hervorgebracht hat.

Nahe der Oberfläche begegnet man den Delphinen, verspielten, höchst intelligenten Tieren mit ausgeprägtem Gemeinschaftssinn. Als eine Dynamitexplosion einmal einen Delphin betäubte, ergriffen seine Artgenossen nicht die Flucht, sondern hielten, einander ablösend, den Bewusstlosen über Wasser, sodass er nicht ertrank. Als er wieder zu sich kam, schwammen sie gemeinsam davon.

▲ **Mikroskopisch kleine Juwelen des Meeres: Kieselalgen bilden als pflanzliches Plankton ein Fundament der Nahrungskette.**

Die Meeresstockwerke

Die Meeresbiologen gliedern die Ozeane in vertikaler Richtung nach der Tiefenlage und den dort herrschenden Lebensbedingungen allgemein in vier Stockwerke oder Zonen: das Litoral (bis 200 Meter), das Bathyal (200–4000 Meter), das Abyssal (4000–5000 Meter) und das Hadal (unter 5000 Meter). Daneben ist noch eine andere Gliederung nach der Entfernung vom Meeresgrund in das Benthal (Bodenzone) und das Pelagial (Freiwasserraum) gebräuchlich.

Die lichtdurchfluteten, küstennahen Schichten des Litorals sind am dichtesten von Lebewesen bevölkert. Dagegen wirken die Tiefsee und die küstenferne Hochsee beinahe wie ozeanische Wüsten. Im Litoral befindet sich auch das wichtigste Glied der marinen Nahrungskette: das pflanzliche Plankton, von dem sich letztlich alle anderen Lebewesen bis hinunter zu den Aasfressern am tiefsten Meeresgrund ernähren.

Viele Tiere halten sich nur in bestimmten Stockwerken auf, andere durchstreifen mehrere Etagen, wie manche Planktonorganismen, die im Wechsel von Tag und Nacht Höhenunterschiede von 1000 Metern überwinden. Ihnen folgen Fische und Meeressäuger, die Plankton verzehren. Elefantenrobben erreichen Tauchtiefen von gut 1000 Metern, Pottwale können wahrscheinlich bis über 3000 Meter hinabtauchen.

▲ Die Wurzelmundquallen leben in den oberen Schichten des Meeres. Ihre Mundarme sind zu blumenkohl- oder krausenähnlichen Gebilden zusammengewachsen, die Nahrung aus dem Wasser filtern.

◀ Neben dem riesigen, mit spitzen Zähnen besetzten Unterkiefer des Pottwals wirkt der Taucher winzig. Auf der Jagd nach Tintenfischen taucht der massige Wal sehr tief, kommt zum Atmen aber an die Oberfläche.

In der ewigen Nacht der Tiefsee leben die Viperfische aus der Familie der Großmünder. Mit ihren nadelspitzen Zähnen spießen sie größere Beutetiere auf und halten kleinere im riesigen Maul wie in einem Käfig gefangen. ▶

◀ Bodenbewohnende Aasfresser – wie dieser Schlangenstern – ernähren sich vom dichten Regen organischer Sinkstoffe aus den oberen Etagen.

Während die Delphine in den Seeaquarien mit ihren Kunststücken das Publikum begeistern, sind die Tiefseetiere eher Furcht einflößend: riesige Mäuler, messerscharfe Zähne, skurrile Körperanhängsel, kurz: wahre Monster. Dabei verdienen diese Geschöpfe, die sich in einer absolut lebensfeindlichen Umwelt behaupten, durchaus unseren Respekt. Wer ein so großes Maul und einen dehnbaren Magen besitzt, kann Beute verschlingen, die größer als er selbst ist, und braucht deshalb nur alle paar Wochen oder Monate eine Mahlzeit. Die Seegurken, Schnecken, Seesterne und anderen Tiere, die ganz unten im oder auf dem Schlamm des Meeresgrundes leben, speisen dagegen ständig. Sie ernähren sich von organischer Materie, die auf dem langen Sinkflug zum Meeresboden bis zu ihnen gelangt, ohne vorher in anderen hungrigen Mäulern zu landen. Nichts verkommt im Ozean.

Die revolutionäre Aqualunge

Das lebensfeindliche Revier der Tiefseetiere kann man nur mithilfe komplizierter Technik kennen lernen: mit tiefseetauglichen Tauchbooten mit starken Scheinwerfern. Anders verhält es sich mit den oberflächennahen Lebensräumen, wo sich die marine Fauna in großer Fülle tummelt. Sie kann heute von jedem bewundert werden, der bei einigermaßen guter Gesundheit ist und eine „Aqualunge“ besitzt. Dieses Pressluftatemgerät erfanden vor knapp sechzig Jahren Jacques Cousteau, seinerzeit Marineoffizier, und Émile Gagnan, Ingenieur und Fachmann für Industriegasausrüstungen.

Früher hatten Taucher zwei Alternativen zur Wahl: Sie konnten mit angehaltener Luft maximal vier Minuten lang die Unterwasserwelt erkunden oder sich in einen schweren, plumpen Taucheranzug zwängen, einen klobigen Kupferhelm aufsetzen und sich durch einen Schlauch von der Oberfläche mit Luft versorgen lassen. Froschmänner der Marine verwendeten eine Tauchausrüstung mit einem geschlossenen Atemsystem, das die ausgeatmete Luft von Kohlendioxid reinigte und wieder verwendbar machte. Es eignete sich aber nur für Tiefen bis zehn Meter.

Die Sporttaucher, die mit Harpune, Brille und Schwimmflossen Fische jagten, träumten jedoch von einem Gerät, das ihnen völlige Bewegungsfreiheit und lange Tauchzeiten gewährte. Dem steht allerdings ein physikalisches Problem gegenüber: Ein Taucher braucht Luft, die unter demselben Druck steht wie das umgebende Wasser. Bereits ab etwa zwei Meter Tiefe werden die Lungen des Tauchers zunehmend zusammengepresst, sodass Luft künstlich

Der von Jacques Cousteau und Émile Gagnan im Zweiten Weltkrieg entwickelte Pressluftatmer bescherte den Tauchern eine Bewegungsfreiheit, von der sie vorher nur träumen konnten. Hier erkundet ein Sporttaucher mit einem modernen Atemgerät ein Korallenriff im Pazifischen Ozean. ▶

▲ **Die Malediven – eine Kette von Korallensandinseln und kleinen Atollen im tropisch-warmen Indischen Ozean**

Der Zauber der Korallenriffe

Die Welt, in der die Korallen gedeihen, ist auch für den Menschen attraktiv: sauberes Wasser, viel Sonnenschein und angenehm warme Wassertemperaturen um 27 °C – nur unter solchen Bedingungen können die Baumeister der Korallenriffe existieren.

Ursprünglich hielt man die farben- und formenreichen Korallenstöcke für Pflanzen. Die Lebewesen, die sie schaffen, sind jedoch winzige Tiere, allenfalls „Blumentiere“, und wissenschaftlich-nüchtern betrachtet sind diese Wunderwerke der Natur nichts anderes als Ansammlungen von Skeletten. Die Korallenpolypen entnehmen dem Wasser gelösten Kalk und bauen damit Skelette auf, die den Weichkörper wie ein Kelch umschließen. Sterben die Polypen, so bleiben die Kalkhüllen zurück und formen als Überreste einer Steinkorallenkolonie phantasievoll gestaltete Korallenstöcke.

Die Korallen sind nur die Baumeister; in den untermeerischen Gebäuden, die sie errichten, hausen zahllose weitere Lebewesen: Fische, Krebse, Muscheln oder Seesterne gedeihen hier zu Tausenden. In der Vielfalt unterschiedlichster ökologischer Nischen, im Artenreichtum und in der Produktivität lassen sich Korallenriffe mit den tropischen Regenwäldern vergleichen.

▲ **Blumengärten unter dem Meeresspiegel mit grünen Geweihkorallen, daneben ein heller Tischkorallenstock sowie eine rote Fächerkoralle**

Die winzigen „Blumentiere“ oder Korallenpolypen in Nahaufnahme: So sehen die Baumeister der Riffe aus. ▶

Zwei Drachenmuränen in einer Riffhöhle vor Hawaii. Sie haben messerscharfe Zähne und gehen nachts auf Jagd nach Fischen, Krebsen und anderer Beute. ▶

▲ Bei Ebbe taucht die Riffkrone oft aus dem Meer auf. An den Rändern fallen die Riffe mit steilen Flanken in die Tiefe ab.

hineingedrückt werden muss; Luft, deren Druck geringer ist als der Umgebungsdruck, kann er nicht mehr einatmen. Andererseits: Atmet er direkt aus einer Pressluftflasche, kann das die Lunge schädigen.

1943 kamen Cousteau und Gagnan, beide leidenschaftliche Taucher, schließlich auf eine einfache, aber höchst wirksame Idee: Eine Pressluftflasche wurde mit einem Reduzierventil versehen, das „bedarfsgesteuert" arbeitete, ähnlich den Ventilen an Gasherden und -boilern. Es versorgte den Taucher, wenn er einatmete, mit Luft, und zwar mit Luft vom selben Druck, wie ihn die Umgebung aufwies.

Als Cousteau das neue Gerät in einer abgelegenen Bucht, sicher vor den Blicken italienischer Besatzungssoldaten, testete, war er begeistert:

> Sich so in der Schwebe zu halten und an nichts zu hängen – keine Seile, keine Luftschläuche zur Oberfläche –, das war wie ein Traum … Von nun an würden wir kilometerweit durch dieses Land schwimmen, das noch kein Mensch kannte, frei und leicht, und wir würden mit unserer eigenen Haut das gleiche verspüren wie die Fische mit ihrer Schuppenhaut.

Die Cousteau-Gagnansche Aqualunge war einfach zu bauen, relativ preiswert und einfach in der Handhabung, und durch sie entstand ein neuer Sport: das Scubatauchen (**S**elf-**C**ontained **U**nderwater **B**reathing **A**pparatus – Lungenautomat), das Millionen Menschen die spektakuläre Unterwasserwelt erschloss.

Auf Entdeckungsreise im Korallenriff

Kaum ein Unterwasserabenteuer ist für den Taucher so spannend wie die Erforschung eines Korallenriffs, eines farbenprächtigen Labyrinths mit Terrassen, Klippen und Laubengängen.

Die meisten Riffe sind verschachtelte Bauten aus vielen unterschiedlichen Korallenarten – das Große Barriereriff vor der Ostküste Australiens weist an die vierhundert auf. In kompakten Kugeln wachsen Gehirnkorallen; verästelt wie Hirschstangen ragen Geweihkorallen empor. Auch andere Formen tragen sprechende Namen: Kelch-, Feuer-, Draht-, Fächer-, Pilz- und Peitschenkoralle. In einem Riff türmen sich diese Stöcke zu massiven Gebirgen, zu Zinnen und Klippen, durchlöchert von unzähligen Tunneln.

Korallen sind winzige Hohltiere, verwandt mit den Seerosen oder den Quallen. Sie haben weiche Körper mit Tentakeln an der Mundöffnung und umgeben sich mit einem kalkigen Außenskelett, dessen Rohstoff sie aus im Wasser gelöstem Kalziumkarbonat gewinnen. Stirbt der Polyp, das einzelne Tier, bleibt sein Skelett zurück, ein neues Bausteinchen auf der Myriadenmasse alter Skelette, aus der sich allmählich der Korallenstock in seiner jeweils charakteristischen Form bildet. Über die Jahre wächst daraus ein

▲ **Mel Fishers Boot: Die Rohre am Heck können mit starken Wasserstrahlen Sedimente vom Meeresgrund fortspülen und so verborgene Schätze freilegen.**

Versunkene Schätze

Die *Nuestra Señora de Atocha* lief im September 1622 von Kuba nach Spanien aus, zusammen mit 27 anderen spanischen Galeonen, alle schwer beladen mit Tabak, Indigo, Kupfer, Smaragden und großen Mengen Gold und Silber. Nach wenigen Tagen trieb ein Hurrikan acht Schiffe, darunter die *Atocha* und ihr Schwesterschiff, die *Santa Margarita*, auf die tückischen Riffe der Florida Keys, wo sie untergingen. Dreieinhalb Jahrhunderte lang blieb ihre Ruhestätte ein Geheimnis.

Mel Fisher, ein amerikanischer Schatzsucher, entdeckte Ende der 1960er Jahre die Wracks und barg einige Überreste. Nach jahrelanger Sisyphusarbeit fand 1975 einer der Söhne Fishers fünf Kanonen von der *Atocha*. Goldbarren, Ketten und andere Gegenstände folgten, bis 1980 ein anderer Sohn, Kane, auf ein Rumpfstück der *Santa Margarita* stieß. Es enthielt wertvolle Funde, doch der eigentliche Haupttreffer stand noch aus: die kostbare Fracht der *Atocha*. 1985 bemerkte Kane, dass ein kleines Riff, an dem er vorbeischwamm, gar kein Riff war, sondern der kalküberkrustete Schatz der *Atocha*, ein Berg aus Gold, Silber und Kostbarkeiten, der in einem Stück gesunken war und in dem jetzt Meerestiere hausten.

Solches Finderglück lässt das Herz höher schlagen, ist aber Unterwasserarchäologen nur selten vergönnt. ▶

▲ **Goldschmiedekunst vergangener Jahrhunderte: Ketten, ein blütenkelchförmiges Trinkgefäß und eine aufwendig gravierte Schale. Die beiden Barren tragen Prägestempel als Garantie für die Reinheit des Goldes.**

Dieser filigrane Rosenkranz aus massivem Gold stammt von der *Santa Margarita*. ▼

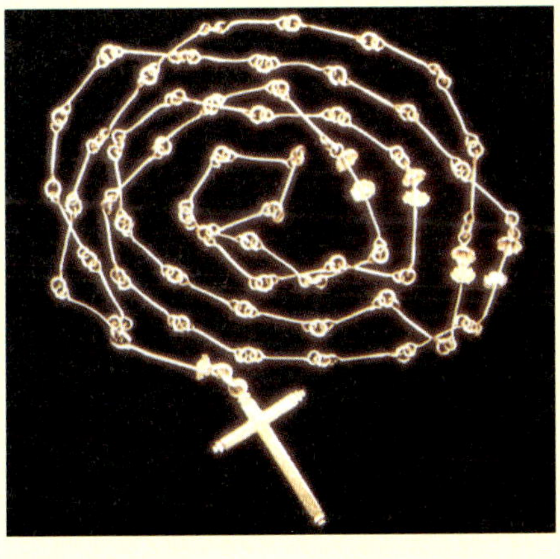

Riff, das bis an die Wasseroberfläche reichen kann; in jahrtausendelangen Zeiträumen können mehrere Riffe zusammenwachsen zu Riesenmassiven wie dem aus mehr als 3000 einzelnen Riffen bestehenden, 2000 Kilometer langen Großen Barriereriff, das aus dem Weltraum zu erkennen ist.

Diese lebendigen Kalkgebirge beherbergen ein außerordentlich reiches und exotisches Tierleben. In einem einzigen Riff im Pazifik kommen mehrere hundert Korallenarten vor, 1500 Fischarten (gegenüber fünfzig um die Britischen Inseln) und Zehntausende verschiedener Schwämme, Seeigel, Seesterne, Muscheln und Krebse. Hier leben wunderschöne Schmetterlingsfische, bizarre Steinfische, die ein tödliches Gift ausscheiden, leuchtend blaue Krebse, riesige, aber harmlose Rochen und winzige Seepferdchen – eine sinnverwirrende Schatzkammer des Lebens, die dem modernen Taucher offen steht.

Schatzsucher unter dem Meeresspiegel

Noch eine zweite, schwieriger zugängliche Art von Schätzen lockt in der blauen Tiefe. Wer hat nicht schon einmal davon geträumt, ein vergessenes Schiffswrack zu finden, hinter die verrotteten Planken vorzudringen, Silberstücke und uralten Jamaikarum zu bergen? Die moderne Tauchtechnik kann solche Träume wahr werden lassen – zumindest theoretisch.

Unzählige Wracks liegen auf dem Grund der Meere: allein im Mittelmeer mindestens 20000. Doch die wenigsten enthalten große Gold- oder Silbermengen; ihre Schätze sind meist ausschließlich von historisch-archäologischem Wert und nur in mühsamer Teamarbeit zu bergen, nicht von einzelnen Draufgängern. Ein typischer Fall ist die *Yassi Ada*, ein byzantinisches Handelsschiff, das um 630 n. Chr. vor dem türkischen Hafen Bodrum sank. Nach vier Jahren harter Knochenarbeit und 3523 Tauchgängen wurde sie gehoben; doch nur eine Hand voll Goldmünzen kam zu Tage.

Die wenigen Glücklichen, die einen Schatz finden, ziehen das große Los meist erst nach jahrelanger Suche und vielen vergeblichen Anläufen. Fünfzehn Jahre und ausgefeilte Technik brauchte beispielsweise der amerikanische Schatzsucher Mel Fisher, um das Wrack der *Nuestra Señora de Atocha* zu finden, einer spanischen Galeone, die 1622 auf dem Weg von Kuba nach Spanien vor der Südspitze Floridas im Sturm auf ein Riff lief. Als das Wrack endlich gefunden worden war, öffnete sich allerdings eine Schatzkammer sondergleichen: Fast hundert Kilo Goldbarren, 32 Tonnen Silberbarren, 2615 Smaragde, elf Kisten Silbermünzen und viel Geschmeide wurden vom Meeresboden geholt. Wovon jeder Glücksritter träumt – für Mel Fisher und sein Team war es in Erfüllung gegangen.

Zum Eldorado der Schatzsucher wurde auch die versunkene Stadt Port Royal vor der Südküste Jamaikas, einst der regste Handelshafen Westindiens und Stützpunkt des Korsarenadmirals Sir Henry Morgan und seiner Seeräuber. Moralapostel sahen es daher als Gottesgericht, dass am 7. Juni 1692 ein Erdbeben die Stadt in den Fluten versinken ließ. Mehr als 2000 Menschen ertranken dabei. Die Naturkatastrophe muss die Einwohner der seinerzeit reichsten Stadt der Neuen Welt urplötzlich getroffen haben, denn sie hatten keine Zeit zu fliehen und starben inmitten all ihrer Reichtümer. Gespenstisch beredter Fund war eine Uhr. Die Zeiger hatten auf dem Zifferblatt eine Rostspur hinterlassen, die genau den Augenblick des Bebens anzeigte – 11.43 Uhr, kurz vor Mittag.

Hightech für die Tiefe

Die Schatzsucher bedienen sich oft modernster Technik, entwickelt von der Rüstungsindustrie und den Meereskundlern, hinter deren Arbeit eine ganz ähnliche Passion steckt: Forscherdrang. Ozeanographen sind „datendurstig" und wollen wissen, was in allen Tiefen, an allen Orten und zu allen Zeiten im Meer vorgeht. Hochmoderne Geräte helfen ihnen dabei.

Eines der wichtigsten neueren Werkzeuge ist das Seitenstrahlsonar, ein flächendeckendes Echolot, das ein hoch aufgelöstes dreidimensionales Bild des Meeresbodens (Sonogramm) liefert. Man setzt es zur Wracksuche, zur Vermessung des Meeresbodens, zur Aufdeckung von Unterwasserhindernissen und zum Erkennen von Fischschwärmen ein. Leistungsfähige Seitenstrahlsysteme haben eine Reichweite von etwa 25 Kilometern.

Eine andere Form der Echolotung bedient sich energiereicher Impulse, mit denen die Lockersedimente und Gesteinsschichten am und unter dem Meeresboden mehr als tausend Meter tief quasi durchleuchtet werden können. Mit dem Seitenstrahlsonar kombiniert, kommt dieses System in dem Forschungsgerät *Gloria* (**G**eological **LO**ng **R**ange **I**nclined **A**sdic) zum Einsatz. Ein Schiff schleppt die acht Meter lange torpedoförmige *Gloria* über dem Erkundungsgebiet hin und her, wodurch ein komplettes Bild des Reliefs und Untergrundes des Meeresbodens entsteht. Auf diese Weise wurden schon Erdöl- und Erzlagerstätten, untermeerische Thermalquellen und die besten Trassen für Tiefseekabel und -pipelines entdeckt.

Satelliten spielen in der ozeanographischen Forschung ebenfalls eine wichtige Rolle. Mit Normal- und Falschfarben-(Infrarot-)Kameras liefern sie ein lückenloses Bild der Oberflächenströmungen. Mittels Radar messen sie Wellenhöhen und Windstärken. Sie verfolgen die Drift von Eisbergen und die Züge der Fischschwärme, zeichnen Wassertemperaturen und Chlorophyllkonzentrationen auf – und damit die Verteilung des pflanzlichen Planktons.

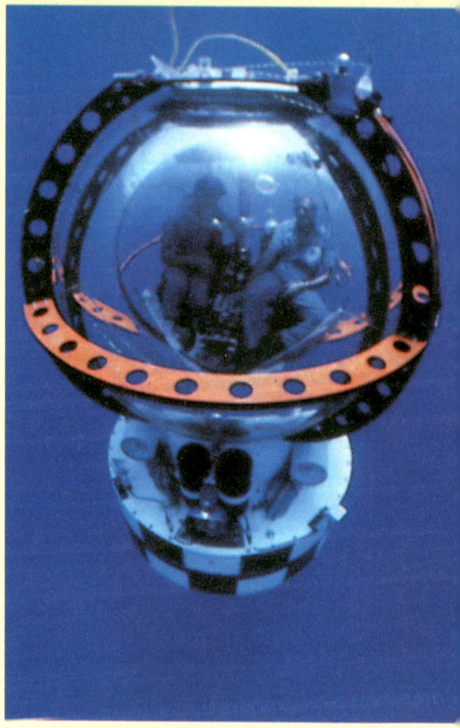

▲ Das Tauchboot *NEMO* (Naval Experiment Manned Observatory) der US-Marine besteht aus einer Acrylglaskugel von etwa sechs Zentimeter Wandstärke und taucht fast 200 Meter tie

Ein Panzertaucher untersucht mit einem fernge steuerten Roboter den Meeresboden. ▶

◀ Das Tauchboot *Alvin* trug drei Forscher fast 4000 Meter tief zum Wrack der *Titanic* hinab. Die meisten Fotos des 1912 gesunkenen Schnelldampfers stammen allerdings von der *Jason jr.* (oben), einem unbemannten, von der *Alvin* ferngesteuerten Fahrzeug. Hier späht es gerade ins Fenster einer Luxussuite.

In die Tiefen der Meere

Die Erforschung der tieferen Meeresstockwerke steht noch ganz am Anfang. Der Durchbruch kam gegen Ende der 1940er Jahre mit dem ersten Bathyskaph (Tieftauchboot), der in Tiefen vordringen konnte, in denen ein normales U-Boot vom enormen Wasserdruck zerquetscht würde.

Die tiefsten Zonen bleiben auch heute noch dem Bathyskaphen vorbehalten. Für die mittleren Stockwerke stehen inzwischen jedoch Tauchboote verschiedener Bauart zur Verfügung. Das wohl bekannteste ist die 1964 für das Ozeanographische Institut Woods Hole, Massachusetts, gebaute *Alvin*. Ursprünglich für eine Tauchtiefe von 1800 Metern ausgelegt, erhielt sie 1973 einen Druckkörper aus Titan, der ihren Tauchbereich auf 3900 Meter erweiterte. Damit konnte sie zur 1985 aufgefundenen *Titanic* vorstoßen und wurde nach Jahren unromantischer Forschungsarbeit plötzlich weltberühmt.

Zu den weiteren Neuerungen der Tauchtechnik gehören ferngesteuerte, unbemannte Suchroboter und Panzertaucher, druckfeste Rüstungen, in denen der Taucher bis in Tiefen von etwa 600 Meter absteigen und trotzdem bei Oberflächendruck arbeiten kann. Dadurch entfällt die zeitraubende Dekompressionsphase.

Selbst dank dieser Hilfsmittel wissen wir über den Meeresboden wahrscheinlich immer noch weniger als über die Rückseite des Mondes. Weniger als ein Prozent des Tiefseebodens haben wir bisher in Augenschein genommen.

▲ **Das im amerikanischen Bürgerkrieg von den Südstaaten eingesetzte U-Boot *H. L. Hunley***

Die frühere Sowjetunion besaß eine starke U-Boot-Flotte. Hier ist ein Aufenthaltsraum eines Bootes der Taifun-Klasse zu sehen. ▶

◀ **Hightech-Sehrohr eines modernen U-Bootes für den Blick über den Meeresspiegel**

Kriegsschiffe der Tiefe

Die *USS Skate,* eines der ersten Atom-U-Boote der Welt, machte 1958 Geschichte, als sie den Atlantik, ohne aufzutauchen, durchquerte; im darauf folgenden Jahr durchbrach sie die Eisdecke am Nordpol. Heute kreuzen U-Boote, mehr als doppelt so lang und zehnmal so schwer wie die *Skate*, lautlos durch die Meerestiefen und können jahrelang untergetaucht bleiben.

In diesen technischen Wunderwerken erfüllen sich jahrhundertealte Träume. Leonardo da Vinci (1452 bis 1519), das Universalgenie, soll die ersten Entwürfe für ein Unterseeboot gezeichnet haben. 1620 unternahm der Holländer Cornelius van Drebbel mit seinem aus Holz und Leder gebauten Boot erfolgreiche Tauchversuche in der Themse. Weniger erfolgreich war der bayerische Ingenieur Wilhelm Bauer mit seinem „Eisernen Seehund“ und dem „Brandtaucher“: Beide Tauchboote blieben in den 1850er Jahren auf dem Grund der Ostsee.

Die militärischen Vorteile von Unterwasserfahrzeugen lagen sofort auf der Hand; 1864, im amerikanischen Bürgerkrieg, versenkte ein U-Boot der Marine der Südstaaten, die *H. L. Hunley,* erstmals ein feindliches Kriegsschiff – allerdings ohne selbst wieder aufzutauchen. Die Vorteile für die Kriegsführung sind bis heute die treibende Kraft der U-Boot-Entwicklung. Damit bekam zugleich auch die zivile Meeresforschung die Möglichkeit, die Wunder der Tiefe vor Ort zu studieren.

U-Boote wie die *USS Whale* durchbrechen im Sommer regelmäßig das Treibeis im Nordpolarmeer. ▶

Und diese neue Datenflut liefert auch eine Fülle neuer Erkenntnisse: Die Meereskundler kennen die Ozeane heute bereits bedeutend besser als noch vor zehn Jahren. So haben sie z. B. die verblüffende Tatsache entdeckt, dass der Meeresspiegel keineswegs vollkommen eben ist, sondern das Relief des Meeresbodens widerspiegelt: Über dem mittelozeanischen Rücken liegt er rund zwanzig Meter höher als über den Tiefseegräben.

Nicht jeder Forscher ist freilich aus rein wissenschaftlichen Gründen am Meer interessiert. Manchen geht es mehr um die militärische Nutzung der Weltmeere.

Waffen unter Wasser

Sorgen machte dies schon Leonardo da Vinci, dem Künstler und Universalgelehrten, der wohl als Erster ein Unterseeboot entwarf. Er ahnte die Folgen seiner Erfindung und weigerte sich deshalb, seine Skizzen zu veröffentlichen:

> Zu viel Bosheit ist im Herzen der Menschen, als dass man ihnen die Geheimnisse der Unterwasserfahrt anvertrauen dürfte. Sie würden nicht zögern, sie dazu einzusetzen, um in den Tiefen des Meeres Mord zu säen.

Wie begründet seine Furcht war, zeigte sich spätestens im Kalten Krieg, als gigantische U-Boote die Weltmeere durchpflügten. In ihren Silos befanden sich zwanzig Interkontinentalraketen, die jeweils bis zu neun Atomsprengköpfe trugen. Damit konnte ein einzelnes Boot viele Millionen Menschen vernichten.

Die ersten praktischen Versuche der Unterwasserfahrt werden Cornelius van Drebbel zugeschrieben, einem in England lebenden holländischen Erfinder. Sein „Tauchboot", das er 1620 baute, bestand aus einem Holzgerippe mit gefetteter Lederhaut und wurde in einer Tiefe von rund fünf Metern mit Rudern die Themse hinaufbewegt. Erlauchtester Fahrgast soll König Jakob I. gewesen sein.

150 Jahre später baute der Amerikaner David Bushnell sein eiförmiges Unterseeboot *Turtle* bereits teilweise aus Metall. Der Einmanncrew wurde allerhand abverlangt: Sie musste die Ventile und Pumpen bedienen, Auf- und Abtrieb per Ballast regeln, die Schrauben drehen und die Bordwaffe, einen „Pulverkasten" (eine Mine), am Rumpf eines gegnerischen Schiffes festschrauben. Während des Amerikanischen Unabhängigkeitskrieges wurde diese angriffslustige „Schildkröte" im Jahr 1776 erfolgreich unter eine britische Fregatte manövriert, die die New Yorker Hafeneinfahrt versperrte. Da der Rumpf der Fregatte mit Kupfer beschlagen war, konnte man die Mine aber nicht anbringen.

Ein weiterer Krieg brachte die Entwicklung des U-Boots wieder einen Schritt voran. 1801 baute Robert Fulton, ein in Paris lebender

Amerikaner, mit finanzieller Unterstützung Napoleons die 6,3 Meter lange *Nautilus*. Probefahrten verliefen zufriedenstellend, doch konnte das langsame Unterseeboot auf offener See Kriegsschiffe nicht einholen, weshalb die französische Marine das Interesse verlor.

Erst im amerikanischen Bürgerkrieg verzeichnete ein U-Boot den ersten erfolgreichen Angriff auf ein feindliches Schiff. 1864 versenkte die *H. L. Hunley* im Hafen von Charleston das Nordstaaten-Kriegsschiff *Housatanic* – ein teuer erkaufter Sieg. Bei Probefahrten war nämlich der Erfinder bereits ertrunken, und bei der Versenkung wurde auch das U-Boot selbst zerstört. Ein angemessen blutiger Auftakt zu den Schrecken des U-Boot-Krieges im 20. Jahrhundert.

Die Plünderung der Ozeane

Einschneidendere Folgen für die Weltmeere und damit unseren ganzen Planeten hat freilich die so genannte friedliche Nutzung der Ozeane. Durch ihre unersättliche Gier nach Rohstoffen und Reichtümern verschmutzt und plündert die Menschheit die Meere, oft ohne jede Rücksicht auf die Zukunft und auf eine Weise, die man nur als Raubbau bezeichnen kann.

Seit Urzeiten wird Fischerei betrieben. Was der Mensch mit Harpune, Angel, Reuse und Netz fing, konnte die See jahrtausendelang wieder wettmachen. Doch in unserer Zeit gehen die Fischbestände alarmierend zurück. Supertrawler mit Echolot und riesigen Netzen fangen und töten wahllos nicht nur Fische in großen Mengen, sondern auch viele andere Arten von Meereslebewesen. Rund eine Million Fischerboote sollen sich weltweit im Einsatz befinden, aber trotz wachsender Fangflotten stagnieren die Weltfangerträge seit Jahren oder gehen bei hochwertigen Speisefischen sogar zurück. Die Weltfischerei hat ihre Grenzen erreicht und teilweise bedenklich überschritten.

Zum Raubbau an den Fischbeständen kommt die Ausbeutung der untermeerischen Erdöl- und Erdgaslagerstätten: Schon rund ein Drittel der Erdölförderung stammt inzwischen aus Lagern unter dem Meeresboden. 1896 wurde vor der kalifornischen Küste von einem Floß die erste untermeerische Bohrung niedergebracht. Heute sprudelt das schwarze Gold aus rund 20 000 Bohrlöchern auf hoher See, und jedes stellt ein enormes Umweltrisiko dar. Das Gleiche gilt für die Supertanker, die, häufig unter Billigflagge, gewaltige Ladungen von oftmals mehreren hunderttausend Tonnen Rohöl transportieren und immer wieder durch Havarien und katastrophale Verseuchungen der Meere und Strände durch Erdöl von sich reden machen.

Dabei stellen Tankerunfälle nur die Spitze des Eisberges der chronischen, unablässigen Meeresverschmutzung dar. Tag für Tag wandern ungeklärte Abwässer und Krankenhausabfälle, atomare und

▲ **Ein japanischer Walfänger hievt einen angeblich zu wissenschaftlichen Zwecken harpunierten Zwergwal an Bord.**

Fabrikschiff beim Auslegen eines Treibnetzes. In diesen riesigen Netzen verenden alljährlich Abertausende von Delphinen. ▶

Ölpest im englischen Devon. Die klebrige Masse tötet Meerestiere und Seevögel, verseucht Strände und Gezeitentümpel. ▼

Ozeane in Gefahr

Nach dem Ende des Zweiten Weltkriegs nahmen die Anlandungen der Fischereiflotten weltweit jährlich um sieben Prozent zu; die Fangmengen verdoppelten sich damit alle zehn Jahre. Doch die Folgen dieses Raubbaus, der Überfischung der Meere, zeigten sich bald. Seit den 1970er Jahren sind die Fischbestände alarmierend geschrumpft. Durch international vereinbarte Fangquoten wird jetzt einerseits versucht, dieser dramatischen Entwicklung entgegenzusteuern. Andererseits gehen immer größere Schiffe mit noch größeren Netzen auf Fahrt.

Moderne Supertrawler, schwimmende Fabriken, in denen der Fang gleich verarbeitet wird, verwenden Netze, in die zwölf Jumbojets hineinpassen; andere legen „Todeswände“ aus, viele Kilometer lange Treibnetze, in denen auch zahllose Meerestiere verenden, die eigentlich gar nicht gefangen werden sollen. Für eine Tonne Seezunge werden beispielsweise 15 Tonnen andere Fische gefangen, die tot ins Meer zurückgeworfen werden. Und in den Treibnetzen gehen jährlich schätzungsweise 80 000 Delphine und Wale zugrunde.

▲ **Für diesen Pazifischen Weißseitendelphin, der sich in einem Treibnetz verfangen hatte, kam jede Hilfe zu spät.**

Zu einem ernsten globalen Problem ist darüber hinaus die Verschmutzung der Meere geworden. Neben einzelnen großen Unfällen, etwa Ölverseuchung der Gewässer und Strände nach Tankerhavarien, trägt dazu vor allem der fortlaufende, viel zu hohe Schadstoffeintrag vom Land sowie von Schiffen und Plattformen in die Ozeane bei. Allein die Handelsschifffahrt kippt schätzungsweise jährlich mehrere Millionen Tonnen Abfälle ins Meer.

Freizeitparadies und Forschungsfeld

Die Meere des „Blauen Planeten" werden seit Menschengedenken als Fischgründe und Verkehrswege genutzt. Eine Nutzungsform, die heute das wirtschaftliche Fundament vieler Inseln und Küstenländer bildet, hat sich dagegen erst in den vergangenen hundert bis zweihundert Jahren entwickelt: der Tourismus. Seit dem Aufschwung des Fremdenverkehrs, besonders seit den 1950er Jahren, säumen Hotels, Strandkörbe, Sandburgen einst menschenleere Küsten. Heute machen Millionen Menschen Urlaub am Meer, auf dem Meer und – dank moderner Tauchtechnik – auch im Meer.

Der Massentourismus ist keineswegs ein Segen für die empfindlichen Ökosysteme der Küsten und Meere. Andererseits ist seine wirtschaftliche Bedeutung aber auch ein überzeugendes Argument für verstärkten Umweltschutz. Wer, außer ein paar Fischern und Naturschützern, würde eine Ölpest an den Stränden einer Nordseeinsel fürchten, wenn zum ökologischen Schaden nicht der ökonomische durch ausbleibende Urlauber käme? Und jeder, der Urlaub am Meer macht, muss einsehen, dass die Gefahren, die den Meeren drohen, nicht nur die Probleme der Küstenbewohner, sondern seine eigenen sind.

Die heute bekannten Gefahren sind wahrscheinlich nur die augenfälligsten. In der ozeanographischen und meeresbiologischen Forschung besteht ein großer Nachholbedarf. Inzwischen ist jedoch Bewegung in die Forschungsfront gekommen. Wissenschaftler dringen bis in die entferntesten Winkel der Weltmeere vor – um dort nicht selten die Erfahrung zu machen, dass sich die Umweltverseuchung über alle Ozeane ausgebreitet hat.

Ein Marinetaucher nimmt im Nordpolarmeer Wasserproben für die Wissenschaft. ▶

▲ Meeresbiologen setzen einen Blau-Weißen Delphin aus, der einen Sender trägt.

Ein im Seegras ruhender Hai lässt eine Augenuntersuchung über sich ergehen. ▼

◄ Wellenreiten: Der Tourismus belastet die Meere, ist zugleich aber auch ein überzeugendes Argument für ihren Schutz.

toxische Schadstoffe in Massen in die See. Wir alle wissen, was auf dem Spiel steht; doch jede Gegenmaßnahme stößt auf fast unüberwindliche Probleme. Über eine UNO-Seerechtskonvention, die die alte „Freiheit der Meere" ersten Beschränkungen und Regelungen unterwarf, ist dreißig Jahre lang verhandelt worden. Sobald den Industrieländern abverlangt wird, das Meer verantwortungsbewusster zu behandeln, neigen sie zu einer Abwehr- und Blockadehaltung.

Der Schutz der Meere als Zukunftsvorsorge

Zum Glück wächst beim viel zitierten kleinen Mann wie auch bei Unternehmern und Politikern die Einsicht, dass die Ozeane geschützt werden müssen; die Einsicht, dass die Erde nicht aus Land besteht, auf dem wir leben, und aus Meer, das man nach Belieben missbrauchen darf. Land und Meer sind vernetzte Teile eines Ganzen. Der ökologische Zustand der Ozeane ist für uns ebenso wichtig wie die Reinheit der Luft. Beide belastet man nicht ungestraft.

So werden nun endlich Schritte zum Schutz unserer kostbaren Meeresressourcen ergriffen. Aquakultur ist eine Wachstumsindustrie, insbesondere die Zucht gefährdeter Arten zur Wiedereinführung in ihre natürlichen Lebensräume. Endlich werden Fangquoten vorgeschlagen und nach langem Schachern manchmal sogar akzeptiert. Viele verschiedene internationale Organisationen widmen sich inzwischen dem maritimen Umweltschutz. Sie fördern die Entwicklung neuer Fischereitechniken – etwa biologisch abbaubarer Netze und Leinen – und drängen auf Verbot verantwortungsloser Fangmethoden wie Kiemennetz-, Dynamit- und Giftfischerei.

Außerdem gibt es die beharrlichen Einzelkämpfer wie Jacques Cousteau, der im Kampf gegen die Zerstörung der Meeresökosysteme jahrzehntelang stets an vorderster Front stand. Durch zahlreiche Bücher und preisgekrönte Filme machte er sich zum beredten Anwalt der Ozeane.

Ein Leben auf dem Meer

Ein Kapitän, heißt es, ist nur so gut wie sein Erster Offizier; ein Glücksfall für Jacques Cousteau, dass er als rechte Hand einen so vorzüglichen und mit allen Wassern gewaschenen Taucher wie Albert Falco gewinnen konnte.

Hier ist die Geschichte des Mannes, der Cousteaus Cheftaucher war und schließlich das Forschungsschiff *Calypso* als Kapitän befehligte. Es ist eines jener seltenen Bücher, in denen ein Mann der Tat ohne Prahlerei, aber auch ohne falsche Bescheidenheit von Abenteuern erzählt, die jedem Leser den Atem verschlagen. Albert Falco schildert seine lebenslange Liebe zum Meer und seine Angst vor dem, was dem Meer heute droht. *Mein abenteuerliches Leben auf der Calypso* ist ebenso dramatisch wie hochaktuell.

MEIN ABENTEUERLICHES LEBEN AUF DER CALYPSO

Ein Reisebericht von

ALBERT FALCO

SONNENAUFGANG AUF TAHITI

Der Wachhabende trägt das Datum vom 17. Oktober 1987 ins Logbuch ein und kommt mich in meiner Kabine wecken. „Kapitän, es ist fünf Uhr!“

Ich springe aus meiner Koje, schlüpfe in Shorts und ein Matrosenhemd. Auf der Brücke überprüfe ich die Position des Schiffes wie immer. Und ich betrachte den Sonnenaufgang, meine Belohnung.

Seit 35 Jahren auf der *Calypso* habe ich keinen Sonnenaufgang verpasst. Auch nicht bei Regen, Nebel oder Schneefall. Ich begrüße schöne Dinge gern, wenn sie ihren Anfang nehmen. Bei einer gelungenen Vorstellung überzieht sich der Himmel mit märchenhaften Farben, einer Mischung aus Gold, Rot und Violett. Seemöwen oder Albatrosse kreisen stumm vor dieser Kulisse. Am 17. Oktober 1987 findet diese Morgendämmerung vor einer Insel der Träume statt. Tahiti ... Im 18. Jahrhundert hatte sie der große Entdecker Louis Antoine de Bougainville „Neu-Kythera“ getauft.

Ich habe Dutzende von Inselgruppen vom Mittelmeer bis zur Karibik, von der Antarktis bis zum Indischen Ozean aufgesucht. Tahiti seltsamerweise bisher noch nicht.

Auch für mich wird damit ein Traum wahr. Die Szenerie ist großartig: Nur die Natur, diese unübertroffene Künstlerin, kann diesen goldenen Himmel und dieses dunkelblaue Meer mit diesem Saum von Kokospalmen am Horizont wagen.

Heute ist Tahiti noch immer schön – aber nur von weitem. Kommt man der Hauptstadt Papeete näher, schwindet der Zauber. Motorboote tuckern, Autofähren stampfen, Flugzeuge brummen. Die türkisfarbene Lagune, in der früher goldglänzende Fische schwammen, ist verödet. Zu viele Fischer. Zu viele Touristen. Zu viele Unterwasserjäger. In Papeete verliert sich das Bild eines Gartens Eden im Rauch der Schornsteine, in den Auslagen der Souvenirläden und in den Gossen, die überquellen von Bierdosen und Plastikflaschen. Selbst die Parks mit ihrer üppigen Vegetation sind von der Zivilisation geschädigt. Auf Tahiti ist nicht der Mensch aus dem Paradies auf Erden vertrieben worden, sondern er selbst hat das Paradies ausgetrieben.

Ich befehlige das Anlegemanöver. Die *Calypso* macht fest. Traurig und enttäuscht gehe ich zurück in meine Kajüte. Gern würde ich die ursprüngliche Schönheit von Tahiti kennen lernen; aber sie besteht nur noch in der schwachen Erinnerung alter Insulaner. Heute setzen die berühmten Polynesierinnen ihre Waschmaschine in Gang und kaufen im Supermarkt ein. Und die braunhäutigen Athleten, die einst das Paddel schwangen, arbeiten in den Ämtern des Verteidigungsministeriums und bereiten den nächsten Atomversuch auf Mururoa vor.

Gitarrenakkorde wecken mich aus meiner Träumerei. Ich springe auf und eile den Backbord-Laufgang entlang. Ein kurzer Blick in die Offiziersmesse. Die Mannschaft erwartet mich schon. Als ich eintrete, schmettert der Chor der *Calypso* (musikalisch mit Vorsicht zu genießen, aber welche Inbrunst!) ein lautes Geburtstagslied.

Eine idyllische Bucht auf Tahiti, der Trauminsel des Autors, gebadet im Sonnenlicht

Die Crew der *Calypso* feiert den 60. Geburtstag des Autors. Als stilechtes Tafelgetränk gibt es Champagner. ▶

Simone Cousteau (Madame Cousteau, *„la Bergère"*, die Hirtin, wie wir sie alle nennen) leitet die Zeremonie. Eine bewundernswürdige Frau, deren Bescheidenheit und Diskretion nur noch von ihrer Courage übertroffen wird. Seit den ersten Einsätzen des Schiffes hat sie mehr Zeit auf der *Calypso* verbracht als ihr berühmter Mann. Sie ist die einzige Seemannsbraut, die auf hoher See auf ihren Mann wartet!

Sie ist Mutter, Großmutter, Freundin und Vertraute der Mannschaft. Sie hört den Männern zu, macht ihnen Mut, wenn der Einsatz schwierig wird und die Moral nachlässt. Sie will immer genau wissen, ob sie von ihrer Frau, ihrer Braut, ihren Kindern gehört haben. Und sie versucht darauf zu achten, dass diese Trennung nicht zu viele Probleme aufwirft. Sie hat alles im Blick.

Noch nie hat sie einen Geburtstag vergessen. Zu meinen Ehren hat sie ein großartiges tahitianisches Essen ausgerichtet: gebratenes Ferkel, Riesenkürbis, roher Fisch mit Zitrone, Brotfrüchte, gedämpfte Bananen und Bananen in Gelee. Auf dem Zuckergusskuchen brennen sechzig Kerzen, die ich ausblasen muss. Sechzig Jahre! Ich werde auf Tahiti sechzig ... Die Stimmung ist herzlich, ein wenig wegen des Champagners, aber zum größten Teil dank der Freundschaft, die mir meine Gefährten bezeugen. Jeder bringt einen kurzen Glückwunsch an, manchmal ungeschickt, aber immer voller Gefühl. Mir fällt ein, welches Glück ich doch habe, auf eine solche Gruppe zählen zu können. Zusammengeschmiedet und zuverlässig. Der Risiken und Gefahren bewusst, denen sie sich stellen müssen, um den Titel Forscher zu verdienen. Und im Klaren darüber, welches Privileg ihr Beruf ist, der sie zu Weltreisen verpflichtet – dorthin zu fahren, wohin niemand sonst kommt.

Den Geist brennender Neugier, den Wissensdurst hat Kommandant Cousteau Einsatz für Einsatz aufs Neue belebt. Er hat ihn auch in den schlimmsten Zeiten gefördert, indem er selbst Vorbild war.

Ich habe immer danach gestrebt, dem Vorbild des Mannes gerecht zu werden, den die Matrosen liebevoll Pascha nennen. Wie Jacques-Yves Cousteau versuche ich, neuen Generationen von Matrosen, Mechanikern, Funkern, Filmemachern und Tauchern Abenteuer und Forschergeist schmackhaft zu machen.

Das Geburtstagsfest geht zu Ende. Ich bin wieder allein in meiner Kajüte, die Arme voller Geschenke. Ich setze mich auf meine Seemannskiste. Sechzig Jahre! Vielleicht der richtige Moment, einen Blick auf meine Vergangenheit zu werfen – meinen Lebenslauf unnachsichtig zu mustern.

Ich überlege, wie sehr mir doch das Glück gelacht hat: Mit zwanzig Jahren hatte ich nichts – weder eine reiche Familie noch eine glänzende Ausbildung noch besondere Eigenschaften (außer vielleicht der Fähigkeit, wie ein Fisch zu schwimmen). Ich war ein junger Marseiller ohne Sorgen oder Ehrgeiz – voller Liebe zur Natur und zum Wasser und erfüllt von der Sehnsucht, auf große Fahrt zu gehen.

Doch das Leben hat mir so viel mehr beschert! Viel mehr als das, was ich mir in den wildesten Kindheitsträumen dachte ... Es hat mir das Meer geschenkt – das ganze Meer, von den Polen bis zum Äquator, von der Oberfläche bis zu den tiefsten Abgründen. Die Schönheit der Welt. Sonne und Eis. Sümpfe und Korallen. Wüsten und Wälder. Kleines und Großes – Plankton und Wale. Üppigkeit und Vielfalt.

Ich habe alle diese Reichtümer genossen, zunächst als einfacher Matrose und Taucher, dann als Cheftaucher und Einsatzleiter, schließlich als Kapitän der *Calypso* – ein Schicksal, das sich sogar mein Vater für mich nicht zu erträumen gewagt hätte, als er mich mitnahm, seine Welt zu erforschen – die kleinen Buchten von Marseille: Sormiou, En-Vau, Morgiou ... Wie bin ich hierher gelangt? Wie ist mir diese Aufgabe als Kapitän eines der berühmtesten Schiffe der Welt zugefallen?

▲ **Kommandant Jacques-Yves Cousteau, genannt „der Pascha", auf der Brücke der *Calypso***

Ich versuche, die Fäden meines Lebens zu entwirren. Ich habe den Eindruck, erst gestern Abend auf der *Calypso* angeheuert zu haben; doch das war schon 1952! Ich habe das Mittelmeer in allen Richtungen durchpflügt. Ich habe die Korallen des Roten Meers und die Seychellennüsse vor der Ankunft des Tourismus gesehen. Ich habe die Tiefseegräben des Atlantiks ausgelotet. Ich bin mit den Haien von Yucatán und den Wrackbarschen von Belize geschwommen. Ich bin mit den Pazifischen Lachsen und den Braunbären Alaskas getaucht. Ich habe die Seeotter in ihrem Bett aus Riesenalgen gestreichelt. Ich habe dem Finnwal ins Gesicht geschaut und mich an der weißen Brustflosse des Buckelwals festgehalten. Ich bin der Freund der Delphine geworden. Ich bin zwischen den Piranhas des Amazonas geschwommen. Ich habe Haie und Riesenmantas beobachtet. Ich bin über Korallentempel geschwebt, die von Gaukler- und Engelfischen wimmelten. Ich habe viele Stunden damit verbracht, das Verhalten der Röhrenwürmer, der Knallkrebse, der Putzerfische oder der tropischen Mördermuschel zu studieren. Von Griechenland bis zu den Großen Seen und vom Golf von Aden bis zum Großen Barriereriff habe ich Tausende von Wracks erkundet, in denen sich die furchtbarsten Tragödien abgespielt haben.

Viele tausend Stunden habe ich an Bord der *Calypso* verbracht, auf der ich jeden Winkel kenne – wahrscheinlich besser als meine Wohnung in Marseille. Ich habe mehr Mahlzeiten am großen Tisch der Offiziersmesse auf hoher See eingenommen als mit meiner Frau Jackie zu Lande ...

An dieser Kette von Ereignissen erstaunt mich am meisten das Vertrauen, mit dem mich Kommandant Cousteau seit unserer ersten Begegnung ehrt. Der Pascha hat mich zum Taucher gemacht. Er hat mich unter Wasser mit seinen Augen sehen gelehrt. Dieses Vertrauen ehrt und ängstigt mich zugleich. Am Abend meines sechzigsten Geburtstags auf der Insel Tahiti versenke ich mich in mich selbst. Und ich frage mich: Wie ist es so gekommen? Wie bin ich hierher gelangt?

Eine Kindheit in Marseille

Das Meer. So weit meine Erinnerungen zurückreichen, ist da das Meer. Immer präsent. So blau, so schön, bis zum Horizont... Es ruft mich wie schon andere vor mir. Ich sträube mich nicht. Ich heuere an.

In Marseille bin ich am 17. Oktober 1927 geboren. Ich kenne alle kleinen Buchten und Schlupfhäfen. Sofern ich nicht auf der *Calypso* am anderen Ende der Welt schippere, kehre ich dorthin zurück. Ohne das Meer kann ich nicht leben. Auch mein Vater war Seemann; er hat den Ersten Weltkrieg auf einem Minenräumer mitgemacht.

Seit jeher bin ich von der Begierde besessen, immer weiter zu fahren, wie sie die Bewohner der kleinasiatischen Stadt Phokäa getrieben hat, das Mittelmeer zu überqueren und dort eine Kolonie zu gründen, wo sich heute der Alte Hafen von Marseille befindet. Schon immer hatten mich die Taten des Pytheas von Massalia in ihren Bann gezogen, eines der größten Seefahrer der Geschichte, der im 4. Jahrhundert vor Christus gen Norden segelte und „Ultima Thule" sichtete, die nördlichste bewohnbare Region der Erde. Ich möchte gern glauben, dass der Steven seiner Galeere den Sand von Sormiou berührt hat, wie eine der kleinen Buchten heißt, „meine" Bucht,

Der Alte Hafen *(Vieux Port)* von Marseille. Am Anleger sind Bettes vertäut, die typischen Boote dieses Küstenstrichs. ▶

wo ich noch immer ein Ferienhäuschen gemietet habe. Meine ältesten und schönsten Erinnerungen an das Meer stammen von dort, von Sormiou. Das Dunkelgrün der Kiefern, das reine Weiß der Steilklippen, das azurne Blau des Mittelmeers. Und die munteren Lebewesen, die sich unter der Meeresoberfläche tummeln.

Sormiou … In meiner Kindheit führt noch keine geteerte Straße dorthin. Fast jeden Sonntag steigen wir mit der ganzen Familie den Hügel hinauf. Ein Esel trägt den Proviant – Roggenbrot, Oliven, ein Stück Hartwurst, Käse, Kinderlimonade, Pastis und Wein für die Erwachsenen. Als ich zwei oder drei Jahre alt bin, trägt mich mein Vater den Rest des Weges auf den Schultern; ich erinnere mich an meine Freude, wenn ich nach Überwindung des Hügelkamms den gestreckten Trichter der Bucht mit ihren im Sonnenlicht leuchtenden weißen Felsen und den Kiefern erblicke und ganz unten, am Ende, das blaue Oval des Meeres. Zu jener Zeit ist die Bucht noch ein grünes Schmuckkästchen. Die mediterrane Bewaldung mit See- und Aleppokiefern reicht bis zum Wasser. Wir Kinder rennen mit Freudenschreien auf den Strand hinaus.

Ein halbes Jahrhundert ist das her. Das Mittelmeer war damals viel sauberer, viel klarer, viel lebensvoller als heutzutage. Die Felsen der Brandungszone sind dicht besetzt mit Napfschnecken, Seepocken, Käferschnecken. Asseln – die Tausendfüßler des Meeres – rennen in alle Richtungen davon.

Mit etwa vier Jahren, ermuntert von meinem Vater und seinen Freunden, schwimme ich quer über die zwanzig Meter breite Fahrrinne zwischen der Felswand und der Mole des Hafens von Sormiou. Ein Jahr später schwimme ich an der breitesten Stelle über die Bucht. Als Heranwachsender werde ich zum Leistungsschwimmer trainiert; fünf Stunden oder länger allein im Wasser, durchquere ich nicht nur die Bucht von Sormiou längs, der Breite nach und diagonal, sondern schwimme auch bis Morgiou oder Cortiou. Nicht nur das Meer zieht mich an. Wenn ich nicht schwimme, erklettere ich die Geröllhalden und Steilklippen der Buchten. Ich bringe meiner Mutter Thymian und Rosmarin. Im Frühjahr sammle ich wilden Spargel – er schmeckt köstlich –, im Herbst, im Duft des blühenden Heidekrauts, Pilze – Pfifferling und Steinpilz, den köstlichen Milchpilz und den Kaiserschwamm, der so schön ist, dass es eine Sünde ist, ihn zu essen.

Ein Samstag im Juli 1933. Ich bin fast sechs Jahre alt. Mein Vater nimmt mich an der Hand; er hat ein schalkhaftes Glitzern in den Augen. Mein Onkel Paul stößt zu uns. Wir steigen in die Straßenbahn nach l'Estaque, die in Marseille von der Place Sadi-Carnot abfährt.

Wir nähern uns l'Estaque. Da ist schon der Hafen. Alles aussteigen! Die Luft ist gesättigt vom durchdringenden Geruch nach Steinkohlenteer; er geht von den Fischerbooten aus, die auf die Mole gesetzt sind und kalfatert werden. Mit Steinkohlenteer werden die hölzernen Schiffsrümpfe abgedichtet. Dutzende von Schiffen aller Größen, Formen und Farben stechen mir ins Auge.

Wir gehen die Mole entlang zu einem Brettersteg; dort spricht mein Vater einen Mann an, der damit beschäftigt ist, einen Bootsmotor einzustellen. Das Boot ist eine Bette, ein typisches Spitzgattboot des Mittelmeers mit flachem Boden. Der Unbekannte springt auf den Steg, begrüßt meinen Vater und meinen Onkel und gibt mir die Hand. „Magst du Schiffe? Also gut: Du darfst in See stechen. Dein Vater kauft diese Bette.“

So sieht Sormiou heute aus. Hierher pilgerte die Familie des Verfassers im Sommer fast jede Woche zum Picknicken. ▶

Ich falle meinem Vater vor Freude um den Hals. Ein Boot! Ein echtes Boot! Eine Bette. Ich klettere hinein, lehne mich hinaus übers Wasser und beobachte das Treiben der kleinen Fische im Hafen. Mein Vater feilscht. Schließlich einigt er sich mit dem Verkäufer über den Preis. Er wirft den Motor an und lässt mich dann zu meiner größten Verzweiflung wieder aussteigen und vertraut mich Onkel Paul an. Er erklärt mir, dass wir schon morgen auf Fischfang führen, er aber die Bette jetzt lieber allein bis zu unserer Bucht fahre. Die Bette erzittert, als er Gas gibt. Sie löst sich von der Mole und fährt hinaus aufs Meer.

Mein Onkel Paul bringt mich heim. Ich dränge meine Mutter und meine Schwester Andrée: „Wir müssen nach Sormiou, gleich!" Wir beladen unseren Esel und nehmen den Saumpfad zur Bucht. Mein Vater ist schon angelangt. Sein Boot liegt in dem kleinen Hafen vertäut und leuchtet im Licht der untergehenden Sonne wie ein Juwel.

Am nächsten Morgen fahren wir um Kap Sormiou herum – in meinen Augen ein Abenteuer! Ich entdecke im violetten und blauen Licht des Sommermorgens das herrliche Panorama der Buchten. Auf der Rückfahrt fühle ich mich wie ein König.

Vier Musketiere

Meine Lehrzeit auf dem Wasser dauert sechs Jahre. Sechs Jahre erfüllten Familienlebens und kindlicher Unschuld. Zwei Schicksalsschläge zerstören dieses Glück. Im September 1939 tritt Frankreich in den Krieg ein. Wenige Monate später stirbt mein Vater völlig unvermutet an einem Herzinfarkt. Ich bin erst zwölf.

Da mein Vater jetzt tot ist, müssen meine Mutter und meine Schwester arbeiten, damit wir ein Dach über dem Kopf und zu essen haben. Vom Morgengrauen bis in die Nacht verderben sie sich mit Weißnähen die Augen. Sie versorgen mich, so gut die Zeiten es gestatten. Sie kümmern sich auch darum, dass ich ein Mindestmaß an Bildung erhalte. Nach dem Hauptschulabschluss gehe ich zwei Jahre auf die Berufsschule für Eisen- und Holzverarbeitung. Diese praktische Ausbildung kommt mir später sehr zupass, wenn auf der *Calypso* Notreparaturen mit Bordmitteln fällig werden.

1942 wird mir bewusst, welche Last ich für meine Mutter und meine Schwester bin, und ich entschließe mich, Arbeit zu suchen. Sie wollen das nicht, aber ich bestehe darauf. Ich bin jetzt fünfzehn. Meinem Vater zuliebe, der siebzehn Jahre bei Rocca-Tassy-De Roux gearbeitet hat, stellt mich die Direktion der Firma als Lehrling ein. Mein bescheidenes Lehrlingsgehalt erleichtert kaum den mühsamen Broterwerb der beiden Näherinnen.

Trotz des Krieges, der Entbehrungen und Leiden ist der Zauber des Mittelmeers unversehrt geblieben. Wenn ich zur Bucht komme und ins Wasser tauche, wirkt das auf mich wie Balsam. Das Meer tröstet mich über die Dummheiten und Grausamkeiten meiner Gattung hinweg oder lenkt mich zumindest davon ab.

Sobald ich in Sormiou anlange, lasse ich meinen Rucksack auf der Schwelle unserer Hütte fallen und renne zum Strand. Die Bette meines Vaters liegt noch da auf dem Trockenen, wo er sie hinaufgezogen hat. Ich finde sie immer noch schön, doch ihre Farbe wird spröde und beginnt zu blättern. Nicht mehr vom Meer befeuchtet, trocknet das Holz und wird rissig. Zwischen den Planken dehnen sich Fugen, durch die man hindurchblicken kann. Ich bin zu jung, um allein mit dem schweren Spitzboot hinauszufahren. Aber ich fange an, es zu pflegen. Ich kalfatere und streiche.

Die Erfahrung als Seemann und Taucher, die mir noch fehlt, erwerbe ich mithilfe eines Freundes, Georges Beuchat. Er spielt in der Wasserballmannschaft des Schwimmvereins von Marseille und wird zum Mentor meiner Unterwasserabenteuer. Wie ich liebt er das Meer leidenschaftlich. Obwohl wir sechzehn Jahre auseinander sind, verstehen wir uns prächtig.

1942 erlebt Marseille die Anfänge der Unterwasserjagd. Georges Beuchat hat die Technik einem Polynesier abgeguckt. Dieser streifte eine wasserdichte Brille über, mit einem Gestell aus Kokospalmenholz (oder Schildpatt), und jagte unter Wasser Fische mit einer Harpune. Georges Beuchat merkt sich die Idee mit der Brille, mit der man im Wasser klar sehen kann. Und er bastelt das erste Unterwassergewehr der Geschichte – die erste Harpune mit Gummizug.

▲ **Der Verfasser (links) mit 18 Jahren und sein Freund und Mentor Georges Beuchat nach einem erfolgreichen Fischzug**

Heute bin ich ein erklärter Gegner der Unterwasserjagd. Zu viele Touristen frönen ihr nur um des „Spaßes“ willen. Pressluftharpunen lassen die schönsten Fischreviere veröden. Die Unterwasserjagd, wie ich sie mit Georges Beuchat in den Kriegsjahren betreibe, hat nichts mit müßigem Zeitvertreib zu tun. Wir töten, um essen zu können. Weil Lebensmittel rationiert sind und wir Hunger leiden.

Über eine Angestellte der Firma Rocca-Tassy-De Roux treffe ich einen anderen Enthusiasten, der sich für Meer und Fische begeistert und ebenfalls mein Freund wird: Paul Brémond. Nun sind wir zu dritt: Beuchat, Brémond und ich, drei Freunde, drei Taucher, drei Meeresenthusiasten. Der vierte Musketier stößt eines Tages hinzu, als wir im Sommer 1943 in der Nähe der Molen von l'Estaque unter Wasser wildern. Er heißt Robert Prigent und ist älter als wir. Ein echter Seebär. Er hat alle fünf Weltmeere befahren. Er ist der erfahrenste und klügste der Gruppe.

Ich sehe den Septembersamstag 1944 wieder vor mir, als meine Musketierfreunde und ich in Sormiou die Bette meines Vaters ins Wasser schieben. Wir wuchten das Boot auf Rundhölzern bis zum Meer. Es liegt schön stabil auf dem Wasser. Wir springen hinein. Die Deutschen haben den Motor beschlagnahmt, also rudern wir, was das Zeug hält, und singen dabei aus vollem Hals. Mir kommt es so vor, als zerbrächen wir unsere Ketten. Endlich wieder frei!

▲ **Willkommene Bereicherung des kargen Speisezettels im Krieg! Georges Beuchat mit einem harpunierten Fisch.**

Weiter draußen in der Bucht entdecken wir Dutzende von Kisten, die ins Meer gefallen sind. Sie stammen von amerikanischen Schiffen, die an der Befreiung Marseilles beteiligt waren. Wir machen mehrere auf: Na, so ein Glück! Sie sind randvoll mit Keksen, Schokoladentafeln, Dörrobst und Zigaretten. Ein Schmaus auf dem Boot. Wer diese Zeiten mitgemacht hat, wird mich verstehen: Nachdem wir so lange nichts Rechtes zwischen den Zähnen hatten, stopften wir uns voll. Der Geschmack der Schokolade versöhnte uns mit allem.

Wir ziehen einige der Schatzkisten ins Boot und rudern, übermütig und glücklich wie kleine Jungen zu Weihnachten, zurück in den Hafen. Wir rufen die Buchtbewohner am Strand zusammen und teilen die Beute. Jetzt ist der Krieg wirklich aus!

In der Woche darauf holen wir uns den beschlagnahmten Motor wieder und nehmen Kurs auf die Insel Riou. Ich mag die Festung aus graublauem Kalkstein, wo nur ein paar Strohblumen und verkrüppelte Büsche wachsen. Ich finde diese von Wellen gepeitschte Steilküste großartig. Der höchste Punkt der Insel liegt 190 Meter hoch. In einer Dreiviertelstunde gelangen wir von Sormiou hinüber. Dutzende von Silbermöwen üben sich im Segel- und Sturzflug, streifen bisweilen die Wasseroberfläche, um mit der Schnabelspitze Futterbröckchen aufzusammeln, eine Garnele oder einen Fisch.

Wir landen auf dem kleinen Sandstrand im Norden der Insel. Wir sind allein. Unendlich weit, so scheint es uns, von der Heimat entfernt. Jetzt sind wir die Robinsone von Riou.

Natürlich hat der Mensch dieses Eiland schon früher betreten und dort Hausgenossen hinterlassen, die sich fleißig vermehren: Ratten. Bei Sonnenuntergang,

▲ Frankreichs felsige Küste südöstlich von Marseille, gesehen vom Kap Morgiou. In der Bildmitte liegt die Einfahrt zur Bucht von Sormiou.

beim Essen, sehen wir zwei Dutzend dieser Nager aus ihren Löchern kommen. Es ist durchaus glaubhaft, dass sie die Nachfahren jener Tiere sind, die 1720–22 die große Pest nach Marseille gebracht haben. Die Schiffe aus dem Orient, die im Verdacht standen, die Seuche zu verbreiten, lagen bei diesen Inseln in Quarantäne. Obwohl ich weiß, dass die Pest als Seuche überwunden ist, ist mir nicht wohl in meiner Haut. Meinen Kameraden auch nicht. Merkwürdig, wie die Angst unserer Vorfahren, die atavistische Furcht der Marseiller, in uns aufflackert.

Im Morgengrauen verschwinden die Ratten wieder in ihren Löchern. Wir sind müde, beschließen aber trotzdem zu tauchen. Wir haben nicht nur Taucherbrillen, sondern auch einen Schnorchel und Flossen. Wir haben uns diese Ausrüstungsgegenstände bei Georges Beuchat beschafft, der einen Handel damit aufgezogen hat.

Dreihundert Meter östlich von unserem Lager erhebt sich eine Trockenmauer, die einer alten Festung ähnelt. Am Fuß dieses Gebäudes gehen wir ins Wasser. Unter Wasser wird unsere Aufmerksamkeit von großen Steinblöcken gefesselt, die mit Algen überwachsen sind und zwischen denen Schwärme von Geißbrassen, Meerbarben, Zahnbrassen und Meerraben auftauchen, ohne die Schattenfische, Drachenköpfe und Fahnenbarsche zu vergessen, auch nicht die robusten Zackenbarsche, die in den Spalten dazwischen lauern, um sich auf ihre Beute zu stürzen.

Dieser Tag weckte mein leidenschaftliches Interesse an Wracks. Bei einem meiner Tauchgänge – ich kann mich nun ohne weiteres mit angehaltenem Atem zwei Minuten unter Wasser aufhalten – bemerke ich in einer Felsenschlucht mehrere trapezförmige Steine mit drei Löchern. Ich wuchte einen hoch, aber er ist schwer; ich kriege ihn nicht hinauf. Ich rufe meine Gefährten zu Hilfe. Wir nutzen die Bette

▲ **Karte des Mittelmeers und des nördlichen Teils des Roten Meers. Die eingeklinkte Karte zeigt das südliche Vorland von Marseille, wo der Autor aufwuchs und erstmals den Lockruf des Meers vernahm.**

als Arbeitsplattform. Mit einem Seil ziehen wir den seltsamen Gegenstand ins Boot hinauf.

Ich habe soeben meinen ersten archäologischen Fund gemacht; noch weiß ich nicht, worum es sich bei den Steintrapezen handelt. Später werde ich erfahren, dass es antike Anker sind. Im Laufe der Jahrhunderte sind Dutzende von phönizischen, griechischen, römischen, byzantinischen, sarazenischen und venezianischen Schiffen an Riou vorbeigekommen. Sie haben dort geankert. Manche haben ihren Anker bei einem hastigen Manöver oder wegen einer plötzlichen Westbrise eingebüßt.

Nach der Rückkehr ins Lager betrachte ich unablässig meinen Fund. Ich spüre, dass ich etwas sehr viel Wichtigeres entdeckt habe als einen neuen Fischgrund. Meine Perspektive wandelt sich. Das Meer scheint mir nicht mehr nur ein Ort, den man ausbeuten kann, der Nahrung bietet – oder den man bewundern kann. Es wird zu einem Reich der Geheimnisse.

In den folgenden Monaten kreuze ich mit meinen Gefährten vor der Küste von Marseille. Aber nur am Wochenende. Jeden Montag sitze ich wieder hinter meinem Schreibtisch und addiere Zahlenkolonnen. Ich bekomme kaum Luft. Mir wird klar, dass ich ein solches Dasein nicht aushalte. Ich muss etwas anderes finden. Mich von diesen Wänden ohne Sonnenstrahl, ohne Himmel und vor allem ohne Meer losreißen.

Étienne Paul, ein anderer Freund aus Sormiou, der mich seit meiner Kindheit kennt, stellt mich einem Spediteur namens Gaston Michaud vor. Eines Tages begleitet er uns aufs Meer und beobachtet unsere Tauchkunststückchen. Ich erzähle ihm, dass ich den Beruf wechseln will, und er bietet mir an, bei ihm zu arbeiten. Ich soll zusammen mit einem anderen Freund aus der Bucht eine Gruppe von zehn Fahrern beaufsichtigen, die vor allem Fässer mit Motoröl transportieren. Ich nehme das Angebot an, noch vor meinem 19. Geburtstag aber trifft mich ein Schicksalsschlag.

Zu unserem Zeitvertreib am Sonntag in Sormiou gehört, dass wir den Minenräumern des Heeres helfen. Wir säubern den Strand und die Felsen von Hunderten von Minen, Artilleriegeschossen und Waffen aller Art. Wir versenken sie auf hoher See in großen Tiefen, wo sie niemandem mehr gefährlich werden können. Dazu gehört Mut.

Am 9. Februar 1946 regnet es. Auf dem Strand legt der Wolkenbruch einen zylindrischen Gegenstand frei, so groß wie ein Kugelschreiber. Ich ahne, dass es ein Zünder ist, aber ich fasse ihn an. Kaum habe ich ihn berührt, explodiert der Fund. Die Detonation reißt mir den größten Teil von vier Fingern der linken Hand ab.

Unmöglich zu erzählen, welches Entsetzen mich erfasst, welche Verzweiflung beim Anblick meiner verstümmelten Hand, aus der Blut hervorschießt! Meine Freunde legen mir einen Notverband an und bringen mich so schnell wie möglich nach Marseille ins Krankenhaus. Dort liege ich drei Wochen. Ich bin restlos verzweifelt.

Meine körperliche und seelische Rehabilitation suche ich im Meer. Das Meer gibt mir die Lust am Leben wieder. Ich schwimme zwei oder drei Stunden täglich. Drei Monate nach meinem Unfall mache ich trotz meiner Verstümmelung den Führerschein für Motorrad, Pkw und Lastwagen. Ich bin wieder obenauf. Ich mache lange Ausfahrten mit der Bette meines Vaters, und ich tauche, wo und wann immer sich eine Gelegenheit ergibt. Die Freude, unter Wasser zu sein, in dieser magischen Welt, baut meine Moral wieder auf.

Eine meiner Gelegenheitsarbeiten führt mich 1949 nach Fontaine-de-Vaucluse bei Avignon, wo eine Papierfabrik einen Taucher braucht, um ihren Staudamm zu reparieren. Die Arbeit besteht darin, mit Steinen eine Auskolkung zu verfüllen, die unter dem Fundament der Anlage ausgewaschen worden ist und sie zum Einsturz bringen könnte. Danach geht es darum, etwa zwanzig Metallpfosten einzubringen, zu verbinden und zu betonieren. Es ist Schwerstarbeit, aber zum ersten Mal verdiene ich meinen Lebensunterhalt im Wasser, und allein das macht mich glücklich. Mein Chef zahlt mir einen Teil der Vertragssumme im Vorhinein aus. Davon kaufe ich mir mein erstes Auto, einen gebrauchten Amilcar Sport. Als ich nach den drei Vertragswochen in meinem Amilcar Sport nach Marseille zurückfahre, bin ich ungeheuer stolz, meinen ersten Unterwasserbau vollendet zu haben.

Das Zwischenspiel mit der *Surcouf*

Étienne Paul ist ein berühmter Fischer von Meerjunkern, Seeigeln und Seespinnen – berühmt zumindest in Marseille. 1950 leiht er mir eine Bette von 6,50 Meter Länge. Das Boot heißt *Surcouf*, nach dem berühmten Freibeuter. Eine Kajüte, zwei Kojen, ein Sprietsegel – kurz, der reine Luxus. Eine Nussschale, aber eine ganz tolle.

Meine Mannschaft setzt sich zusammen aus Robert Prigent, Henri Plé und Paul Brémond, allesamt richtige Seebären. Unser erstes Ziel ist Korsika.

Am 1. Juli 1950 laufen wir um 15.15 Uhr aus dem Rüsthafen von Marseille aus. Zwei Stunden später ankern wir in der Bucht von Sormiou. Erst von hier möchte ich richtig in See stechen. Sormiou, Ausgangspunkt aller meiner großen Fahrten. Um 21 Uhr sticht die *Surcourf* in die Dünung mit Kurs auf den Leuchtturm von Cassidaigne. Als gestandene Seeleute teilen wir die Wachen ein. Paul übernimmt das Ruder am Leuchtfeuer von Cassidaigne. Ich steuere, als wir Kap Sicié runden, das die Einfahrt zur Reede von Toulon bewacht. Henri löst mich ab, als wir die Halbinsel

▲ Mit dem ersten „im Wasser" verdienten Geld erstand der Verfasser diesen Sportwagen.

Giens sichten. Dann geht Robert ans Steuer. Bei Sonnenaufgang Frühstück auf dem Meer. Milchkaffee und dazu einen Kuchen von meiner Mutter.

Die Fahrt ist eigentlich eine Reihe von Besuchen bei Freunden. Wir nehmen Kurs auf den Leuchtturm von Titan. Wir wollen den Leuchtturmwärter besuchen und ihn nach dem besten Kurs fragen. Um den Leuchtturm herum wimmelt es von Fischen: riesige Zackenbarsche in ihren Höhlen, gigantische Gabelmakrelen, Meerraben und Geißbrassen in ihren Felsenwohnungen, ganz zu schweigen von den Schwärmen von Friedfischen, vor allem Goldstriemen und Meeräschen.

Natürlich hätten wir uns für unsere Unterwasserentdeckungen gern die berühmte Aqualunge von Cousteau und Gagnan gegönnt. Wir hatten davon gehört. Wir wussten, dass Kommandant Jacques-Yves Cousteau und der mit ihm befreundete Ingenieur Émile Gagnan 1943/44 das Problem gelöst haben, an dem die Konstrukteure von Tauchapparaten mehr als ein Jahrhundert geknobelt hatten. Indem Cousteau und Gagnan an die Pressluftflaschen ein mit einer Druckmessmembran gekoppeltes Regelventil anschlossen, bewiesen sie, dass dem Taucher Luft mit exakt dem gleichen Druck zugeführt werden kann, der in der Wassertiefe herrscht, in der sich der Mensch gerade aufhält. Schluss mit Unterdruckproblemen (man bekommt keine Luft mehr, der Kehlkopf wird vom Wasserdruck zusammengepresst) oder Überdruck-

Freitaucher

▲ *Ama,* japanische Taucherinnen. Wegen ihrer Leistungen sind sie besonders angesehen.

Kaum jemand kann länger als zwei Minuten die Luft anhalten, ohne ohnmächtig zu werden. Trainierte Taucher, die vorher hyperventilieren (mit aller Kraft ein- und ausatmen), bringen es im äußersten Fall auf gut vier Minuten. Damit erreichen sie Rekordtiefen von knapp sechzig Metern. Bei solch extremer Streckung der Tauchdauer ohne künstliche Luftzufuhr kann die kleinste Fehleinschätzung fatale Folgen haben, z. B. dass man beim Auftauchen ohnmächtig wird.

Dennoch gibt es Profis, die sich gerade auf diese gefährliche Arbeit spezialisiert haben. Noch bis in unser Jahrhundert hinein tauchten Schwammtaucher gänzlich ohne technische Hilfen in enorme Tiefen, genau wie es ihre Urahnen im Altertum schon getan haben müssen. Viele legendäre Rekorde sind aktenkundig. 1913 machte der Taucher Stotti Georghios ohne Schwimmflossen und Tauchbrille in der unglaublichen Tiefe von 200 Fuß (ca. sechzig Meter) ein Tau am verlorenen Anker eines Kriegsschiffes fest. Noch heute tauchen in Japan Muscheltaucherinnen *(Ama)*, nur mit einer Tauchbrille ausgerüstet, bis zu neunzigmal am Tag über zwanzig Meter tief.

Andere Extremtaucher verschreiben sich diesem wohl gefährlichsten Sport der Welt rein aus Rekordsucht. Von Gewichten lassen sie sich rasch in große Tiefen ziehen. Der inoffizielle Weltrekord steht derzeit bei fast 400 Fuß (120 Meter), das ist nur etwa 15 Meter weniger als der Rekord im freien Tauchen mit Atemgerät. Wegen der selbstmörderischen Gefahren erkennen viele Tauchverbände diese „Ab"-Art ihres Sports allerdings nicht an.

problemen (Lungenbläschen platzen) in der Luftleitung. Mit diesem Apparat erlangt der Taucher unter Wasser volle Bewegungsfreiheit. Etwas ganz anderes als das Behelfsventil, das uns Georges Beuchat 1944 gebracht hatte und das uns alle nacheinander fast ersäuft hätte! Doch die Aqualunge ist zu teuer für uns, und so bleiben wir gezwungenermaßen Freitaucher. Wir halten uns zwei Minuten unter Wasser und tauchen trotzdem zwanzig oder dreißig Meter tief.

Am 27. Juli um ein Uhr morgens wiegt die *Surcouf* ihren Rumpf wieder in den glasklaren Wassern der Bucht von Sormiou. Ich bin ernsthaft zur See gefahren, habe die Rundfahrt durch den Golf von Genua geschafft – das ganze Ligurische Meer. Jetzt muss ich nur noch die Welt umrunden.

Die *Calypso*

Bald vierzig Jahre ist es her, seit ich mit meinem Seesack auf das berühmteste Forschungsschiff der Welt gekommen bin: auf die *Calypso*. Vierzig Jahre, die wie eine Hand voll Wasser aus einem Taucherhandschuh zerronnen sind. Auf vielen Fahrten habe ich an meinen Wangen den Gischt aller Weltmeere gespürt. Die schönsten Augenblicke waren die ganz zu Beginn, in den fünfziger Jahren, kurz nachdem ich Kommandant Cousteau kennen gelernt hatte.

Unsere Wege kreuzten sich erstmals 1949, ohne dass ich es wusste. Im Hafen von Marseille bemerkte ich das Forschungsschiff der französischen Marine, die *Ingénieur Eli-Monnier*. Ich wusste damals nicht, dass Kommandant Cousteau von dort die Aqualunge ausprobierte, die er während des Krieges zusammen mit seinem Freund Émile Gagnan erfunden hatte. Ich hätte Cousteau auch im Juli 1950 in Monaco begegnen können. Während ich das Meeresmuseum besuchte, war der Kommandant im benachbarten Nizza damit beschäftigt, den Kaufvertrag für die *Calypso* zu unterzeichnen.

Mein verstorbener Freund Alexis Sivirine beschreibt das Ereignis in seinem Buch „Calypso“:

> Als Korvettenkapitän Jacques-Yves Cousteau 1950 von der französischen Marine beurlaubt wird, um sich völlig ungebunden der Meeresforschung widmen zu können, versucht er sich das ideale Schiff zu beschaffen. Zum Glück läuft er Monsieur André Auniac über den Weg, dem Direktor der Marinewerft von Antibes, der ihn mit Noel Guinness zusammenbringt. Dieser, ein großer Freund des Meeres, lädt Cousteau nach Malta ein, wo er einen ehemaligen Minenräumer namens *Calypso* findet, der in hervorragendem Zustand ist und der mit seinen Merkmalen alle Hoffnungen erfüllt. Der Kaufvertrag wird am 19. Juli 1950 in Nizza unterzeichnet.

Im Winter 1950/51 schuften andere Meeresenthusiasten auf der Marinewerft von Antibes. Sie bauen das Schiff um, das berühmt werden wird und schon den Namen *Calypso* trägt. Sie verpassen der *Calypso* eine falsche Nase und Bullaugen, durch die man unter Wasser das Meer vor dem Bug beobachten kann. Sie statten sie mit ihrem Kran, ihrer Brücke, ihren beiden Davits, ihrem Schornstein und ihrem Emblem aus, das eine Sirene und einen Delphin in Weiß auf einem grünen Rechteck zeigt. Mit einem Wort, sie geben ihr ihre neue Silhouette, an der man sie unter allen anderen Schiffen erkennt. Sie streichen sie neu: weiß für die Aufbauten, schwarz vom Deck bis zur Wasserlinie.

Dramatische Klippenlandschaft an der Küste von Korsika ▶

Im Sommer 1951, während ich mit meinen Freunden die Gewässer um Korsika und die Lavezzi-Inseln erkunde, macht die *Calypso* ihre ersten Probefahrten als Meeresforschungsschiff. Die Taucher entdecken neue Pflanzen- und Tierarten, von denen einige inzwischen den wissenschaftlichen Beinamen *calypseus* oder *cousteaui* tragen. Als die Ersten der Welt beobachten sie heiße Quellen auf dem Meeresgrund. Der kurze Schwarzweißfilm, den die Mannschaft von dieser Episode mitbringt, schlägt die Zuschauer in seinen Bann. Als ich ihn in einem kleinen Kino von Marseille sehe, wünsche ich mir nur noch eins: zu dieser Mannschaft zu gehören.

Am 12. August 1952 bin ich wieder auf Korsika, um ein paar Tage auszuspannen, als ich von meinem Freund Paul Brémond aus Marseille ein Telegramm erhalte:

> KOMMANDANT COUSTEAU SUCHT EHRENAMTLICHE TAUCHER. STOP. SOFORT ZURÜCKKOMMEN. STOP. ANHEUERN AUF *CALYPSO* MÖGLICH. STOP. PAUL

Ich vollführe einen Delphinsprung auf meinem Bett, stopfe meine Sachen in den Seesack und bin noch am selben Abend an Bord des Dampfers *Cyrnos* auf dem Weg nach Marseille. Kaum in La Joliette angelangt, mobilisiere ich meine ganze Bekanntschaft – meine Freunde Paul Brémond, Robert Prigent, Georges Beuchat, aber auch den Präsidenten des französischen Unterwassersportbunds, Monsieur Borelli, den ich gut kenne, und einen Taucher, von dem es heißt, er habe mit Cousteau Kontakt: Yves Girault. Um überhaupt eine Chance zu haben, auf der *Calypso* anzuheuern, brauche ich eine unschlagbare Bewerbungsmappe. Doch ich besitze keinerlei Zeugnisse. Ich schustere einen Lebenslauf zusammen.

Sie helfen mir alle – Dank sei ihnen. Wir sammeln und ordnen in einem großen Spiralheft alle französischen Pressemeldungen, in denen ich ehrenhaft oder vorteilhaft erwähnt werde: Rettungsmedaillen oder sportliche Leistungen, Meisterschaften in Unterwasserjagd usw. Georges Beuchat ruft an Bord der *Calypso* an, um mir einen Termin zu verschaffen. Es gelingt ihm für den 16. August.

Am Morgen des 16. August habe ich einen solchen Kloß im Hals, dass ich kaum schlucken kann. Bald werde ich 25.

Die *Calypso* liegt einige Kilometer von „meiner" Bucht vor Anker, das Heck beinahe auf dem Felsen des Grand Conclu, zu dem mein Vater mich oft zum Angeln mitgenommen hatte. Die Mannschaft der *Calypso* betreibt dort Unterwasserarchäologie. Kommandant Cousteau und Frédéric Dumas sind bereits mehrfach gemeinsam zu antiken Wracks hinabgetaucht. Hier wollen sie ein weiteres Wrack vollständig erforschen. Dumas und Cousteau finden eine Lagerstätte von Amphoren – in 45 Meter Tiefe, ein paar Kabellängen von der Ostspitze des Felsens entfernt.

Da liegt die *Calypso*! Jetzt kann ich sie schon gut erkennen. 43 Meter lang, 329 Bruttoregistertonnen. Wir legen an Backbord an. In meinem ganzen Leben war ich noch nie so aufgeregt.!

Hände strecken sich über den Dollbord, um mir an Deck zu helfen. Als Erster begrüßt mich Ferdinand Lallemand, Professor für Archäologie; er sollte mein Freund werden. Er stellt mir einen Teil der Mannschaft vor: die Mechaniker Octave Léandri und René Robino; den Maat Albert Raud; einige Taucher, alle ehrenamtlich: Jean Delmas, Pierre Labat, André Galerne, Jean Besson; den Schiffsarzt Jean-Loup Nivelleau de La Brunnière und Simone Cousteau, blond, schön, strahlend. Ein wenig später treffe ich den Chefmechaniker René Montupet, den Ingenieur Jean de Wouters d'Oplinter, der die berühmten Unterwasserfotoapparate Calypsophot und Nikonos erfinden wird, und den Kapitän des Schiffes – François Saout. Aber wo ist Cousteau selbst?

Simone lächelt über meine Unruhe. „Werden Sie nicht ungeduldig", sagt sie. „Jacques ist in ein paar Minuten wieder da. Er ist mit Frédéric Dumas zum Wrack hinuntergetaucht. Sie grenzen das Ausgrabungsgebiet ein."

Zwei Gewehrschüsse knallen. Der Maat, der sie abgefeuert hat, erklärt mir, dass so die Taucher benachrichtigt werden, dass ihre Zeit für die Arbeit unter Wasser abgelaufen ist und sie wieder hoch müssen. Die Mannschaft versammelt sich um die Leiter. Ich dränge mich nach vorn. Die Dekompressionsphase für diesen Unterwasserausflug ist kurz, drei Minuten. In drei Meter Tiefe erkenne ich zwei Gestalten.

▲ Die „falsche Nase" der *Calypso* ist ein am Bug angebrachter Schacht, durch den man in eine Beobachtungskammer unter Wasser gelangt.

Eine davon taucht auf. Frédéric Dumas trägt eine beige Taucherkappe mit einer großen Sieben darauf. Ich erfahre, dass jeder Taucher eine Zahl hat, um Irrtümern vorzubeugen (besonders bei den Dekompressionszeiten). Er steckt in einem hellbraun gestreiften Anzug aus Neopren ohne Ärmel und Beinlinge; ein riesiges bronzenes Tauchermesser hängt an seinem Bleigürtel. Der Mann, der damals den absoluten Weltrekord im Tauchen hielt – mehr als neunzig Meter –, klettert langsam die Leitersprossen herauf. An Deck schnallt er seine Pressluftflaschen ab. Er wirkt müde und erschöpft.

Die zweite Gestalt durchstößt den Wasserspiegel in einem Gebrodel von Druckluft, die durch ein Ventil entweicht. Zwei lange Hände mit überraschend schmalen Fingern packen die Leiterholme. Als die Luft aus der Kombination entwichen ist, erscheint der Taucher über den Wellen. Cousteau stemmt sich auf den Dollbord und setzt sich eine Weile darauf. Er nimmt die Tauchermaske ab. Ich sehe zum ersten Mal in natura die große Hakennase, die nach hinten gekämmten, damals schon fast weißen Haare und den Mund, der sich nach unten zieht und stets ein wenig ironisch wirkt. Das Gesicht von der Anstrengung gezeichnet, mit abwesendem Blick, streicht sich Cousteau mehrmals mit beiden Händen die Haare zurück, eine Gebärde, die ich während unserer jahrelangen Forschungsfahrten tausendmal bei ihm sehen werde. Mit dieser Geste bringt er Ordnung in seine Gedanken, bevor er spricht.

Und Cousteau spricht – nicht mit mir. Obwohl sein Blick kurz auf mir geruht hat, hat er mich nicht wahrgenommen. Er beschreibt seinen Zuhörern den steilen Abhang jenseits des Wracks, wo das antike Geschirr hinabgerollt ist – bis in sechzig Meter Tiefe. Als der Blick des Paschas zu mir zurückkehrt, zittere ich vor Aufregung. Ich kriege kein Wort heraus. Madame Cousteau kommt mir zu Hilfe; sie stellt mich vor. Ich schüttle Cousteau die Hand. Ich stehe dem Mann gegenüber, den ich für den großen Chef halte, den Erfinder des modernen Tauchens. Ich murmle eine erbärmliche Begrüßung.

Der Gong, der an Bord das Mittagessen ankündigt, rettet mich. Der Kommandant lädt mich und Georges Beuchat ein. An dem großen Tisch in der Messe, an dem sich bereits ein Teil der Mannschaft niedergelassen hat, setzt er mich zu seiner Rechten. Georges Beuchat, links von Madame Cousteau, bleibt gelassen. Er zieht geschickt meine Bewerbungsmappe hervor und streckt sie dem Kommandanten hin. Aber der legt sie auf die Sitzbank, ohne auch nur einen Blick hineinzuwerfen.

Ich bin verzweifelt. Cousteau redet von Gott und der Welt, nur nicht von meiner Bewerbung und dem Auftrag, den er mir geben könnte. Während die Vorspeise hereingebracht wird, beginnt er eine allgemeine Darlegung über Wracks. Beim Braten erklärt er die Schiffsreste vom Grand Conclu. Er ruft mich zum Zeugen ihrer Bedeutung auf. Beim Nachtisch hebt er hervor, dass dieser archäologische Auftrag eine Weltpremiere ist; dass die seit 22 Jahrhunderten vor diesen Felsen ruhende Galeere die sagenhafteste Ladung antiken Geschirrs enthält, die je auf dem Meeresgrund gefunden wurde.

„Also gut", sagt er schließlich, „fangen wir an …"

Wer soll anfangen? Ich? Aber wo? Wir sind noch beim Kaffee. Der Pascha hat nicht den kleinsten Blick in meine Mappe geworfen.

Heute weiß ich, weil ich es vierzig Jahre lang miterlebt habe, dass Kommandant Cousteau immer so vorgeht. Über Diplome spottet er nur. Wenn er jemand einstellen soll, redet er von etwas anderem. Er verblüfft seinen Gesprächspartner und beobachtet, wie er reagiert. Er versucht, den Bewerber „zu spüren", und fragt ihn dazu weder über Kenntnisse aus, noch schildert er ihm detaillierte Dienstpflichten. So kann er sich eine präzise Ansicht über die Anpassungsfähigkeit und Selbstbeherrschung des Bewerbers bilden. Wenn der erste Eindruck günstig ist, testet er den Mann im Einzelnen.

Ich habe Mühe, den Einsatzauftrag zu verstehen, den ich gleich erfüllen soll. Ich lasse mir alles noch mal im Detail von Frédéric Dumas erklären, der mich nicht so einschüchtert wie der Pascha. Schließlich begreife ich, dass ich 45 Meter hinunter soll, um den Stutzen des Saugrohrs abzumontieren.

Ich habe noch nie ein Saugrohr gesehen, auch wenn ich schon davon habe reden hören. Dieser riesige Staubsauger, dessen ringverstärkter Schlauch 120 Millimeter Durchmesser hat, dient dazu, Sedimente vom Grund abzusaugen, um die im Sand verborgenen archäologischen Funde freizulegen. Das Gerät muss repariert werden. Und mir ist es zugefallen, den Stutzen heraufzuholen! Bis zu diesem Tag bin ich erst etwa dreißigmal mit der Aqualunge getaucht, habe also ziemlich wenig Erfahrung. Ich schlüpfe in den Schaumstoffanzug und lege die Flossen an. Etwas beklommen schnalle ich die schweren Flaschen um. Alles funktioniert, aber als ich mir die Maske über das Gesicht ziehe, bekomme ich wirklich Angst. 45 Meter, das fängt ja tief an …

◀ **Auf dem ewig unaufgeräumten Achterdeck der *Calypso* überwacht der Pascha – die Hände auf die Hüften gestützt – das Fieren einer Kamera in einem Schutzbehälter.**

Ich steige die Taucherleiter hinunter, tauche unter und halte mich an das ringverstärkte Saugrohr, das senkrecht in die Tiefe verschwindet. Wie viele Neulinge erwarte ich, auf dem Meeresgrund einen kompletten Schiffsrumpf mit Ladung, Masten und Segeln vorzufinden. Doch alles, was ich in dreißig Meter Tiefe entdecke, ist ein Haufen grauer Sand von zwanzig Meter Länge und acht Meter Breite, aus dem die Hälse von Dutzenden von Amphoren herausragen. Unterhalb dieses Haufens Töpferwaren beginnt eine Kaskade von Sedimenten und Keramikscherben, die auf einem Absatz in 45 Meter Tiefe endet. Ich bin wieder auf vertrautem Gebiet. Im blauen Licht der Tiefe … Gern würde ich das Wrack genau untersuchen, aber ich muss einen Auftrag erfüllen – und darf dabei nicht versagen.

Ein Taucher entfernt mit einem Saugrohr Sedimente an einer archäologischen Fundstelle. ▶

Ich finde das Ende des Schlauches und hebe den Stutzen an einem seiner angeschweißten Griffe hoch. Ihn mit beiden Armen umfassend, versuche ich, ihn aus dem schlammigen Untergrund zu zerren. Er scheint tonnenschwer! Ich packe den Schraubenschlüssel, den Frédéric Dumas mir an meinem Gürtel festgemacht hat, und fange an, die drei Bolzen zu lösen, die den Stutzen mit der Pressluftzufuhr verbinden. Ich habe insgesamt 15 Minuten für diese Arbeit, und bereits ein Drittel davon ist verbraucht. Mir wird zum ersten Mal bewusst, dass Unterwasserarbeit stets mit der Uhr im Kopf verrichtet wird.

Ich beeile mich. Ein Bolzen ist ab. Jetzt der zweite. Der dritte klemmt natürlich. Ich gebrauche Gewalt, und der Mündungsstutzen des Saugers löst sich vom Rohr. Ich schleppe ihn bis zu einem Senklot, das vom Schiff herabgelassen worden ist, mache ihn daran gut fest und ziehe zweimal kurz am Seil, wie mich Frédéric Dumas angewiesen hat. Der Saugstutzen entschwebt, von der Mannschaft Hand über Hand nach oben verholt.

Mir bleiben noch zwei Minuten. Ich nehme mir die Zeit, mich umzusehen. Der Grund ist abschüssig, viel unebener, als ich zuerst glaubte. Ich streichle eine Amphore. Ihre Oberfläche ist rau, fast ganz von Algen, Schwämmen, Moostierchen, Röhrenwürmern und kleinen Mollusken besiedelt. Ein Krake guckt mit seinen großen, schlauen Augen daraus hervor. In einer anderen Amphore hat ein grauer Meeraal die hintere Hälfte seines Schlangenleibs geborgen; draußen wiegt er seinen schmalen Kopf mit offenem Maul und spitzen Zähnen. Ich schwebe langsam über diese Wunder hin, die einen von Menschenhand geschaffen, die andern von der viel geschickteren Natur.

Zwei Schüsse knallen: mein Signal zum Aufstieg. Ich paddle nach oben. Bei dem für meine Dekompression vorgeschriebenen Aufenthalt sage ich mir, dass ich meine Probe nicht schlecht bestanden habe. Als ich wieder auf dem Deck der *Calypso* anlange, zwinkert mir Frédéric Dumas verschwörerisch zu. Cousteau jedoch beugt sich über den Stutzen und erklärt dem Mechaniker Octave Léandri anhand einer Skizze die Veränderungen, die an dem Gerät vorgenommen werden müssen, um den Luftdurchlass zu erhöhen.

Endlich kommt der Pascha zu mir. Er lächelt mich an. Aber nicht der kleinste Glückwunsch. Das werde ich später immer wieder erfahren: Cousteau fällt es schwer, jemanden zu loben. „Kommen Sie mit, Falco“, sagt er schlicht. „Ich zeige Ihnen die *Calypso.*“

▲ Kraken sind scheu und vorsichtig; kaum jemals greifen sie ein Ziel an, das größer ist als sie selbst.

Wir steigen zur Brücke hinauf. Dort, an das große messingbeschlagene Steuerruder gelehnt, erklärt Cousteau mir, warum er sich entschieden hat, einen Minenräumer zum Meeresforschungsschiff seiner Träume umzubauen. Erstens, sagt er, haben diese Schiffe einen hölzernen Rumpf, und das tägliche Leben ist für die Mannschaft hier angenehmer als in einem Schiffsrumpf aus Stahl, in dem man im Winter vor Kälte zittert und im Sommer vor Hitze schmort. Zweitens sind solche Schiffe sehr solide gebaut. Drittens haben sie einen großen Aktionsradius: Mit zwei Maschinen kann die *Calypso* bei einer Geschwindigkeit von zehn Knoten zwanzig Tage ohne Nachtanken fahren, beispielsweise über den Atlantik. Viertens kann sich dieser Schiffstyp mit seinem geringen Tiefgang über Untiefen wagen, die vielen anderen Schiffen zum Verhängnis würden: Die *Calypso* reicht nämlich nur zehn Fuß (drei Meter) unter die Wasserlinie, womit sie sich zwischen Riffe trauen und Taucher direkt vom Schiff an ihren Arbeitsplatz entsenden kann.

Cousteau liebt die Technik. Er rüstet sein Schiff systematisch mit den neuesten Erfindungen aus, die er mir stolz zeigt: den mit dem Autopiloten gekoppelten Brown-Kreiselkompass, das Präzisionsecholot EDO, das Funktelefonsystem ... Wir gehen durch den Maschinenraum. Zwei riesige Achtzylinder-Reihenmotoren entfalten dort ihre Kraft.

Auf den Fersen des Paschas besichtige ich den hinteren und den vorderen Laderaum, die Duschen und Mannschaftskabinen. Meiner Meinung nach sind letztere mehr als spartanisch eingerichtet. Die meisten haben zwei Kojen übereinander.

Der Nachmittag verfliegt für mich wie ein Traum. Am Abend, als ich wieder in mein Boot hinabsteige, fragt mich der Kommandant Cousteau, ob ich daran interessiert sei, morgen und die Folgetage wiederzukommen – unbezahlt. Er hätte mich genauso gut fragen können, ob ich in der Staatlichen Lotterie gewinnen wolle!

▲ **Die Nymphe Kalypso, wie sie im Logo der Internationalen Cousteau-Gesellschaft und – hier – auf dem Schornstein der *Calypso* erscheint**

Die *Calypso*: Oldtimer mit Charme

Nach Homer verbrachte Odysseus auf seiner legendären Irrfahrt durch die Ozeane sieben lange Jahre bei der Nymphe Kalypso. Und auf den romantischen Namen *Calypso* taufte man das in den USA gebaute Minensuchboot J-826 nach dem Zweiten Weltkrieg, als es, von der Royal Navy ausrangiert, den Fährdienst zwischen den Inseln Malta und Gozo aufnahm.

Mithilfe des britischen Millionärs Noel Guinness konnte Korvettenkapitän Jacques Cousteau im Juli 1950 die *Calypso* erwerben und sie zum Forschungsschiff umbauen. Im Krieg hatte sich Cousteau in der GERS, einer Gruppe der französischen Marine für submarine Studien, ausgezeichnet und mit seinem Kollegen Émile Gagnan das erste Pressluftatemgerät der Welt entwickelt. Einer der wichtigsten Umbauten auf der *Calypso* war die inzwischen als Wahrzeichen des Schiffes bekannte „falsche Nase“, ein Schacht am Bug, der in einer Beobachtungskammer 2,5 Meter unter der Wasserlinie endet.

Über die Jahre kamen weitere Umbauten hinzu, sodass vom ursprünglichen Schiff praktisch nur noch der Holzrumpf übrig blieb. Cousteau rüstete sein schwimmendes Labor mit der modernsten Technik aus wie dem Seitenstrahlsonar, Geräten für Satellitenkommunikation und -navigation und einem Spezialecholot für große Tiefen. Sogar ein Bordhubschrauber ist inzwischen vorhanden.

Dabei hat sich die *Calypso* ihren Oldtimer-Charme bewahrt: Sie ist ein Arbeitspferd der Meeresforschung, keine Luxusjacht.

▲ **Im Trockendock späht ein Besatzungsmitglied der *Calypso* durch das vordere Bullauge der Beobachtungskammer.**

◀ **Nach dem Zweiten Weltkrieg verkehrte die *Calypso* als Fähre zwischen Malta und Gozo.**

▲ Die *Calypso* 1988 vor der Küste von Papua-Neuguinea. Gerade ist der Hubschrauber von seinem Landeplatz hinter dem Schornstein gestartet. Auf dem Heck steht eine der „tauchenden Untertassen".

◀ Kommandant Jacques-Yves Cousteau und Kapitän Albert Falco vor dem Echographen, der ein Profil des Meeresbodens unter dem Schiff aufgezeichnet hat

Mannschaftskajüte auf der *Calypso*: spartanisch-gemütlich wie das ganze Leben auf dem Forschungsschiff ▶

LEHRZEIT ALS SEEMANN

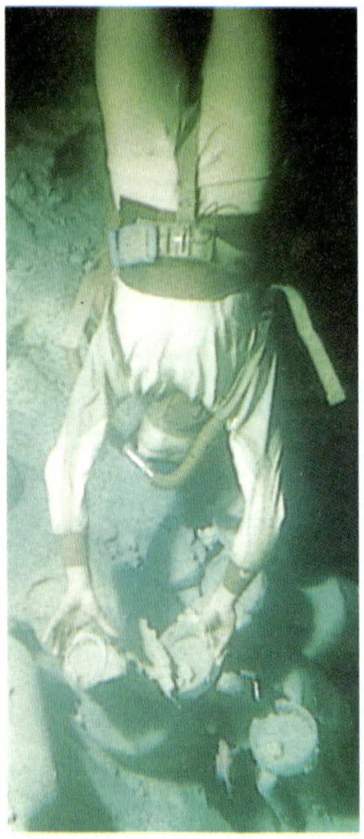

▲ **Ein Taucher der *Calypso* birgt eine Amphore am Grand Conclu.**

Ich lerne eine ganze Gruppe von Tauchern kennen, von denen manche viele Jahre in der Mannschaft der *Calypso* verbringen und meine Freunde werden. Da sind Émile Robert, Henri Goiran, Raymond Kientzy, Armand Davso (der die meisten unserer Unterwasserkameras perfektionieren wird) und André Laban (der in Mußestunden mit Leinwand und Pinsel taucht, der erste Unterwassermaler der Geschichte). Da sind auch Jacques Medan, Jean-Pierre Servanti, Claude Strada und schließlich Raymond Coll, der wie ich mehr als 35 Jahre an Bord verbringen wird. Yves Girault und mein alter Kumpel Georges Beuchat kommen von Zeit zu Zeit, um uns zur Hand zu gehen.

Wir tauchen. Wir arbeiten wie besessen. Bisweilen sind nicht weniger als sieben Taucher an der Arbeitsstelle unter Wasser. Wir lösen vorsichtig das Geschirr aus seinem Sedimentbett, sammeln es ein und legen es in einen Korb an einem Tau; die alte Lombardini-Winde zieht die Amphoren zur Oberfläche hinauf, wo sie von den Archäologen in Empfang genommen werden.

Die Taucher lösen sich am Meeresgrund alle dreißig Minuten ab. Jeder von ihnen macht zwei Einsätze täglich, einen morgens und einen nachmittags, zwischen denen mindestens drei Stunden Ruhezeit liegen müssen. Der Organismus muss Zeit haben, alle durch den Überdruck im Blut gelösten Gase auszuatmen. Zwischen den Mannschaftsmitgliedern herrscht eine Atmosphäre freundschaftlicher Solidarität.

Ich jedenfalls lerne mein Handwerk. Immer wieder hole ich mir Rat von Frédéric Dumas und den anderen. Ich lerne meine Dekompressionstabellen auswendig und verschlinge die seltenen Artikel, die über die Physiologie des Tauchens veröffentlicht werden. Mir wird klar, in welche Gefahren ich mich zuvor begeben hatte, ohne es zu wissen. Ich war planlos auf- und abgetaucht. Am Ende eines Tauchgangs nicht der kleinste Aufenthalt zur Dekompression! Es wird mir klar, dass ich nur rein zufällig keinen schweren Unfall erlitten habe. Hier am Grand Conclu verwandle ich mich in einen Berufstaucher. Wir legen im Durchschnitt täglich etwa zwanzig Keramikgegenstände frei. Es gibt zahlreiche Zwischenfälle. Eines Tages verstopft Geröll das Ansaugrohr, dann wird es abrupt wieder frei; Ferdinand Lallemand, der im Metallkorb Objekte sortiert, wird von einem Regen aus Steinen und Keramikscherben fast bewusstlos geschlagen.

Der Pascha und Frédéric Dumas tauchen hinunter und arbeiten wie alle anderen. Sie lassen uns einen Graben mitten durch den Keramikhaufen ziehen. Die ausgeschüttete Ladung ist von ungeheurem Umfang; wir graben alsbald zwischen zwei Amphorenmauern von 4,50 Meter Höhe! Die Beute bereichert die Museen von Marseille, wo sie heute noch zu bewundern ist. Sie umfasst nicht nur große griechische

Der Verfasser (mit roter Mütze) und ein weiteres Crewmitglied begutachten mit dem Pascha (links sitzend) und Frédéric Dumas (rechts sitzend) antike Keramik vom Meeresboden vor Grand Conclu.

und römische Amphoren, sondern Hunderte von Gefäßen, von denen eines schöner ist als das andere: mit Rosetten verzierte Schüsseln, Fischplatten, Becher aller Größen, Parfümväschen, Kelche, Trinkhörner.

Ein Schicksalsschlag

Eine Tragödie überschattet unseren Einsatz. Am 5. November 1952 bemerkt Kapitän Saout nach einem Sturm, dass eines der Ankertaue der *Calypso* lose hängt. Jemand muss nachsehen, was am Grund passiert ist. Jean-Pierre Servanti meldet sich freiwillig. Er ist einer der erfahrensten Taucher der Gruppe. Er verschwindet in der Tiefe. Als er wieder heraufkommt, verkündet er, der Anker habe sich von der Kette gelöst und sei verschwunden; die Kette schleife frei über den Sand.

Wir wollen den Anker wiederfinden. Am Morgen des 6. November taucht Jean-Pierre Servanti erneut. An der Stelle, an der wir den Anker vermuten, zeigt das Echolot siebzig Meter an – reichlich tief. Kommandant Cousteau macht sich Sorgen. Er beauftragt mich, den Einsatz von der Oberfläche aus zu überwachen. Ich sehe zu, wie mein Kollege im dunklen Wasser verschwindet; von der kleinen Jolle aus verfolge ich seine Luftblasen. Der Mistral erhebt sich und macht die Beobachtung schwierig. Allmählich erfasst mich Angst; die Bläschen werden viel zu klein, fast wie Mineralwasser. Und jetzt hören sie ganz auf…

Alarm! Ich rufe die *Calypso*. Kommandant Cousteau mobilisiert alle Mann. Ich brauche kaum eine Minute, um meine Ausrüstung anzulegen, aber ich weiß, bei einem schweren Unfall ist jede Sekunde zu viel.

Ich springe ins Wasser. Vor zwanzig Minuten hat Jean-Pierre Servanti seinen Einsatz begonnen; eigentlich müsste er auf Dekompressionsstation sein. Dort ist er aber

Taucherkrankheiten

Die Luft, die wir atmen, setzt sich hauptsächlich aus zwei Gasen zusammen: Sauerstoff, den unsere Organe unbedingt brauchen, und molekularer Stickstoff, ein reaktionsträges, geschmack- und geruchloses Gas, das unter normalen Umständen wenig Wirkung auf den menschlichen Körper hat. Für den Taucher jedoch kann Stickstoff sehr gefährlich werden.

Bei dem mit wachsender Tauchtiefe steigenden Wasserdruck – in zehn Meter Tiefe hat er sich schon verdoppelt – reichern sich die Gase in den Geweben an. Der Sauerstoff wird beim Auftauchen problemlos wieder ausgeschieden, der Stickstoff bildet dagegen in den Geweben und in den Blutgefäßen Gasbläschen und schäumt wie die Kohlensäure in einer rasch geöffneten Sektflasche auf. Dies äußert sich in einer ganzen Reihe von Symptomen, die als Taucherkrankheit, Dekompressions- oder Druckfallkrankheit bezeichnet werden: Kopfschmerzen, Schwindel, Taubheit bis hin zu Atemlähmung und zum Tod.

Die Anreicherung von Stickstoff bei Tauchgängen kann sich noch auf eine andere Weise äußern: als Stickstoffnarkose. Der Taucher erlebt dabei zunächst ein Hochgefühl, fühlt sich übermäßig stark und wohl, später kommen Schwindel und Koordinationsstörungen hinzu. Gerade weil man dabei im Unterschied zur Dekompressionskrankheit keinerlei Schmerzen empfindet, ist dieser Zustand besonders gefährlich. Taucher im „Tiefenrausch" haben schon ihre Luftschläuche abgerissen, sie vorbeischwimmenden Fischen angeboten und sind folglich ertrunken.

Während der Dekompressionspause beim Auftauchen bekommt der Körper Zeit, Stickstoff auszuscheiden, ohne dass sich Gasblasen im Blut bilden. ▶

nicht. Ich tauche tiefer hinunter. In vierzig Meter Tiefe entdecke ich eine der kleinen gelben Bojen, die er dabeihatte und deren Ankerschnur in der blauschwarzen Tiefe verschwindet. Ich folge der Schnur. Fünfzig Meter … Sechzig … So tief bin ich noch nie getaucht. Mein Verstand trübt sich. Meine Körperbeherrschung lässt nach. Frédéric Dumas hat mir die Stickstoffnarkose erklärt, die auch Tiefenrausch genannt wird. Ich spüre ihre ersten Auswirkungen.

Endlich Grund. Ich erkenne die gebrochene Ankerkette und finde an deren Ende den Anker. Jean-Pierre Servanti hat seine Arbeit getan. Ich erblicke ihn bewegungslos zehn Meter von mir entfernt liegend.

So schnell ich kann, schiebe ich mich zu ihm hin. Ich habe selbst fast keine Luft mehr in den Flaschen. Ich nehme Jean-Pierre in die Arme. Er hat sein Mundstück nicht im Mund. Ich versuche vergeblich, es ihm wieder hineinzustecken. Ich gebe ihm meines, aber mein Kamerad atmet nicht mehr. Ich schnalle seinen Bleigürtel ab und versuche, ihn hinaufzubringen, doch ich schaffe es nicht. Die Anstrengung in dieser Tiefe ist zu groß, umso mehr, als meine letzte Luftreserve rasch schwindet. Ich steige in einem Zug wieder hinauf, alle Gesetze der Dekompression missachtend. Ich durchstoße die Oberfläche und brülle meine Verzweiflung hinaus.

Jacques Ertaud und Yves Girault haben sich fertig gemacht. Ich zeige ihnen die Stelle, und sie tauchen hinab. Sie finden Jean-Pierre Servanti und schaffen es, ihn ans

Tageslicht zu bringen. Wir tragen ihn in die Druckkammer. Künstliche Beatmung, Herzmassagen auf dem Transport, dann im Krankenhaus; vergebens. Unser Freund ist ertrunken.

Kommandant Cousteau, völlig niedergeschlagen, fragt sich ernstlich, ob er das Recht hat, Menschenleben für Amphoren aufs Spiel zu setzen. Er ist kurz davor, das ganze Projekt abzubrechen.

Die Mannschaft versammelt sich. Wir trauern um Jean-Pierre Servanti, aber wir entscheiden uns weiterzumachen. Mit ein paar schlichten Worten beschwören wir den Pascha, nicht aufzugeben. Aber er gibt keine Antwort, sondern legt schweigend seinen Taucheranzug und seine Flossen an. Er füllt seine Flaschen. Mit einem Zeichen bittet er mich, seinen Abstieg zu überwachen. Dann verschwindet er im nassen Element.

Er will allein an den Ort der Tragödie in siebzig Meter Tiefe tauchen und den Auftrag beenden, der einen Kameraden das Leben gekostet hat. Er findet und sichert den Anker, den die *Calypso* jetzt hochziehen soll. Als er wieder heraufkommt und sich auf den Boden des von mir gesteuerten Beiboots setzt, ist sein Gesicht unter der Maske nass. Nicht vom Meerwasser.

Der älteste Wein der Welt

Die Ausgrabungen gehen weiter. Ganz allmählich wird der Riesenhaufen Geschirr unter Wasser kleiner. Insgesamt erfordert die Bergung der Schätze vor dem Grand Conclu nicht weniger als 3500 Tauchgänge – ein Unterwassermarathon! Und die Fundstelle ist noch nicht einmal erschöpft, so reich ist sie. Wir bergen nur die schönsten der 3000 Amphoren und der 10000 Geschirrteile, die das Wrack enthält.

Eines Tages graben wir eine noch verschlossene römische Amphore aus dem Sediment. Unter einem äußeren Siegel aus feiner Puzzolanerde ist ein unversehrter Korken. Wir schaffen das Gefäß unter tausend Vorsichtsmaßnahmen auf die Brücke. Die Mannschaft umlagert es. Es gluckert darin. Wenn das Wein wäre? 2200 Jahre alt: der älteste Tropfen auf Erden!

▲ **Amphoren dienten im Altertum als Allzweckbehälter für Wein, Oliven und Olivenöl. Sie wurden im gesamten Mittelmeerraum benutzt.**

Ich reiche Kapitän Saout mein Tauchermesser, und er kratzt die Puzzolanerde und den Korken heraus, der im Hals der Amphore festklebt. Da, sie ist offen! Der Kapitän lässt aus der Messe zwei Gläser holen. Er kippt das Gefäß feierlich; ein dunkelbrauner, dickflüssiger, klumpiger Sirup füllt die Kelche. Das erste Glas ist für Kommandant Cousteau, das zweite für Professor Lallemand. Der Archäologe benetzt die Lippen – und spuckt den Schluck sofort mit einer Grimasse über Bord. Mit stoischem Gesicht würgt der Pascha einen winzigen Schluck dieses ehrwürdigen Weins hinunter und lobt den Jahrgang, als sei es Ambrosia. Ich koste: ein fürchterliches Muffkonzentrat! Und trotzdem, dieser Wein scheint mir der schönste Schluck meines Lebens.

Wir haben den 22. September 1952. Frédéric Dumas spricht mich als Erster auf der Steuerbord-Laufbrücke bei seiner Kabine an. „Bébert", fragt er, „wollen Sie fest angestellt bei uns bleiben?"

Auf diesen Satz habe ich gewartet! Ich lächle, krächze „Ja". Frédéric Dumas schleppt mich zum Pascha.

„Sagen Sie mal, Bébert, würden Sie gern fest angestellt bei uns bleiben?", will auch Cousteau von mir wissen.

Auf die gleiche Frage ein ähnliches Gekrächze! Doch die beiden interpretieren es als begeistertes Ja. Zu Recht! Jetzt bin ich ein vollgültiges Mitglied von Cousteaus Mannschaft.

Am nächsten Tag legt der Pascha seine schönste Offiziersuniform an – er ist Korvettenkapitän – und begleitet mich zu den Büros des Marineamts von Marseille. Ich muss in die Stammrolle eingetragen werden. Ich unterziehe mich der obligatorischen ärztlichen Untersuchung, nach deren Abschluss der Dienst habende Amtsarzt erklärt, ich sei zwar in bester Form, doch müsse er mich zu seinem größten Bedauern als „ausgemustert" abstempeln. Weil ich an vier Fingern meiner linken Hand jeweils zwei Glieder verloren hätte, könne ich keine Seemannsarbeit verrichten. Vorschrift sei Vorschrift: Behinderte würden nicht in die Marine aufgenommen! Für mich stürzt eine Welt ein.

Kommandant Cousteau lässt sich nicht beeindrucken. Er meldet Widerspruch an, schlägt Lösungen vor. Schließlich setzt er seinen Kopf durch. Er kann die Beamten zwar nicht überreden, mich zum Vollmatrosen der Marine zu machen, aber er betont, ich könne dennoch Matrose auf einem Schiff werden, das mit keinem andern vergleichbar sei: auf der *Calypso*, die von der französischen Meeresforschung wissenschaftlich und filmtechnisch ausgestattet worden sei, um die Weltmeere zu untersuchen und Erkenntnisse über sie zu sammeln. Dieser Kompromiss stellt alle Seiten zufrieden. Ich bin zwar nicht berechtigt, das Schiff zu wechseln, aber ich will ja kein anderes. Fortan besitze ich ein echtes Seemannsbuch.

▲ **Port Calypso, das Winterlager, das der Pascha auf dem Grand Conclu einzurichten beschloss**

Auf der *Calypso* führt mich Kapitän Saout in die Arbeit an Bord ein. Er steckt mich mit seiner Leidenschaft für große Fahrt an – aber auch mit seinem Sinn für exakte Arbeit: Er will ein blitzblankes Deck und einen makellosen Anstrich sehen. Er lässt uns das in Sklavenarbeit mit Schrubbern und Ätzkalk bewerkstelligen. Wenn wir die *Calypso* gescheuert haben, sind unsere Finger von der ätzenden Lauge aufgeweicht, und die Handflächen schälen sich.

Die Ausgrabungen gehen weiter. Kommandant Cousteau beschließt, auf dem Grand Conclu ein komplettes Winterlager einzurichten, die einzige Möglichkeit, die Ausgrabungen trotz der heftigen Winterstürme fortsetzen zu können. Auf der *Calypso* müssen einige mechanische Reparaturen vorgenommen werden, weshalb sie im Hafen von Marseille Schutz suchen muss. Eine Woche lang sind zwei Taucher und ich dabei, das Lager auf dem Grand Conclu einzurichten. Fünf Taucher verbringen den Winter hier damit, die Fracht aus dem antiken Wrack zu bergen – und nach dem Auftauchen mit den Zähnen zu klappern. Eine schwere, an manchen Tagen aufregende und an anderen Tagen monotone Arbeit. Wir schlagen uns mit dem Sauggerät herum, das sich allzu häufig in seiner Rolle als unheimlich zuckende Seeschlange gefällt. Täglich einmal ist der Schlauch verstopft.

Bisweilen geht die Dünung so hoch, dass wir nicht auf der Tauchleiter ins Meer hinabsteigen können. Wir lassen uns mit der Winde an einem Tau von der Plattform hinab. Wir berechnen unsere Arbeit unter Wasser so, dass wir nicht mehr als zehn

◀ **Nach erfolgreichem Tauchgang rudert der Autor mit seinem Fund, einem Amphorenbruchstück, an Land.**

Minuten Dekompressionsaufenthalt haben, denn in nur drei Meter Tiefe ist die Gewalt der Brecher phänomenal. Länger würden wir es nicht aushalten.

Jeden Tag nehme ich mehr vom „Cousteauschen Geist" in mir auf, der aus einer harmonischen Mischung von wissenschaftlicher Strenge und Abenteuerlust besteht. Durch die Keramiken vom Grand Conclu und dank des Wissens der Professoren Benoît und Lallemand lerne ich mehr über die Geschichte von Marseille, als ich mir auf meiner Schulbank je hätte träumen lassen.

Ich wollte unbedingt auf große Fahrt – und siehe da, jetzt bin ich angeheuert. Die *Calypso* lichtet Anker, und ich bekomme die Chance, die Ozeane der Welt zu durchfahren. Ich möchte meine Laufbahn als Taucher und Seemann in Gesellschaft dieses einzigartigen, begeisterten, unermüdlichen, ideenreichen, mit einem Wort genialen Mannes fortsetzen, der Cousteau ist.

Schätze der Tiefe

Wir nehmen Kurs auf Griechenland. Eine der Schlussfolgerungen aus der Untersuchung unserer Archäologen, die sich auf die Amphoren des Wracks vom Grand Conclu stützen, lautet, die Fracht habe einem gewissen Marcus Sestius gehört. Ein Teil der Keramiken trägt auf dem Hals einen Firmenstempel aus den drei Buchstaben „SES" und davor oder danach eine Art Anker oder Dreizack. Dem Geschichtsschreiber Titus Livius zufolge hatte sich der Römer Sestius im 2. Jahrhundert v. Chr. als Ausstatter auf der griechischen Insel Delos niedergelassen. Auf nach Delos also. Werden wir tatsächlich 2200 Jahre später die Spur des Eigentümers wiederfinden?

Das Wetter ist hervorragend. Das Meer ist von kleinen Wellen gekräuselt, die von einer leichten Brise erzeugt werden. Vom Bug der *Calypso* aus betrachte ich das Treiben einer Gruppe Delphine, altbekannte Freunde der griechischen Seeleute. Sie nähern sich unserem Schiff. Ich zähle ein Dutzend. Sie springen, drehen und überschlagen sich in der Luft. Ich bewundere ihre samtblauen Rücken und ihre mit gelben Zeichnungen bedeckten Flanken.

Wir umrunden den Peloponnes und Kap Tainaron, wo der tiefste Graben des Mittelmeers ermittelt worden ist: 5115 Meter. Mit zehn Knoten laufen wir zwischen Kythera und Antikythera durch und fahren mitten in die Inselgruppe der Kykladen ein. Wir lassen Paros an Steuerbord hinter uns. Da ist schon das winzige Delos, die Insel Apolls.

In der Nähe des antiken Hafens werfen wir Anker und schiffen uns aus. Ich bin sprachlos vor der Größe und Pracht der Ruinen. Der Apollotempel, die heiligen Stätten des Bergs Kynthos, die Höhlen der Pythia, das Theater ... Wir besichtigen den Ort unter Führung der Professoren Benoît und Lallemand.

Zum Hafen kehren wir durch ein Gässchen zurück, das von eingestürzten Häusern gesäumt wird. Wir betreten, was von einer prunkvollen antiken Villa übrig ist, die einen Innenhof (Atrium) mit einem Sammelbecken für Regenwasser im Fußboden (Impluvium) und einen Säulengang hatte. Der Boden ist von Mosaiken bedeckt. Eines davon, ziemlich groß, weist einen Dreizack und die drei Buchstaben „SES“ auf: das gleiche Siegel, das auch den Hals der Amphoren vom Grand Conclu ziert! Hier haben wir den Beweis, dass die Keramiken des Schiffes, das vor nunmehr 2200 Jahren

vor einer kleinen Marseiller Insel untergegangen ist, von einem Inselchen in der Ägäis stammen.

Da unsere Arbeit auf Delos nun beendet ist, wenden wir uns nach Antikythera. Kommandant Cousteau hat Professor Harold Edgerton, einen amerikanischen Gelehrten, an Bord der *Calypso* eingeladen. Als ich seine Bekanntschaft mache, hat er gerade das elektronische Blitzlicht erfunden. An Bord ist ein Spitzname für ihn bald gefunden: Papa Blitz... Wir finden einander sympathisch. Ich darf zusehen, wie er Fotoapparate für Aufnahmen in großen Tiefen ausprobiert, die uns für unsere Untersuchungsprogramme der Abyssalregionen von großem Nutzen sein werden.

Ich assistiere Papa Blitz bei seinen Versuchen mit dem Seitenstrahlsonar. Zum Gerät gehört ein Sendetorpedo, wegen seiner schlanken Form „Fisch" genannt, der hinter dem Schiff hergezogen wird. Damit kann man auf dem Bildschirm oder dem Papier ein äußerst präzises Meeresbodenprofil erhalten, nicht bloß unterhalb des Schiffsrumpfs wie beim klassischen Echolot, sondern auf einer Breite von 250 Metern beidseits des Kiels. Die Bilder geben den Meeresboden exakt wieder. Man entdeckt Hindernisse – oder Wracks –, die aus den herkömmlichen Zackenlinien nicht hervorgehen.

Ich habe die Ehre und das Vergnügen, Professor Edgerton bei seinem ersten Tauchgang mit der Aqualunge zu begleiten. Den Unterwasserspaziergang unternehmen

◄ **Die *Calypso* umrundet Kap Sunion mit dem Poseidontempel, einem der schönsten Baudenkmäler Griechenlands.**

wir im kleinen Hafen Potamos. Beim Auftauchen grüßen wir zwei Fischer aus dem Dorf und kommen mit ihnen ins Gespräch. Sie erzählen uns, dass es bei Antikythera ein geheimnisvolles „Wrack von König Minos" gebe.

Tatsächlich liegt bei Antikythera ein Wrack. Minoisch ist es zwar nicht, aber griechisch – aus dem 1. Jahrhundert v. Chr. Im Jahr 1900 ist es von Schwammtauchern entdeckt und 1901 von Helmtauchern der griechischen Kriegsmarine teilweise geborgen worden. Dabei wurden wundervolle Bronzestatuen gefunden, auf die das Archäologische Nationalmuseum in Athen besonders stolz ist.

▲ **Professor Edgerton (links), Spitzname „Papa Blitz", legt seine Unterwasser-Kameraausrüstung auf dem Achterdeck aus.**

Wir reden in der Messe der *Calypso* über diese wundervollen Stücke. Der Pascha ist ganz aus dem Häuschen. „Das Wrack liegt in vierundfünfzig Meter Tiefe. Allem Anschein nach haben die schweren Helmtaucher, die am Fundort gearbeitet haben, nur die größten und spektakulärsten Stücke bergen können. Es wird erzählt, dass sie sich nicht einmal bückten, aus Angst, umzufallen und nicht mehr aufstehen zu können und schwere Druckausgleichsprobleme im Skaphander zu bekommen. Wenn wir die Untergangsstelle finden können, werden wir tolle Entdeckungen machen. Aber wir haben nur einen Tag, um uns zu vergewissern: die *Calypso* muss wieder nach Toulon zurück."

Frédéric Dumas nimmt mich auf seinen Nachforschungen mit. Wir befragen einen alten Mann, der als Kind 1901 die Bergungsarbeiten miterlebt hat. Der Mann liefert genaue Angaben. Die Helmtaucher, sagt er, tauchten von einem Schiff aus, das unter einer Steilwand genau unterhalb eines Steinmäuerchens verankert war. Frédéric Dumas und ich fahren in der Schaluppe die Inselküste entlang. Wir entdecken eine Steinmauer, die der Beschreibung des Alten entspricht. Wir tauchen. Zehn Meter... Fünfzehn Meter... Vierzig Meter... Fünfzig Meter... In dieser Tiefe ungefähr liegt das Wrack.

Wir schwimmen hin und her. Unser Luftvorrat schwindet. Wir sind kurz davor aufzugeben, als wir in dem verbackenen Sand eine längliche Form bemerken. Frédéric Dumas wühlt mit den Händen ein Loch ins Sediment. Er spürt etwas und buddelt heftiger. Als er den Gegenstand freigeschaufelt hat, machen unsere Herzen einen Sprung. Es handelt sich um eine lange Bronzespitze, eine Art Nagel. Nägel wie dieser sind auch 1901 gefunden worden. Das Wrack liegt also hier.

Schiffswracks haben mich schon immer fasziniert. Beim Tauchen ein Wrack zu entdecken, das Gänge bohrende und Holz fressende Lebewesen (Röhrenpolypen und Bohrmuscheln) auf seine einfachste Form reduziert haben. Vorsichtig sedimentierte Schätze freizulegen und dabei mitunter auf ein einzigartiges Stück zu stoßen: Solche Unterwasserarbeiten schlagen mich in ihren Bann. Mir ist klar, dass diese Vorliebe für versunkene Schiffe leicht abartig ist. Man kann nicht umhin, wenigstens in Gedanken Umstände, Ursachen und Ablauf der Katastrophe nachzuvollziehen. Man stellt sich die vom Sturm fast bis zum Wahnsinn verängstigten Matrosen vor... Es ist aber auch wissenschaftliche Neugier, Wissensdurst. Anhand der von Meer und Sand bewahrten Anhaltspunkte vergegenwärtige ich mir gern, wie unsere Vorfahren gelebt

◀ Ein Taucher mit Unterwasserkamera und Stablampe untersucht ein Wrack, das mit einer Kruste aus Meeresfauna wie Schwämmen und Korallen überzogen ist.

haben, was sie als Fracht in ihre Schiffe luden. Es macht mir Spaß, eine Fundstelle zu ordnen und den Aufbau des verloren gegangenen Schiffes zu rekonstruieren. Ich stelle mir den Kapitän, die Seeleute, die Passagiere vor. Mir scheint dann, dass ich an ihrem Leben teilhabe und in das große Abenteuer der Menschheit einbezogen bin.

Bei der Rückkehr auf die *Calypso* triumphieren wir. Der Pascha ist zwischen zwei Empfindungen hin- und hergerissen: Einerseits ist er entzückt von unserer Entdeckung; andererseits weiß er, dass der langfristige Terminplan der *Calypso* nicht geändert werden kann. Das Schiff muss zu einer Generalüberholung ins Trockendock von Toulon. Es ist unmöglich, unsere Forschungen am Fundort fortzusetzen.

„Also gut", sagt Cousteau, „wir graben das Wrack von Antikythera jetzt nicht aus. Aber ich gebe euch mein Wort, dass wir wiederkommen."

▲ **Ein Blauhai, stromlinienförmig wie ein Torpedo, blitzschnell und tödlich: ein hervorragender Schwimmer und Jäger**

Der Pascha hält immer Wort. Wir sollten tatsächlich nach Antikythera zurückkehren – 1976, 23 Jahre später – und das Wrack erforschen.

Die Stimmung auf der Rückfahrt nach Frankreich ist gedrückt. Aber wir wissen, dass die *Calypso* aus gutem Grund in den Hafen zurückkehrt: Sie muss auf eine schwierige und anspruchsvolle Meeresforschungskreuzfahrt vorbereitet werden, die sie auf Ausschau nach Haien ins Rote Meer und auf der Suche nach Erdöl bis in den Persischen Golf führen wird.

Stelldichein der Haie

Meine erste Begegnung mit einem Hai habe ich vor Korsika, zur Zeit der „vier Musketiere". Eines Tages, als ich tauche, um vier Fische für das Abendessen zu holen (nicht einen mehr!), beschließe ich, meinen Tauchgang sportlich zu beenden. Ich will um die Insel Grand Sanguinaire herumschwimmen. Robert Prigent begleitet mich, aber wir sind weit voneinander entfernt. Die erlegten Fische sind an meinem Gürtel befestigt. Ich spüre jemanden hinter mir. Ich drehe mich um. Ein Hai!

Ein großer. Mindestens 2,5 Meter lang… Ein Blauhai. Ein Hai, der im Ruf steht, Menschen anzufallen. Ein Schwimmtorpedo mit einem Maul voller messerscharfer Zähne, ein Tier, dessen Ahnen vor 350 Millionen Jahren auf der Erde erschienen sind und die einen der dauerhaftesten Erfolge der Evolution verkörpern. Ich versuche, nicht in Panik zu geraten. Es ist der erste Hai, dem ich in freier Wildbahn begegne. Ich lasse ihn nicht aus den Augen: Ich weiß, das wäre ein Fehler.

Ich schwimme rückwärts und halte das Tier mit meiner Harpunenspitze auf Distanz. Gern würde ich von meinem Gürtel die toten Fische abmachen, die ihn angelockt haben, und sie ihm schenken (mehr will er schließlich nicht). Aber die Angst macht mich ungeschickt. Ich schaffe es nicht. Ich beobachte fasziniert die kraftvollen Schwimmbewegungen des Tieres: den Kopf, der nach rechts und links pendelt, den biegsamen Körper, den großen Schwanz mit seiner senkrechten Flosse, mit der er sich vorwärts wedelt. Eine großartige Kreatur... Aber ich will trotzdem nicht zu ihrer Abendmahlzeit werden!

Auf dem Rücken schwimmend, entdecke ich eine Klippe, die aus dem Wasser ragt. Als ich nur noch wenig von ihr entfernt bin, springe ich mit einem Satz aus dem Wasser, den ich selbst nicht für möglich gehalten hätte... Alles spielt sich in Sekundenbruchteilen ab: mein erfolgreicher Sprung und der Angriff des Hais. Ich finde mich sitzend auf dem kleinen Felsen wieder, offenbar noch heil. Nur dass ich eine Schwimmflosse verloren habe und die verbliebene einen Halbkreis tiefer Kerben aufweist wie ein Klöppelmuster...

Ich gestehe, dass ich an diesem Tag nicht gerade glänze. Auf meinem Rettungsfelsen kauernd, die Zehen sorgsam auf dem Trockenen, wage ich mich nicht zu rühren, aus Furcht, der Hai könne noch in der Nähe sein. Ich stelle fest, dass auch Robert auf einem kleinen Felsen hockt. Er hat die Rückenflosse gesehen und genauso reagiert. Wir warten mindestens eine halbe Stunde, bevor wir den Mut haben, ins Wasser zu springen. Wir schwimmen schneller als je zuvor zur Küste.

Tags darauf überrede ich meine Freunde, dass wir das Ungeheuer fotografieren. Sie sehen mich schräg an, doch schließlich gehen sie darauf ein. Außerdem wissen sie, dass der Hai allerhand zu tun haben wird, wenn wir zu viert unter Wasser sind.

Ich lade meine Foca-Kamera. Wir legen Köder aus und tauchen. Ich fotografiere alle möglichen Fische, aber der Hai erscheint nicht. Als er schließlich doch noch kommt, nachdem er uns zwei Stunden hat warten lassen, zeigt er uns nur kurz und von weitem seine Schwanzflosse. Ich bin enttäuscht. Ich weiß noch nicht, dass wir auch auf der *Calypso* trotz aller technischen Mittel und Schulungen von großen Meerestieren meist genau das gleiche ablichten werden: die Schwanzflosse.

Am Nachmittag des 7. Januar 1954 lichtet die *Calypso* in Toulon den Anker. Ich bin auf großer Fahrt und glücklich. Ich lehne mich an die Reling am Bug des Schiffes und sehe die Kais vorüberziehen. Es ist Winter. Wir sind auf dem Weg in hitzeflirrende Wüsten.

Als wir die Reede verlassen, erhebt sich der Mistral. Die Nacht bricht herein. Die Dünung wird gewaltig. Schlafen ist unmöglich; wir können uns kaum in unseren Kojen halten. Am Morgen erkennen wir in der Ferne bereits die Küsten Korsikas. Wir fahren in die Straße von Bonifacio ein und nehmen Südkurs durch das Tyrrhenische Meer in Richtung auf die Straße von Messina. Der Sturm tobt jetzt richtig los. Die Brecher werfen uns umher, als sei die *Calypso* nur ein Korken auf dem Wasser.

Nachdem wir die Spitze von Kalabrien hinter uns haben, wird das Wetter ruhiger. Wir steuern die Insel Kreta an, die wir nach kurzem Aufenthalt südlich umfahren. Das östliche Becken des Mittelmeers überquerend, fahren wir nach Ägypten. Wir laufen in den Hafen von Port Said ein. Nachdem Dieselöl, Trinkwasser und Lebensmittel aufgefüllt sind, geht es weiter durch den Sueskanal.

Strahlender Sonnenschein begrüßt die *Calypso* auf den blauen Wassern des Roten Meeres. Wir steuern weiter nach Süden und passieren bald ein Riff über einem

Unterwassergebirge, das den Namen „Die Brüder" trägt. In der Nähe des Gebirges, das kaum über den Wasserspiegel ragt und dessen Spitze dicht unterhalb ein ovales Riff bildet, lässt Kommandant Cousteau Anker werfen. Wir tauchen.

Es ist das erste Mal, dass ich in einem tropischen Meer tauche. Ein Märchengarten! Das Wasser ist lauwarm. Wir schweben in ein Aquarium hinab und dringen in die Welt der Korallen ein. Ein Feenpalast tut sich vor unseren Augen auf. Die Abhänge des Riffs sind mit Korallen aller Art bedeckt; verzweigte schwarze Korallen, Pilzkorallen wie Champignons; glutrote und goldgelbe Hornkorallen bilden Unterwasserwälder, abwechselnd mit Büschen von rosa oder violetten Lederkorallen und Ansammlungen weißer Hornkorallen. Die Steinkorallenstöcke sind mit Schwämmen besetzt, die wie Schokoladencreme verlaufen oder wie Blumentöpfe aufragen. Moostierchen breiten hier und da kleine Spitzendeckchen darüber. Sattblaue oder ziegelrote Bartwürmer, die bisweilen feine ockerfarbene oder braune Bärte haben, strecken ihre spiralförmigen Tentakelfächer aus. Überall wimmelt es von Muscheln und Schnecken. Die Krebstiere sind durch große Hahnenkammkrabben vertreten, die ihre Scheren wie einen Deckel über die Mundöffnung klappen; durch Langusten, die wie Juwelenkolliers leuchten, und durch winzige, glasig-durchsichtige Felsgarnelen.

▲ Der Imperator-Kaiserfisch ist einer der schönsten Korallenfische. Seine Zeichnung dient wahrscheinlich als Tarnung, die es ihm ermöglicht, sich zwischen Korallenästen zu verstecken.

Die Fische sind so schön wie nirgends sonst. Stachelrochen segeln vorbei, ihren Schwanz peitschenartig nach hinten gestreckt: nicht anfassen – Giftstachel am Schwanzansatz! Soldatenfische haben ihre brandrote Paradeuniform angelegt, Wimpelfische strecken ihre „Antennen" aus, die in Wirklichkeit dünne Fortsätze der Rückenflosse und der Bauchflossen sind. Grüne Papageifische weiden gierig Korallen ab. Gold- und Silbertöne mischen sich mit Türkis und Saphirblau. Das schönste Tier dieser Meeresgegend, der Imperator-Kaiserfisch, trägt an den Flanken blaue, weiße und gelbe Längsstreifen. Jede Vertiefung des Riffs ist besetzt. Hier streckt eine Muräne ihr Maul heraus. Dort kommt ein Diamantbarsch aus seinem Loch. Etwas weiter stören wir eine Familie von buntscheckigen tropischen Meerjunkern auf.

Da! Ein weiß getüpfelter Riffhai. Er misst kaum 1,50 Meter in der Länge und wirkt sanft und harmlos. Ich grüße ihn mit einer Handbewegung. Er blickt mich an und wendet sich ab. Er ist nicht allein. Ein weiterer Artgenosse gleitet aus einem Korallentunnel. Dann noch einer... Ein halbes Dutzend Haie zeigt sich. Jetzt sind es schon ein Dutzend, zwanzig, dreißig! Was hat das zu bedeuten? Ich blicke Frédéric Dumas an. Er gibt mir ein Zeichen, ihm hinter einen Korallenvorsprung zu folgen, der uns relativ guten Schutz gewährt. Wir haben keine Waffe außer einer Haigabel dabei, ein Gerät, das Cousteau und Dumas 1948 erfunden haben, nachdem sie sich bei einem Tauchgang im Atlantik einem riesigen Weißspitzen-Hochseehai gegenübersahen. Der Pascha hatte das Tier nur verjagen können, indem er ihm die Kamera heftig auf den Kopf schlug. Dadurch war er auf den Gedanken gekommen, einen Stock von etwa sechzig Zentimeter Länge zu basteln, mit einer Eisenspitze, die aber nicht verletzen kann. In Gegenwart von Haien darf nie Blut ins Wasser kommen; der Geruch erregt sie und macht sie noch tausendmal aggressiver.

Korallenriff im Roten Meer: ein Märchengarten aus Steilabstürzen, geheimnisvollen Höhlen und farbenprächtiger Fischwelt ▶

Wenn es so viele Haie sind, haben sie vermutlich eine große sterbende oder tote Beute gewittert; aber wir sehen nichts. Wir haben weder ihren höchst vervollkommneten Geruchssinn noch ihre Seitenlinie, mit der sie im Wasser die winzigsten Schwingungen wahrnehmen, noch die erstaunlichen elektronischen Sinnesorgane, mit denen Haie Potentialveränderungen, die bei der Bewegung der Atemmuskeln von Beutefischen entstehen, festzustellen vermögen.

Die Haie kommen nacheinander vorbei und besichtigen uns, halten aber Abstand. Der Respekt ist gegenseitig. Wir erscheinen ihnen riesig. Mit unseren Flossen und vorgestreckten Armen messen wir fast drei Meter. Haie verhalten sich wie alle Raubtiere der Welt: Sie fallen über die schwächste Beute her – das Jungtier, das versprengte, kranke oder verletzte Tier. Die Gefahr wird groß, wenn einer der Haie es wagt zuzubeißen und Blut fließt. Dann werden alle Haie von Mordlust erfasst. Der Blutgeruch macht sie rasend, und sie lassen jede Vorsicht fahren.

Frédéric Dumas weiß das. Unter Wasser werden wir jetzt überprüfen können, ob seine Beobachtungen zutreffen; indem wir uns gegenseitig vor einem Überraschungsangriff schützen, müssten wir unsere Forschung fortsetzen können, ohne übermäßige Risiken einzugehen.

Inzwischen kreisen über hundert Haie um das Riff. Wir paddeln vorsichtig den Korallenabhang entlang. Zum Glück stoßen wir wieder auf Goiran und Kientzy, die wir aus den Augen verloren hatten. Zu viert können wir uns der Gefahr stellen.

Wir durchqueren ein Unterwassertal, in dem wir exponierter sind. Auf der anderen Seite ist der Meeresgrund das reine Wunder: Steinkorallen, Hornkorallen, Lederkorallen, Moostierchen und Bartwürmer bilden mit Schalentieren, Krebsen, Seeigeln und Seesternen eine Szenerie wie in Ali Babas Höhle. Zugleich ist sie Zuflucht, Kinderstube und Speisekammer für Hunderte Arten von Fischen aller Größe, aller Formen und Farben. Große Wrackbarsche halten vor ihrer Höhle Wacht. Manche sind 1,50 Meter lang und wiegen gut dreißig Kilogramm; sie fürchten Haie nicht. Sie haben eine originelle Jagdmethode: Sie legen sich in ihrem Loch auf die Lauer, und wenn eine Beute in Reichweite vorbeischwimmt, reißen sie abrupt und hörbar ihr wulstiges Maul auf. Der dadurch erzeugte Unterdruck genügt, um das Opfer

Ein Schwarm Riff-Fische schwimmt zwischen Salatkorallen und blütendoldenähnlichen Weichkorallen umher. ▶

bis in den Schlund des Raubfischs schnellen zu lassen, der es dann verschluckt.

Eine Schule junger Barrakudas schießt aus der Tiefe und verschwindet im Blau. Eine Wolke Mönchsfische steigt ebenfalls auf und verzieht sich ins Korallendickicht. Einen Augenblick später haben sich die meisten Riffbewohner in ihren Löchern verkrochen. Wir blicken uns um. In dem klaren Wasser sind die kleinen Haie genauso zahlreich wie vorher. Aber ein anderer Jäger begleitet sie jetzt. Ein gefährlicher Jäger: ein Weißspitzen-Hochseehai.

Das ist eine der sieben Haiarten von insgesamt mehr als 250, die dem Menschen gefährlich werden können – zusammen mit dem Menschenhai oder Weißen Hai, dem Blauhai, dem Tigerhai, dem Heringshai, dem Hammerhai und dem gemeinen Grundhai. Man erkennt ihn an der spitzen Schnauze, dem charakteristischen Schwanz und den riesigen gestreckten Brustflossen, die wie Arme ausgebreitet sind. Allem Anschein nach ist der Weißspitzen-Hochseehai auf Patrouille. Er wendet sich hierhin und dorthin, und man könnte fast sagen, er wittert. Sein halb offen stehendes Maul lässt Reihen von spitzen, scharfen Zähnen sehen.

Hier haben wir nichts mehr verloren. Frédéric Dumas weist mit beredter Geste zur Meeresoberfläche. Wenn der Weißspitzen-Hochseehai von dem Blutgeruch erregt ist, der die Riffhaie in dieses Gebiet gelockt hat, kann er plötzlich auf uns losgehen. An diesem Tier von 4,50 Meter Länge, das furchtbare Waffen hat, würde sich dann zeigen, wie gut unsere Haigabeln sind. Wir ziehen es vor, das Experiment zu vertagen. Wir nehmen die Verteidigungsstellung ein, die Kommandant Cousteau und Frédéric Dumas erfunden haben und die wir „Rücken an Rücken" nennen. Wir steigen jeweils zu zweit auf, wobei jeder Taucher sich mit dem Rücken dicht an den Partner lehnt und seine Hälfte der Meeresumgebung überwacht. Dies ist die einzige Möglichkeit, über längere Zeit der Gefahr zu begegnen, die von Großhaien ausgeht. Wenn sie angriffslustig sind, umkreisen die Tiere die Taucher zunächst langsam, dann immer schneller. Ein einzelner Mensch kann bei diesem Karussell nicht mithalten. Irgendwann ist der Hai hinter ihm, reißt das Maul auf und schlägt zu. Die Rücken-an-Rücken-Position erhöht die Chancen des Menschenpaars. Außerdem lässt sie dem Hai die Beute doppelt so groß erscheinen und trägt dazu bei, dass er zögert.

Der Hai kommt bis auf zwanzig Meter heran und entfernt sich dann wieder. Wir hoffen gerade, dass er weg ist, als wir ihn wieder von unten anschwimmen sehen. Und er beginnt zu kreisen. Er hat uns gestellt – nicht zuletzt, weil wir drei Meter unter der Oberfläche einen Dekompressionsaufenthalt einlegen müssen. Noch nie sind mir Minuten so lange erschienen. Aneinander gepresst warten wir alle vier. Der Hai zieht seine Kreise immer enger. Die Strömung zieht uns zum Riff. Wir treiben dorthin, wo die Brandungszone des Riffs anfängt und die Dünung sich in schäumende Brecher auflöst. Die Wellen und Wirbel verbergen den Hai vor uns, und ihre Gewalt reißt unsere Gruppe auseinander. Das ist das Schlimmste, was uns passieren kann. Wir verlieren den Hai aus den Augen. Instinktiv schwimmen wir aus Leibeskräften mit den Wellen auf die Untiefe zu. Der Zwischenfall endet im Chaos. Ich sehe nichts mehr. Ich schlage einen Purzelbaum nach dem anderen, ohne meine Bewegungen unter Kontrolle zu haben. Die Brecher schleifen mich über die scharfen Korallen. In wenigen Sekunden bin ich von Abschürfungen und Blutergüssen übersät. Das Meer wirft mich auf die Untiefe – aber außer Reichweite des Hais. Ich stehe auf, um

Grenze zwischen zwei Welten: dort das Rote Meer mit seiner Fülle marinen Lebens, hier die verdorrten kahlen Berge der Sinai-Halbinsel ▶

nachzusehen, ob meine Kameraden noch am Leben und unverletzt sind. Ich sehe sie aufstehen – wie ich geschunden, blutend, erschrocken … Alle vier lachen wir nervös und rufen uns zehnmal gegenseitig beim Namen, als müssten wir immer wieder feststellen, dass keiner fehlt.

Raymond Coll, der unseren Einsatz von der Jolle aus verfolgt hat, versucht uns vom Riff abzuholen. Auch er wird von den Brechern umgeworfen. Wir fürchten, dass der Hai noch umherstreift und sich mit dieser leichten Beute Genugtuung verschafft. Doch wir bergen beides – das Boot und Coll – in annehmbarem Zustand. Die Heimkehr auf die *Calypso* ähnelt Napoleons Rückzug aus Russland. Der Schiffsarzt flickt uns stundenlang zusammen, näht, bepinselt mit Jod, verbindet.

Die Lehre, die der Pascha aus diesem Abenteuer zieht, lautet, dass wir eine verblüffende Bildfolge hätten aufnehmen können, wenn wir eine Kamera dabeigehabt hätten.

Die *Calypso* fährt weiter ins Rote Meer hinein. Die Ufer des Golfs von Sues bieten einen faszinierenden Kontrast: Versunken betrachte ich zusammen mit Louis Malle, dem Pionier der bewegten Bilder, wie das Blau des Meeres mit den warmen Farben des Festlandes harmoniert. Er ist ein Mann des Films und hat einen Blick dafür. Ich habe ihn gebeten, mir die Handhabung der Filmkamera zu erklären. Er tut das mit rührender Liebenswürdigkeit. Louis Malle lernt später tauchen, um den Film „Die schweigende Welt“ zu drehen, der ihm 1956 zusammen mit Kommandant Cousteau beim Festival von Cannes eine Goldene Palme und im Jahr darauf in Hollywood einen Oscar eintragen wird. Später erbrachte er ebenso eindrucksvolle, intellektuelle

Pionierleistungen mit Filmen wie „Fahrstuhl zum Schafott“, „Herzflimmern“, „Lacombe Lucien“ oder „Auf Wiedersehen, Kinder“.

An diesem Abend hat mich Cousteau als Wachhabenden eingeteilt; Louis Malle steht mir zur Seite. Ich gestehe, dass ich mir nicht viel darauf einbilde. Als Steuermann habe ich keine große Erfahrung. Ich möchte in einem Meer voller Riffe keinen irreparablen Fehler begehen. Louis Malle macht mir Mut und versichert mir, dass alles schon glatt gehen werde. In Wahrheit fühlt er sich auch nicht sicherer als ich. Aber meine Wache verläuft bestens, wir lassen die *Calypso* nicht auflaufen und bringen sie sogar dahin, wohin sie soll…

Die Kreuzfahrt führt uns zu den Zebair-Inselchen. Diese jungen, von grauschwarzen Sandstränden gesäumten Vulkaninseln werden allmählich von Korallen besiedelt. Kommandant Cousteau manövriert sein Schiff zwischen zwei Basaltkegeln hindurch. Wir lassen ein Beiboot zu Wasser, landen und erforschen das Eiland. Es ist ein paar Kilometer lang, doch es gibt hier so gut wie keine Pflanzen oder Landtiere. Dafür ein Gewimmel von Seevögeln. Wir lassen uns in kristallklares Wasser fallen. Schon jetzt ist der Meeresboden von verschiedensten Korallenarten und -formen überzogen. Schwämme, Seeanemonen, Hornkorallen, Moostierchen, Würmer, Mollusken, Krebse, Seeigel und Seesterne bilden ein komplexes und überwältigendes Ökosystem.

Wir tauchen bis zu einem Felsabsatz in 35 Meter Tiefe hinunter. Frédéric Dumas ist vor mir. Ein Weißspitzen-Hochseehai schwimmt spielerisch auf mich zu; er kommt bis auf einen Meter an mich heran. Ich stoße ihm die Haigabel gegen den Schädel, worauf

▲ **Der Manta oder Teufelsrochen ist trotz dieses Namens völlig harmlos. Er lebt von Plankton und Kleinfischen, die er mit den beiden Flossen, die vorn aus dem Kopf ragen, in sein Maul dirigiert.**

er flüchtet. Unter mir hat Frédéric mit zweien dieser Haie zu tun, dann mit dreien, dann vieren. Na wunderbar! Es geht schon wieder los! Als ich mich gerade zur Vorsicht mahne, verschwinden die Haie plötzlich, und aus der Tiefe taucht ein Phantom mit weißem Bauch und dunkelblauem Rücken auf. Ein Teufelsrochen! Er misst mehr als fünf Meter von einer Flossenspitze zur anderen und wiegt sicher fast zwei Tonnen. Eines der kraftvollsten Meerestiere. Vielleicht das schönste. Er schwebt im blauen Azur und schlägt langsam mit seinen riesigen Flossen. Vor dem Maul hat er zwei so genannte Kopfflossen. Sein zwei Meter breites Maul könnte mich verschlingen, aber der Riesenrochen begnügt sich mit Plankton und kleinen Fischen von Sardinengröße.

Wir fahren nach Südosten. Das Rote Meer verzaubert mich; ich möchte Wochen darin verbringen, manche Riffe von Anfang bis Ende erforschen. Kommandant Cousteau versichert mir, das komme noch. Aber diesmal hat die *Calypso* einen anderen Auftrag, und zwar im Persischen Golf.

Kurz vor Dschibuti, wo wir anlegen wollen, reiten wir einen Sturm von unerhörter Stärke ab. Doch unser umgebauter Minenräumer hat schon allerhand hinter sich. Spanten und Beplankung sind sehr massiv. Er hält Kurs.

Der Geruch des Erdöls

In Toulon haben wir ein Gravimeter, einen Probebohrer und weitere wissenschaftliche Ausrüstungsgegenstände zur Untersuchung von Meeressedimenten an Bord genommen. Die Darcy Exploration Company, eine Tochtergesellschaft der British Petroleum (BP), hat uns mit einem geologischen Auftrag entsandt; ihre Ingenieure vermuten, dass Erdöl- oder Erdgaslagerstätten unter dem Persischen Golf liegen. Wir sollen den Nachweis liefern, dass diese Kohlenwasserstoffe kein Hirngespinst sind. Im Jahre 1954 ist der Golf noch ein Meer ohne große geostrategische Bedeutung.

Wir fahren die Südküste des Emirats von Oman entlang. Plötzlich lässt rings um die *Calypso* herum eine Schar Delphine das Meer aufschäumen. Sie springen und schlagen Purzelbäume. Sie überholen uns mit hoher Geschwindigkeit. So viele auf einmal habe ich noch nie gesehen. Zweitausend? Dreitausend? Ich weiß, dass sich diese Kleinwale gern zu großen Scharen zusammenfinden – aus unbekannten Gründen. Aber ich hatte keine Ahnung, dass das in so dichter Masse geschehen kann.

Am 5. Februar morgens nimmt die *Calypso* wieder Kurs nach Norden, durchquert den Golf von Oman und passiert die Meerenge von Hormus. An Backbord ragen die grandiosen gelben und kahlen Felsküsten der Halbinsel Musandam auf. Ein Steinmonument. Wir ankern für den Tag auf der anderen Seite des Kaps, an der Elphinstone-Bai, angeblich einer der heißesten Flecken der Erde. Am Ende der gewundenen Einfahrt erkennen wir am Strand ein paar Fischerhütten. Wir fahren in Jollen heran, landen aber nicht, sondern winken den Dorfbewohnern nur von fern zu.

Tags darauf kommen die Eingeborenen in ihren Holzbooten von selbst auf die

Calypso zu. Vom Kommandanten Cousteau eingeladen, steigt das Haupt der Gruppe an Bord. Madame Cousteau hat ihren Badeanzug mit einem langen Kleid vertauscht und ihr blondes Haar unter einem Kopftuch verborgen.

Unsere Besucher bedeuten uns, dass sie kein Süßwasser mehr haben und der Weg zum nächsten Brunnen sehr weit sei. Wir schenken ihnen Trinkwasser. Sie laden uns ihrerseits in ihr Lager ein und bieten uns Tee an. Sie ernähren sich fast ausschließlich von Fisch und salzen einen Überschuss für schlechte Zeiten ein. Sie sammeln auch Schalentiere. Zu manchen Jahreszeiten angeln sie Haie. Wenn sie Glück haben – großes Glück –, orten sie einen Dugong (auch Seekuh genannt) und können diesen großen Meeressäuger harpunieren, der mehr als 400 Kilogramm wiegen kann – für sie ein Festmahl.

Das sind die Verhältnisse im Jahr 1954. Große Öltanker fahren noch nicht durch die Straße von Hormus. Niemand weiß, dass das Gestein unter dem Meeresboden von Dubai, Abu Dhabi und Bahrain wie ein Schwamm voller Kohlenwasserstoffe steckt. Erst wir werden diesen Reichtum entdecken.

◀ Eine Gruppe Delphine tummelt sich vor dem Bug eines fahrenden Schiffes. Diese freundlichen Geschöpfe sammeln sich oft zu enormen Schwärmen oder „Schulen“ von Hunderten, manchmal Tausenden von Tieren.

Am 12. Februar, nachdem Kommandant Cousteau dem Emir von Abu Dhabi einen feierlichen Besuch abgestattet hat, fängt die *Calypso* mit ihrer ersten Messreihe an. Der ausgewählte Ort ist die Insel Dasa westlich von Abu Dhabi. Wir müssen in diesem Teil des Golfs insgesamt 400 wissenschaftliche Messstationen aufsuchen. Immer wieder lassen wir unser Gravimeter ins Wasser; auf den Meeresgrund abgesackt, ermittelt das Instrument Schwerkraftanomalien, von denen manche Lagerstätten von Erdöl oder Erdgas anzeigen. Wir setzen auch unseren Probebohrer ein. Dieses Rohr, normalerweise von einem stählernen Bohrturm aus betrieben, ist hier am Kran der *Calypso* montiert. Es bohrt sich in den Untergrund, um Gesteinsproben zu entnehmen. Beim ersten Versuch wird unser Gerät zu einer Ziehharmonika gestaucht. Die Bordmechaniker reparieren es den ganzen Nachmittag. Am nächsten Tag dasselbe Missgeschick... In dieser Gegend scheint der Meeresboden sehr hart zu sein!

Die Operationen zur Entnahme von Proben des Meeresbodens laufen an den Folgetagen besser – bis sich ein wütender Sandsturm erhebt, der unser Schiff herumwirft und jede weitere Probenentnahme unmöglich macht. Kommandant Cousteau schickt Tauchermannschaften hinunter, um Gesteinsproben mit dem Geologenhammer zu holen. Das ist schwere Arbeit. Haie, von der Bewegung im Wasser angezogen und umso gefährlicher, als sie in dem von aufgewirbelten Sedimenten getrübten Meer fast unsichtbar sind, ziehen immer engere Kreise. Wir haben uns mit einem Haiabwehrkäfig versehen. Diesen verankern wir und flüchten hinein, sobald die Haie aufgeregter wirken als üblich.

Noch beängstigender als die Haie sind die Wasserschlangen. Diese Reptilien schlängeln zahlreich in den lokalen Gewässern herum. Sie sind schön mit ihrem großen, vertikal abgeplatteten Schwanz und ihrem silberfarben und kohlschwarz geringelten Leib. Aber diese Wassertiere sind hochgiftig. Mit Giftzähnen im Oberkiefer injizieren diese Nattern ein viel stärkeres Gift als ihre engen Verwandten, die Indischen Kobras. Glücklicherweise sind sie nicht aggressiv, und ihr kleines Maul eignet sich nur dazu, Fische zu beißen. Aber wer weiß? Ein Unfall ist schnell geschehen. Sie schlängeln sich überall durch, auch zwischen den Stäben des Haiabwehrkäfigs.

Unsere Ölsuche geht voran. Kommandant Cousteau ist immer mehr überzeugt, dass der Untergrund voller Erdöl und Erdgas steckt. Aber das Ganze hat auch seine Kehrseite: Was wird aus der bisher noch intakten Umwelt des Golfs, wenn die großen Erdölgesellschaften Bohrtürme und Bohrplattformen errichten und der Golf täglich von Dutzenden riesiger Tanker durchpflügt wird? Das ewige Dilemma der Wissenschaft. Erkenntnisse müssen publik werden, denn sie gehören der ganzen Menschheit. Das Problem ist, dass manche Menschen diese Erkenntnisse rücksichtslos für ihren Profit nutzen und dabei die Vernichtung anderer Menschen oder der Natur in Kauf nehmen.

Der 16. März wird für mich ein schlechter Tag. Ich entdecke einen Schwarm prächtiger Großmakrelen. Diese mehr als meterlangen Fische schmecken köstlich. Der Schiffskoch hätte gewiss nichts dagegen, wenn ich eine fürs Abendessen fange. Es gelingt mir, einen der Fische zu harpunieren. Das Tier wehrt sich heftig. Ich will sein Leiden abkürzen und steche es mit dem Tauchermesser in den Kopf. Doch die Klinge rutscht ab und schneidet in den kleinen Finger meiner linken Hand bis auf den Knochen. In den einzigen Finger, der nach meinem Unfall beim Minenräumen an

Der Verfasser, jetzt voll ausgebildeter Seemann, bestimmt mit dem Sextanten die Position der *Calypso.*

meiner armen linken Hand noch unversehrt ist. Blut strömt ins Wasser. Die Haie, die am Rand des Blickfeldes träge kreisen, nehmen die Witterung auf. Ich flüchte mich schleunigst in die Jolle. An Bord der *Calypso* näht der Arzt meine Wunde, so gut es geht. Ohne Betäubung. Aber schlimmer ist, dass die Sehne durchtrennt ist. Ich irre wie eine verlorene Seele auf dem Schiff herum.

Mehrere Tage lang kann ich mit meinem riesigen Verband nicht mehr tauchen. Kaum hat sich die Schnittwunde geschlossen, stelle ich mich taub für die Empfehlungen des Arztes und kehre zu meinen Freunden unter Wasser zurück.

Einer der Schätze des Golfs, der noch vor dem Erdöl die Emire von Abu Dhabi, Katar und Bahrein reich machte, ist die Perlmuschel. Auf manchen Meeresböden, wo wir unsere geologischen Proben entnehmen, bedecken Echte Seeperlmuscheln zu Tausenden den Meeresboden. Bei einer Audienz hat der Scheich von Abu Dhabi Kommandant Cousteau das feierliche Versprechen abgenommen, dass wir sie nicht anrühren werden. Der Pascha hat es geschworen. Aber wie sollen wir widerstehen? Wir sammeln jeden Tag eine oder zwei dieser Schalentiere auf und verstecken sie in der Badehose. Wenn Cousteau uns den Rücken kehrt, machen wir sie auf und sehen nach. Keiner von uns findet eine Perle – mit Ausnahme von Bootsmann Albert Raud. Er sollte eine sehr schöne Perle finden – eine einzige: sehr groß, von hervorragendem Luster und birnenförmig. Er lässt sie für seine Braut in einen Ring fassen. Aber er behält sein Geheimnis für sich – Sultane haben ein feines Gehör.

Hier im Persischen Golf endet meine Lehrzeit als Seemann. Fortan kann ich an Bord alles selbstständig erledigen. Ich lege den Kurs fest, trage unsere Route auf der Karte ein, benutze das Radar, schiebe meine Brückenwachen und steuere die *Calypso* über Untiefen. Wenn nötig, springe ich bei anderen Arbeiten ein; ich helfe beispielsweise dem Maschinisten. Wie alle Seeleute neige ich dazu, dieses Schiff für ein Lebewesen zu halten, für einen großen beruhigenden und schützenden Organismus, der mich nährt und wärmt, fährt, wohin ich will, und auf Fingerdruck gehorcht. Die *Calypso* ist meine Welt geworden.

Meeresbösewichte

Der Ruf der Haie als Bösewichte der Unterwasserwelt könnte nicht schlechter sein. Dabei ist von den rund 300 Haiarten, die die Ozeane bevölkern, nicht einmal jede zehnte für den Menschen gefährlich. Vor dem Weißen Hai, bezeichnenderweise auch Menschenhai genannt, sollte man sich freilich in Acht nehmen. Ihm sind schon viele Menschen zum Opfer gefallen.

Doch unter dem Meeresspiegel lauern auch andere Gefahren, oft in unscheinbarer Gestalt, wie bei der Seewespe, einer Qualle, deren glockenförmiger Schirm meist nur etwa zwanzig Zentimeter groß ist. Ihr Gift kann jedoch einen Menschen in wenigen Minuten töten. Kaum größer (und ebenso gefährlich) sind zwei in australischen Gewässern beheimatete Tintenfische: Sie scheiden ein Gift aus, von dem ein Tropfen sieben Menschen lähmen kann. Und verschiedene Seeschlangenarten besitzen die stärksten Schlangengifte der Welt – stärker als das der Königskobra.

Als giftigster Fisch der Welt gilt der Steinfisch, und er ist zugleich ein Meister der Tarnung, denn er passt sich in Form und Farbe dem Korallenriff vollkommen an. Wenn man auf ihn tritt, spritzt er durch Furchen in seinen Rückenstacheln ein starkes Gift, das zuweilen tödlich wirkt. Sehr schmerzhaft kann auch die Begegnung mit einem Seeigel oder einem Stachelrochen sein. Nach Möglichkeit gehen die Meerestiere dem Menschen jedoch aus dem Weg.

Die geringe Größe der Seewespe täuscht. Diese „Feuerqualle" scheidet ein starkes Gift aus, das einen Menschen töten kann. ▼

▲ Ein Weißer Hai, der für den Menschen gefährlichste aller Haie, nähert sich einem in einem Stahlkäfig vor Angriffen geschützten Taucher.

◀ Trotz ihres Stachels sind Stachelrochen nicht sonderlich aggressiv. Der bei manchen Arten giftige Stachel wird nur als Abwehrwaffe eingesetzt.

Diadem-Seeigel auf einer Seegraswiese am Grund des Karibischen Meeres: Der Kontakt mit den langen Stacheln kann sehr schmerzhaft sein. ▼

▲ Der Steinfisch, getarnt als korallenüberkrusteter Felsbrocken, lauert auf Beute. Kommt ein geeignetes Opfer in die Nähe, reißt er blitzschnell den Rachen auf und verschlingt es. Seine Rückenflosse trägt Stacheln, deren Gift für Menschen tödlich sein kann.

◀ Alle Schlangen sind gute Schwimmer, doch die Seeschlangen verbringen ihr ganzes Leben im Meer. Sie jagen Fische und kommen zum Atmen an die Oberfläche. Manche Arten sind hochgiftig, doch sie beißen glücklicherweise nur selten einmal zu.

DER TRIUMPH VON CANNES

▲ Meeresschildkröten kommen nur zur Eiablage an Land. Sie sind gewandte Schwimmer, bewegen sich aber auf festem Boden mit ihren Flossen nur unbeholfen fort.

Nachdem unsere geologische Forschungsfahrt beendet ist und unsere Bodenproben ordentlich zur Untersuchung an die Analytiker in den Labors von British Petroleum verschickt sind, passieren wir wieder die Straße von Hormus. Wir laufen auf den Indischen Ozean hinaus, nehmen Kurs auf die Seychellen.

Auf hoher See begegnen wir einer kleinen Herde Finnwale. Wir können uns den Riesentieren nähern, ohne sie zu erschrecken. Sie schwimmen träge dahin, und einer davon tut uns den Gefallen, uns mehrere Minuten anzusehen. Abends entdecken wir einen weiteren dieser Wale, der regungslos an der Meeresoberfläche liegt. Wir lassen ein Schlauchboot zu Wasser und nähern uns vorsichtig – nur mit Paddeln. Von seinem riesigen Leib ragt nur die sichelförmige Rückenflosse aus dem Wasser. Wir sehen seine Atemlöcher, die sich auftun, um die verbrauchte Luft abzublasen und frische Luft einzusaugen; dann schließen sich die Nüstern, und der Schädel des Riesen sackt unter Wasser. Eine Minute später taucht die Atemöffnung wieder auf. Pst! Der Wal schläft! Wir entfernen uns paddelnd, gewissermaßen auf Zehenspitzen.

Wir laufen in einen Hafen der Insel Mahé ein, wo wir Station machen. Die Seychellen vor der Ankunft der Touristen: eine wahre Pracht! Wenn der Begriff Paradies auf Erden etwas zu bedeuten hat, dann hier. Niemand kann die Schönheit dieser Koralleninseln beschreiben, die nur wenig über das türkisfarbene und tiefblaue Wasser ragen und eine Bürstenfrisur aus grünen Kokospalmen zu tragen scheinen.

Hier tauchen wir in ein regelrechtes Aquarium hinab. Korallenbüsche und -blöcke, Schwämme aller Farben und Formen bilden die Kulisse für Armadas von Bartwürmern, Muscheln, Meeresschnecken, Seesternen und Seeigeln. Und die Vielfalt an Farben, Mustern und Arten scheint bei den Fischen grenzenlos.

Auf Mahé nehmen wir zwei Männer an Bord, die per Flugzeug zu uns gekommen sind: Gustave Charbonnier, Professor im Naturkundemuseum von Paris, und den amerikanischen Schriftsteller James Dugan, der unsere Arbeit aufzeichnen und sein Werk mit hervorragenden Tuscheskizzen und Aquarellen schmücken wird.

Dann nehmen wir Kurs auf Madagaskar, wo wir unsere Lebensmittel und unseren Dieselkraftstoff ergänzen. Danach geht es weiter nach Aldabra.

Die drei einsamen Inseln Assumption, Cosmoledo und Aldabra gehören zu den Seychellen, aber sie liegen rund tausend Kilometer südwestlich von Mahé, unweit der Inselgruppe der Komoren. Aldabra umschließt eine grüne, flache und algenreiche Lagune. Es ist ein Atoll, das kaum über das Meer hinausragt und mit einer dichten Vegetation von Mangroven- und Keulenholzbäumen bewachsen ist – dazwischen ein paar Kokospalmen. Ziegen weiden dort: sie wurden einst von arabischen Seefahrern ausgesetzt. Aber das verblüffendste Tier der Insel ist die Riesenschildkröte, eine Land-

◀ **Tropisches Bilderbuchidyll: die palmengesäumte Küste der Seychelleninsel Mahé**

schildkröte. Ein seltsames, prähistorisches Schuppenreptil. Wir beobachten einige Exemplare. Sie wiegen mehr als zweihundert Kilogramm und müssen bis zu anderthalb Jahrhunderte alt sein. Ihr dunkelbrauner, über ein Meter langer Panzer besteht aus großen, glänzenden, vieleckigen Platten. Ihre krallenbesetzten Beine erinnern an Baumstämme mit Wurzeln. Der Kopf, der am Ende eines überlangen Halses mit pergamentartiger Haut sitzt, mündet in einen starken „Schnabel". Die Riesenschildkröten von Aldabra sind Pflanzenfresser. Weil ihr Fleisch nicht besonders gut schmeckt, werden sie selten gejagt. Bedroht werden sie aber von den wilden Ziegen, die ihnen einen Teil ihrer Nahrung wegfressen, und von den Ratten, die ihre Eier rauben.

Mindestens zwei Arten von Meeresschildkröten besuchen ebenfalls die Insel Aldabra: die Suppenschildkröte und die Karettschildkröte. Im Gegensatz zur Landschildkröte wird ihnen unbarmherzig nachgestellt. Der ersten ihres Fleisches wegen, der zweiten wegen ihres kostbaren Schildpatts. So schwerfällig und linkisch die Landschildkröten in der Fortbewegung sind, so flink und elegant sind ihre Verwandten im Meer. Wir tauchen mit ihnen, folgen ihnen bis auf den Grund. Sie verweilen dort manchmal mehr als eine Stunde, ohne zum Luftholen aufzutauchen. Wir nähern uns ihnen, berühren ihren Panzer oder ihre großen, schuppigen Flossen. Sie sind nicht aggressiv, dennoch könnten sie uns mit einem einzigen Biss ihres riesigen Hornkiefers den Arm abtrennen.

Bei anderen Ausflügen umrunden wir das Reservat von Aldabra zu Fuß. Die Fregattvögel überschütten uns mit Schmähungen, wenn wir uns ihren Nestern nähern. Es sind die schnellsten Seevögel. Sie schaffen Sturzflüge mit einer Geschwindigkeit von 300 Kilometern pro Stunde. Der Fregattvogel macht sich nicht die Mühe zu fischen; er wartet, bis ein Vogel einer anderen Art von der Arbeit kommt, und nimmt ihm im Flug die Beute ab – indem er ihn zum Auswürgen zwingt.

Wir lassen Aldabra hinter uns und laufen Anjouan auf den Komoren an, wo uns Professor Millot erwartet. Er ist spezialisiert auf den Quastenflosser, dieses lebende Fossil, das an manchen Orten des Indischen Ozeans zwischen 200 und 800 Meter Tiefe vorkommt. Seine auf Stummeln sitzenden Brust- und Bauchflossen ähneln Armen und Beinen; sein Schwanz ist wulstig, und er verfügt über eine rudimentäre Lunge. Früher kannte man solche Lebewesen nur als Fossilien. Aber 1938 fingen Fischer in den Gewässern der Komoren einen solchen „Urfisch", und ein Wissenschaftler hatte das Glück, ihn untersuchen zu können. Diese Entdeckung hatte eine Revolution in der Paläontologie zur Folge. Von Professor Millot geführt, umfahren wir die Inselgruppe. Wir nehmen in die Tiefen, in denen sich das Tier aufhält, die von Professor Edgerton speziell entwickelten Fotoapparate mit: vergebliche Liebesmühe! Die lebenden Fossilien zeigen sich nicht.

Schließlich müssen wir nach Frankreich zurück. Ich kehre mit dem Gefühl nach Marseille heim, dass ich viel gelernt habe und noch mehr lernen muss.

Ein lebendes Fossil

Vor der Ostküste Südafrikas ging im Dezember 1938 ein sonderbarer Fisch mit großen stahlblauen Schuppen und kräftigen, beinähnlichen Hinterflossen ins Netz. Der Ichthyologe (Fischkundler) J. L. B. Smith, der ihn in Augenschein nahm, staunte nicht schlecht, als er in dem anderthalb Meter langen, etwa einen Zentner schweren Geschöpf einen Quastenflosser erkannte, eine Fischart, die bereits im Erdaltertum vor 350 Millionen Jahren erschienen war und seit 65 Millionen Jahren als ausgestorben galt!

▲ **Ein seltener Anblick: ein Quastenflosser in seinem natürlichen Lebensraum**

Erst 1952 stießen die Wissenschaftler auf ein zweites Exemplar des *Latimeria chalumnae,* dessen Urahnen als Vorfahren aller Landwirbeltiere gelten. Seither sind noch zahlreiche weitere gefangen worden, meist in 80 bis 400 Meter Tiefe bei den Komoren, vulkanischen Inseln zwischen Madagaskar und der ostafrikanischen Küste. Die Insulaner kennen diesen Fisch offenbar schon seit Jahrhunderten, verspeisen den „Combessa" oder freuen sich über die Prämie, die die Regierung des Inselstaats für jeden Fang des begehrten Fischs zahlt.

Leider hat das rege Interesse der Forscher dazu geführt, dass immer mehr Quastenflosser gefangen werden; außerdem wird der Fisch in der chinesischen Medizin geschätzt. Seine Bestände nehmen ab, und es besteht Anlass zur Sorge, dass dieses „lebende Fossil" nun tatsächlich bald aussterben könnte.

Den Rest des Jahres widmen wir dem Mittelmeer: Wir erforschen – mit Echolot, Schleppnetz und Fotoapparat – die so genannte Sizilianisch-Tunesische Schwelle oder Schwelle von Sizilien und unternehmen eine geologische Meeresforschungsfahrt zwischen Nizza und Ajaccio.

Während dieser Forschungsarbeiten wünschen wir uns mehr als einmal, länger und tiefer tauchen zu können. Wie oft hören wir den Pascha dagegen wettern, dass Taucher trotz aller Anstrengungen und allen Muts rasch an ihre Grenzen stoßen. Tiefer als siebzig Meter sind sie kaum mehr leistungsfähig. Sie können nur wenige Minuten arbeiten, da sie lange Dekompressionszeiten einhalten müssen und Gefahr laufen, mehr oder minder schwer vom Tiefenrausch erfasst zu werden. Aber die Meeresböden in hundert, zweihundert, dreihundert Meter Tiefe jenseits der Reichweite der Aqualunge verbergen mit Sicherheit spannende Geheimnisse. Um sie zu erforschen, so beschließt der Pascha, muss ein lenkbares Mini-U-Boot erfunden werden.

Er trägt seine Idee den Ingenieuren des französischen Büros für Unterwasserforschung (OFRS) vor, und die machen sich an die Arbeit. Schließlich präsentieren sie Cousteau ein Modell des künftigen Forschungsgeräts im Maßstab 1:10. Die Drucktests, die im Materialprüfungszentrum des Arsenals von Toulon durchgeführt werden, zeigen, dass die Form auf Anhieb perfekt ist. Es dauert dann aber doch noch mehrere Jahre, bis das Gefährt in voller Größe in der Fabrik und im Meer getestet ist und an die Mannschaft der *Calypso* ausgeliefert wird.

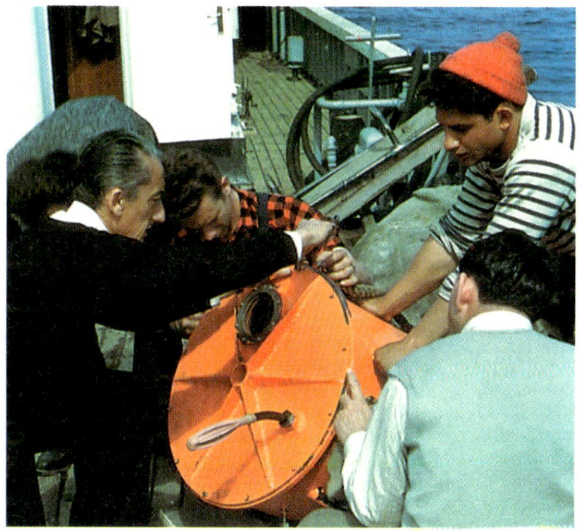

▲ **Der Verfasser (mit roter Mütze) hilft dem Pascha (links) und anderen Crewmitgliedern, den Schutzbehälter der Filmkamera auf Wasserdichtigkeit zu überprüfen.**

Dreharbeiten für „Die schweigende Welt"

Am 8. März 1955 werfen wir die Leinen los, es geht auf zum Drehort des Films, der Berühmtheit erlangen wird: „Die schweigende Welt". Wir nehmen Kurs auf das Rote Meer, denn die Gründe in diesem Gebiet sind außergewöhnlich artenreich. Wir sind davon überzeugt, dass wir dort die schönsten Bilder drehen werden, die jemals vom Leben unter Wasser gemacht worden sind. Aber einen Welterfolg lassen wir uns nicht träumen.

Am 14. März erreichen wir Port Said, am 16. laufen wir ins Rote Meer aus. Wir werden dort von einem Geschwader Fliegender Fische begrüßt. Sie bilden ein wichtiges Glied der Nahrungskette zwischen dem Plankton und den großen Räubern wie Thunfischen, Goldmakrelen und Haien. Wenn sie aufgestört werden, steigen sie zur Wasseroberfläche, entfalten ihre großen Brustflossen und heben ab. So segeln sie einen Meter über der Wasseroberfläche ein paar Dutzend Meter weit. Mit dieser Taktik können sie manchen Räubern entkommen; es ist aber auch möglich, dass der Thunfisch oder Hai ihren Segelflug verfolgt und sie am Ende mit aufgesperrtem Rachen erwartet. Im Allgemeinen fliegen diese Flugfische nicht sehr hoch; aber wenn sie von einem Wogenkamm starten, können sie bis aufs Deck eines Schiffes geschleudert werden. Eines Nachts flog ein solches Exemplar durch ein offenes Bullauge und landete auf der Koje von Raymond Coll – ein glitschiges Erwachen!

Unser erster Auftrag im Roten Meer besteht darin, ein Wrack zu orten, dessen

Ein Napoleonfisch *(Cheilinus undulatus)*, der Riese aus der Familie der Lippfische. Die Taucher der *Calypso* nannten ihn wegen seiner ungeschlachten Gestalt „Lastwagenfisch“. ▶

Vorhandensein Kommandant Cousteau einem Marinedokument entnommen hat und dessen Lage ungefähr bekannt ist – unweit der Südspitze der Halbinsel Sinai bei Ras Mohammed. Wir kreuzen stundenlang mit dem Echolot. Ohne Erfolg. Wir erweitern unseren Suchkreis. Frédéric Dumas unten in der Beobachtungskammer in der falschen Nase der *Calypso* erkennt als Erster die Silhouette der Masten des etwa hundert Meter langen Schiffs. Wir vermerken sorgfältig seine Position; im Detail werden wir es erst auf dem Rückweg untersuchen. Fürs Erste begnügen wir uns mit einem kurzen Erkundungstauchgang, den ich in Gesellschaft von Frédéric Dumas ausführe.

Wir steigen in das klare Wasser hinab. Das Wrack ist noch nicht alt; es wurde während des Zweiten Weltkriegs versenkt. Ein zauberhafter Anblick ... Rumpf, Brücke, Tauwerk, Masten – alles ist mit Algen, Schwämmen, Lederkorallen, Hornkorallen, Seeanemonen und Austern besetzt. Langusten winken mit ihren langen Fühlern unter den Spills hervor. Wrackbarsche patrouillieren in den Laufgängen. Barrakudas hausen in den Kabinen. An Deck und in den Laderäumen finden wir Kriegsmaterial: Kanonen, Maschinengewehre, Waffen und Munition aller Art, dazu Motorräder und Lastwagen.

Am Ende eines Laufgangs stoßen wir auf ein Ungeheuer. Zwei Meter lang, mehr als 150 Kilogramm schwer. Eine hohe Rückenflosse, ein riesiger Kopf mit einem großen Buckel auf der Stirn – wie eine Melone. Das Tier erinnert mich an einen Lastwagen, also nennen wir es fortan auf der *Calypso* „Lastwagenfisch“. Es hat grünliche Schuppen und feine Längsstreifen. Es nähert sich furchtlos und blickt mich durch meine Maske an. Wulstlippen, kleine Augen ... Einen Augenblick später stößt ein Dutzend seiner Genossen zu ihm; sie tanzen eine Art langsamen Walzer um das Wrack. Später finde ich den wissenschaftlichen Namen der Spezies in der Schiffsbibliothek: *Cheilinus undulatus,* der Gigant aus der Familie der Lippfische, der riesenhafte, tropische Vetter der kleinen Lippfische von zehn Zentimeter Länge.

Die *Calypso* steuert weiter ins Rote Meer. Wir machen Station beim Riff von Abu Latt südlich von Dschidda in saudi-arabischen Hoheitsgewässern. Die *Calypso* war dort schon auf ihrer ersten Fahrt im Roten Meer gewesen. Meine Gefährten haben es mir als Unterwasserparadies geschildert, und als wir tauchen, stelle ich fest, dass dies keineswegs übertrieben ist. Im Korallenlabyrinth leben Wolken farbiger tropischer Fische.

Wir lassen Louis Malle alles filmen, was ihm an Stein-, Horn-, Lederkorallen, Garnelen, Porzellanschnecken und vielfarbigen Seesternen vor die Linse kommt. Ich versuche mich hinter der Kamera, filme Schwärme von Riffbarschen und Großaugenbarschen. Beim Aufsteigen erlebe ich fasziniert den Vorbeiflug eines dunkelblauen Geschwaders von einem Dutzend Mantas, von denen der kleinste vier Meter Spannweite hat!

Wir verlassen das Rote Meer und nehmen am 24. März in Aden Trinkwasser, Lebensmittel und Dieselöl auf. Dann gehen wir auf Südkurs in den Indischen Ozean.

Jojo, der Wrackbarsch

Wir nehmen erneut Kurs auf die Seychellen, ergänzen unsere Vorräte auf Madagaskar und steuern dann nach Aldabra. Dort verbringen wir mehrere Tage damit, nicht nur die Riesenschildkröten zu filmen, sondern auch die Vielfalt der Seevögel – Fregattvögel, Tölpel, Tropikvögel, Kormorane und Seeschwalben. Natürlich ist das interessant und lohnend; doch die meisten an Bord, so glaube ich, erinnern sich an eine andere und noch schönere Insel: Assumption. Als der Pascha uns vorschlägt, dorthin zu fahren und Assumption zum Hauptschauplatz unseres Films zu machen, gehen wir begeistert darauf ein.

▲ Kaptölpel surfen auf der Brandung vor der südafrikanischen Küste.

Wir werfen also Ende April Anker im Zaubergarten von Assumption in einem traumhaft blauen Wasser und beginnen fast sofort mit dem Tauchen und dem Filmen. Welch eine wundervolle Welt erwartet uns! Zwei Meter unter der Meeresoberfläche ziehen Schwärme von Kaiserschnappern, Süßlippenfischen, Drückerfischen, tropischen Meerjunkern, Mönchfischen, Fahnenbarschen, Doktorfischen, Kaiserfischen und hundert anderen Arten vorbei – die einen grotesk, die anderen anmutig aussehend, die einen farblich an ihre Umwelt angepasst, die nächsten gemustert wie Harlekine. Diese Lebewesen bevölkern jeden Teil des Meeres, jedes Felsloch, jede Korallennische. Wir schwimmen bis zu einer Fläche hellgrauen Sandes, wo wir merkwürdige Fische sehen, Schlangen ähnlich, die mit dem Schwanz im Meeresboden stecken. Es sind Röhrenaale.

An unserem zweiten Tauchtag haben wir kaum Wasser mit unseren Flossen getreten, als schon ein riesiger Wrackbarsch die Fußsohlen unseres Tauchkameraden und Fotografen Luis Marden beschnüffelt. Der Fisch ist 1,50 Meter lang und wiegt sicher mehr als dreißig Kilogramm. Er ist hellgrau mit großen schwarzen Flecken auf Rücken und Flanken. Mit seinen Wulstlippen, die ihn aussehen lassen, als schmolle er, wirkt er sehr beeindruckend. Nachdem er die Flossen von Luis Marden beknabbert

▲ Zackenbarsch mit charakteristischer punktförmiger Zeichnung. Wie Haie und Muränen zählt dieser Raubfisch zu den Allesfressern des Riffs.

hat, schwimmt er auf Frédéric Dumas zu, der unter Wasser eine Tanzbewegung ausführt. Zu unserer Verblüffung macht sie der Fisch nach. Dumas schlägt einen Purzelbaum – der Wrackbarsch tut desgleichen.

Es ist der Beginn einer unglaublichen Geschichte. Der Fisch, den wir Jojo nennen, wird später zum Filmstar in „Die schweigende Welt"; nach der Verleihung der Goldenen Palme in Cannes wird ein Journalist schreiben, Jojo sei jetzt eine Berühmtheit wie Brigitte Bardot, wenn auch mit ganz anderen Reizen!

Drei Wochen verbringen wir in den paradiesischen Gewässern der Insel Assumption zusammen mit Jojo. Von uns allen versteht sich der Fisch mit Frédéric Dumas am besten. Umgekehrt gilt das auch. Frédéric vergisst nie, einen kleinen Leinensack mit Fleischstückchen mitzunehmen. Diese kleinen Geschenke erhalten die Freundschaft. Der Wrackbarsch nimmt diese Leckerbissen nicht nur an, sondern frisst dem Taucher sogar aus der Hand.

Allerdings zeigt sich Jojo nicht immer so kooperativ. Er ist launisch. An manchen Tagen lässt er sich streicheln, was bei einem wild lebenden Tier äußerst selten ist. Aber an anderen Tagen meidet er uns. Wenn wir ihm nachschwimmen, äußert er seinen Ärger, indem er mit der Schwanzflosse zuckt. Manchmal wird er richtig wütend und erzeugt knallende Geräusche, indem er ruckartig das Maul aufreißt. Wenn er meint, wir gingen zu weit, schießt er mit dem Kopf voraus auf die Objektive unserer Foto- oder Filmapparate zu. Doch kurz darauf wird Jojo wieder das sympathische Wassertier, das wir lieben: gefällig, neugierig und vor den Kameras eitel.

Eines Tages reißt Jojo Frédéric Dumas das Leinensäckchen aus der Hand, in dem das Fleisch ist, und schlingt es hinunter! Das bekommt ihm schlecht. Am nächsten Tag bleibt er in seinem Korallenversteck. Wir statten ihm einen Besuch ab: Er liegt reglos mit dem Bauch auf dem Sand, die Kiemen flattern unregelmäßig. Ganz offensichtlich ist er krank. 24 Stunden später geht es ihm noch schlechter. Am übernächsten Tag glauben wir, dass er am Verenden ist. Der Arzt, der mit uns getaucht ist, diagnostiziert einen Darmverschluss und redet vom Operieren.

Am vierten Tag ist Jojo aus seiner Wohnung verschwunden. Wir suchen ihn fieberhaft. Ich bin schon überzeugt, dass er sich irgendwo auf dem Riff einen Platz zum Sterben gesucht hat, als mich plötzlich jemand von hinten an einer Flosse zieht. Ich wende mich um. Da ist Jojo, gieriger denn je, offenbar in Hochform, und bettelt um seine tägliche Fleischration!

Wieder auf dem Damm, hat der Wrackbarsch überhaupt nichts aus diesem Missgeschick gelernt. Er bekommt die zweite Verdauungsstörung, weil er einen ganzen Barrakuda verschlingt. Sein Magen ist zu kurz, um die Beute ganz zu fassen, und so hängt ihm ihr Schwanz zwei Tage lang aus dem Maul. Unfähig, auch nur eine Flosse zu rühren, erholt sich Jojo in seiner Wohnung von seiner Fressorgie. Am dritten Tag ist der Barrakuda verschwunden; aber Jojo ist so übersättigt, dass er eine Woche lang nichts mehr frisst.

▲ Äquatortaufe auf der *Calypso*: Auf den Neuling, der zum ersten Mal den Äquator überquert, wartet der Gott Neptun mit Krone und Dreizack nebst Gemahlin Amphitrite.

Auf meinen Erkundungsgängen entdecke ich, dass ein Dutzend Schiffshalter sich als blinde Passagiere an die *Calypso* gehängt haben. Ich besuche sie täglich. An den Schiffsrumpf heften sie sich mit ihrer ersten Rückenflosse, die zu einer Saugscheibe mit Querrippen umgebildet ist. Ich zähle sie und merke: Jeden Morgen fehlt einer. Ich lege mich auf die Lauer und ertappe den Schuldigen: einen großen Barrakuda. Dieser Pfeilhecht, der in einem Korallenloch ein paar Kabellängen entfernt haust, hat die *Calypso* als willkommene und gut gefüllte Speisekammer entdeckt. Im Morgengrauen kommt er aus seinem Loch und holt sich sein Frühstück. Schnapp! Ein Schiffshalter weniger... Satt schwimmt er wieder heim. Wir filmen das ebenso wie Jojos Kapriolen, Wutanfälle und Verdauungsstörungen.

Gegen Ende unseres Aufenthalts folgt Jojo uns überallhin. Er treibt das so weit, dass er zum Störfaktor wird: Wir können keine Meergurke oder Nacktschnecke mehr filmen, ohne dass er mit aufs Bild will! An solchen Tagen müssen wir dann ein wenig weiter am Riff entlangschwimmen. Jojo begleitet uns ein Stück. Doch sobald er ungefähr vierzig Meter von seinem Loch entfernt ist, kehrt er um. Das ist die Grenze seines Reichs.

Als wir Assumption endgültig verlassen, um Kurs nach Norden zu nehmen, wird allen das Herz schwer. Niemals zuvor ist ein Fisch derart unser Vertrauter, Spielkamerad und Freund geworden. Noch Jahre später denken die Taucher auf der *Calypso* an ihn und fragen sich, was wohl aus ihm geworden ist.

Das Wrack der *Thistlegorm*

Auf unserer Rückfahrt ins Rote Meer überqueren wir den Äquator. Ich weiss nicht mehr, wie viele „Äquatortaufen" ich mitgemacht habe. Fast alle waren gleich lustig: die Gelegenheit zu einem ausgelassenen Maskenball. Die gestandenen Crewmitglieder verkleiden sich als Götter – ein Neptun mit falschem Bart und Pappkrone, eine Amphitrite (ein Funker oder Schiffskoch, grauenhaft geschminkt), ein paar Tritonen, Piraten und Kannibalen (man fragt sich, was Letztere mit griechischer Mythologie zu tun haben ...). Die Neulinge, die noch nie eine Äquatortaufe mitgemacht haben, werden mit Schmierseife, Maschinenöl und Rasierschaum traktiert. Und es gibt immer die traditionellen Leckerbissen, mit denen die Kandidaten gefüttert werden: frisch gebackene Fastnachtskrapfen – aber mit einer Füllung aus Pfeffer, Senf oder Putzwolle ...

Nach einem kurzen Aufenthalt in Aden nehmen wir Kurs auf die Südspitze des Sinai – auf Ras Mohammed. Der Pascha hat das Wrack nicht vergessen, das dort in dreißig Meter Tiefe liegt. Auch nicht die „Lastwagenfische", die in seinen gähnenden Laderäumen lauern ...

Wir tauchen an der Untergangsstelle des Wracks. Die Eisenteile des gesunkenen Schiffes sind mit Meerestieren bewachsen. Ich tauche den Rumpf entlang hinab, dessen Stahl von einer Explosion zerfetzt und verbogen, aber mit goldgelben Hydropolypen, Spitzendecken von Moostierchen sowie blassrosa- oder malvenfarbenen Kalkalgen bewachsen ist. In Begleitung von Frédéric Dumas schwimme ich zum Bug des Schiffes. Wir entdecken die Ankerkette und den Anker, der zur Hälfte im Sand versunken ist. Dann paddeln wir zur Brücke hinauf. Frédéric Dumas zeigt mir die bronzene Schiffsglocke; er schlägt mit seinem Tauchermesser dagegen und erzeugt unter Wasser einen hellen Ton.

Weltkarte mit Anlaufhäfen der *Calypso* ▼

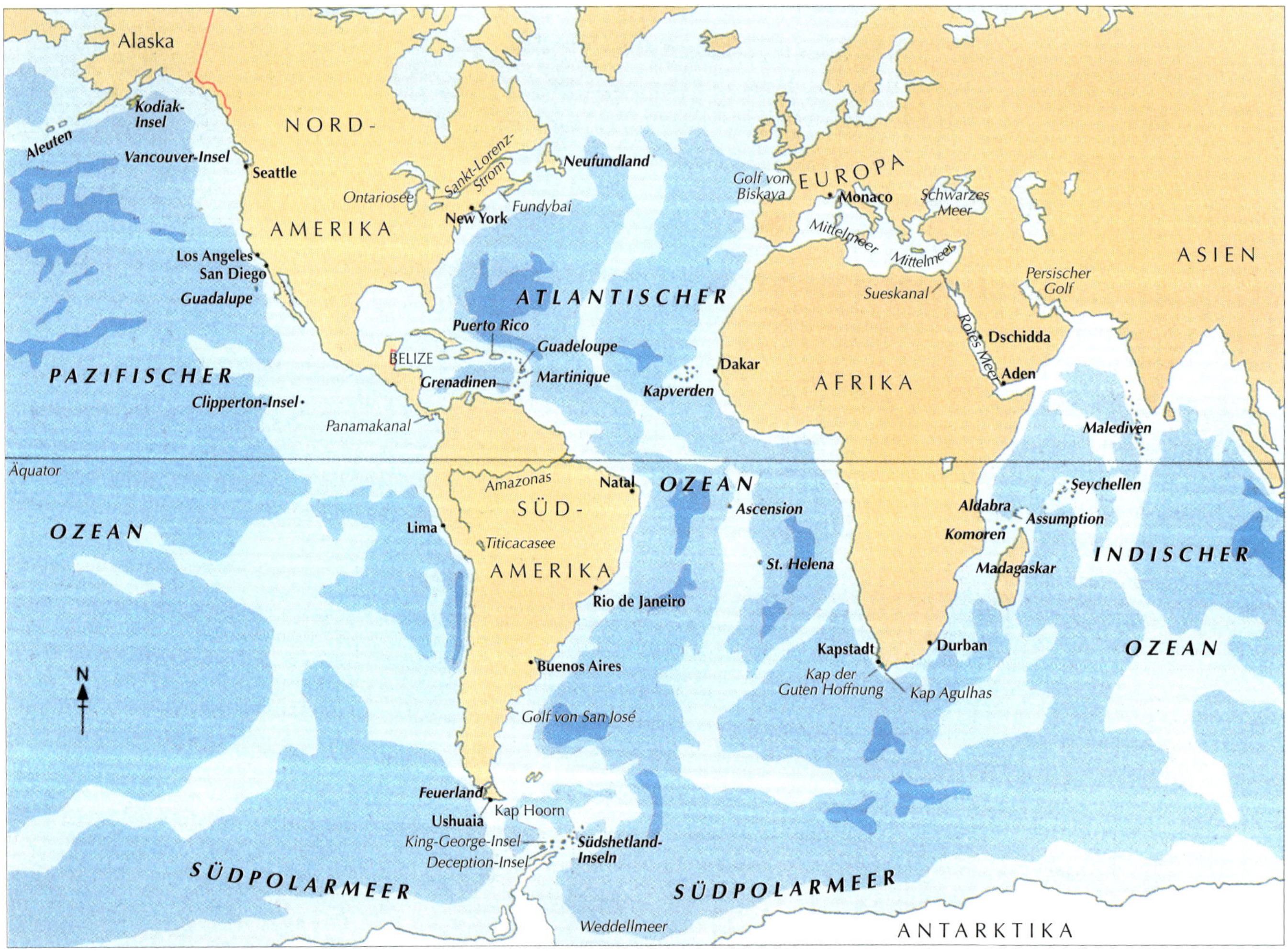

Wir erforschen die Laderäume, in denen ein Durcheinander rostigen, von Meeresorganismen besiedelten Schrotts liegt: Dampflokomotiven, Flugzeugflügel, Motorräder, Lastwagen... Alles ist mit rötlichem Schlamm bedeckt, einer Mischung aus Rost und Sedimenten. Soldatenfische, ebenfalls rötlich, huschen in Munitionskisten.

Den riesigen, grotesken „Lastwagenfischen" mit ihrem Buckel auf der Stirn begegnen wir am Ende des Laufgangs. Sie sind noch genauso riesig, auch immer noch so grotesk. Wir folgen ihnen. Sie führen uns am Heck des Schiffes bis zu den Schrauben. Dann machen sie kehrt und geleiten uns zur Kapitänskajüte, wo wir den Safe knacken. Er enthält einen „sagenhaften" Schatz von zwei kanadischen Dollar und einem Pfund Sterling!

▲ **Dreharbeiten zu „Die schweigende Welt": Cousteaus Kamerateam filmt einen griechischen Helmtaucher in seinem altmodischen Taucheranzug.**

Frédéric Dumas entdeckt in der Kajüte die Bronzeplakette mit den eingravierten Werftdaten. Nachdem er sie sauber gekratzt hat, lesen wir: JOSEPH L. THOMPSON & SON LTD. und die Wörter NORTH SOUNDS NR. 599 und 1940 – SUNDERLAND. Nach der Rückkehr stellen wir in Marseille Nachforschungen im Marinearchiv an und können das Wrack identifizieren. Es ist der britische Kriegsfrachter *SS Thistlegorm,* 10000 Bruttoregistertonnen, beladen mit Lastwagen, Lokomotiven, Flugzeugteilen, Motorrädern, Bomben, Minen, Torpedos und Kleinmunition, der bei einem deutschen Luftangriff am 6. Oktober 1941 versenkt wurde. So enden Kriegskatastrophen: in den wallenden Tentakeln von Seeanemonen und dem gleichgültigen Dahinschwimmen von Trompetenfischen.

Bald darauf passieren wir den Sueskanal und fahren auf das Mittelmeer hinaus mit Kurs auf die Küste Kretas. Wir legen in Agios Nikolaos an, einem kleinen Hafen an der Nordostküste Kretas. Hier will der Pascha Schwammtaucher filmen, die im Helmskaphander hinuntergehen. Die Taucher, die hier arbeiten, haben Spitzgattboote. Wenn sie über der Stelle sind, wo sie Schwämme sammeln wollen, lassen sie sich in ihren Lederkombinationen ins Wasser fallen, ihre Luftschläuche hinter sich herziehend, über den Kopf einen altertümlichen Metallhelm mit Bullaugen gestülpt. Trotz dieser Rüstung – und den Bleisohlen – bewegen sie sich auf dem Grund ziemlich schnell vorwärts; doch das Risiko von Über- oder Unterdruck ist groß. Wenn sie einen Schwamm entdecken, reißen sie ihn mit einer Eisengabel los und stecken ihn in einen Sack.

Der Helmtaucher, den wir am häufigsten filmen, ist ein Riese von zwei Meter Größe – ein prächtiger Bursche. Die physiologischen Gesetzmäßigkeiten des Tauchens kennt er genauso wenig wie seine Kollegen. Von Dekompressionstabellen hat er noch nie gehört. Er taucht nach Lust und Laune. Er weiß nur, dass er nicht zu lange unter Wasser bleiben und auch nicht zu tief hinunter darf.

Am Abend bewirten uns die urwüchsigen Helmtaucher von Agios Nikolaos im Dorf mit Retsina, einem geharzten Wein, der zu Kopf steigt. Sie haben guten Grund zu trinken, denn sie wissen, dass ihre Unterwasserausflüge gefährlich sind. Im Laufe der Jahre sind etliche ihrer Freunde beim Tauchen ertrunken oder nach dem Heraufkommen gelähmt geblieben.

Das Filmfestival von Cannes

Am 27. Juni 1955 beenden wir um 15 Uhr unsere Kreuzfahrt für „Die schweigende Welt" in Marseille. Nach 15000 Seemeilen und sechs Monaten sind unsere Dreharbeiten endgültig abgeschlossen.

Aber die *Calypso* bekommt keine Ruhe. Am 11. Juli 1955 brechen wir schon zu einer meereskundlichen und biologischen Studienfahrt ins östliche Mittelmeer auf.

▲ Taucher mit Phosphorfackeln sorgen für Kameralicht bei den Dreharbeiten für den Film „Die schweigende Welt".

Wir führen Hunderte wissenschaftlicher Versuche durch, bei denen wir Probenentnahmen von Meerwasser, Sedimenten, Plankton usw. mit Direktbeobachtungen beim Tauchen verbinden. Vor dem Peloponnes lassen wir an einem Stahlkabel einen Fotoapparat hinunter, mit dem wir die ersten Aufnahmen vom Boden des Grabens vor Kap Tainaron machen – der mit 5115 Metern tiefsten Stelle des Mittelmeers.

Am 28. April 1956 läuft die *Calypso* im Triumph in den Hafen von Cannes ein, wo die Jury des Festivals unserem Film „Die schweigende Welt" die Goldene Palme verliehen hat. Damals waren wir überrascht, aber rückblickend scheint mir nichts verdienter als diese Auszeichnung. Mit diesem Film hat der Pascha den Menschen auf fünf Kontinenten gezeigt, dass es noch einen sechsten Kontinent gibt – einen Kontinent, wasserbedeckt, blau, von mal karger, mal üppiger Schönheit, mit wimmelndem Leben und wunderbaren, grotesken, unvergesslichen Wesen.

Gefährliche Gewässer

▲ Er trägt einen treffenden Namen – der Viperfisch, eines der vielen albtraumhaften Wesen, die in der nachtschwarzen Tiefe der Ozeane wohnen.

Im Herbst des Jahres 1956 führen wir einige kleinere Forschungsarbeiten durch, während wir darauf warten, dass unser neues Tauchfahrzeug fertig gestellt wird – die „tauchende Untertasse". Wir untersuchen die Flora und Fauna der Gewässer Mauretaniens, des Senegal, Guineas, der Elfenbeinküste und Kameruns.

Kurs Westsüdwest. Wir drehen 800 Seemeilen von der afrikanischen Küste bei, über einem der tiefsten Tiefseegräben des Atlantiks: dem Romanchegraben, 7601 Meter. Wir werden ein Experiment versuchen: an dieser Stelle zu ankern. Es wird der tiefste Ankerplatz sein, seit der Mensch das Schiff erfunden hat. Unser von André Laban speziell entwickelter Anker besteht aus einem Ballastgewicht von einer Vierteltonne, einer dreißig Meter langen Kette, mit einem fünfzig Meter langen Stahlkabel; das Ganze hängt an einem Nylontau von sechs Millimeter Durchmesser und 10 000 Meter Länge, das von einer großen Rolle abgewickelt wird, die am Kran der *Calypso* hängt. Langsam, ganz langsam läuft das Tau aus. Es dauert volle zweieinhalb Stunden, bis der Anker den Grund des Romanchegrabens erreicht!

Professor Harold E. Edgerton nutzt das Nylonkabel, um einen kleinen Aufzug zu installieren und einen seiner Fotoapparate mit Elektronenblitz auf den Meeresgrund zu schicken. Auf diese Weise erhalten wir die ersten Bilder eines Tiefseegrabens und der dort lebenden Tiere: wenigen Zylinderrosen, Seelilien, Asselspinnen, seltenen Fischen... Gerade als Professor Edgerton begeistert seine auf der Welt einmaligen Fotos betrachtet, erhalten wir über Funk die Nachricht, dass der älteste Sohn des Professors beim Ausprobieren einer neuen Sauerstoff-Aqualunge in den Vereinigten Staaten ertrunken ist.

Die Tragödie beendet unsere Fahrt. Wir laufen nach Dakar, wo wir „Papa Blitz" und den Pascha absetzen, der ihn im Flugzeug nach Amerika begleitet. Wir fahren über Funchal auf Madeira nach Marseille zurück.

Einen Monat später nehmen wir die Forschungsarbeit im östlichen Mittelmeer wieder auf, die uns unter anderem nach Beirut führt. Mich beeindruckt die Friedfertigkeit des Landes, in dem christliche und moslemische Glaubensgemeinschaften zwar nicht in gegenseitiger Liebe, aber zumindest vernünftig zusammenleben. Ich verbringe dort unvergessliche Abende. Wer ahnte damals, dass die „Schweiz des Nahen Ostens" eines Tages ein Ort des Hasses und der Maschinenpistolen, ein von Granaten gepflügtes Leidensfeld werden wird?

Wir erscheinen am 29. Oktober 1956 vor Alexandria, am selben Tag, als Frankreich und Großbritannien ihre Fallschirmspringer über dem Sueskanal absetzen, den Oberst Gamal Abd el-Nasser gerade verstaatlicht hat. Wir machen augenblicklich kehrt, laufen äußerste Fahrt voraus und entgehen knapp der Falle.

Aber unsere Probleme sind damit noch nicht vorüber. Auf dem Rückweg in die Ägäis machen wir Halt auf Zypern und müssen feststellen, dass wir dem Krieg immer noch nicht entgangen sind. Die Spannungen zwischen der Türkei und Griechenland haben abrupt zugenommen. Die beiden Länder stehen am Rande eines bewaffneten Konflikts. Wir geraten mit unserem unschuldigen Schiff zwischen Geschwader von Kriegsschiffen und laufen jeden Augenblick Gefahr, für Feinde gehalten zu werden. Weil wir zudem einen griechischen Wissenschaftler an Bord haben, Professor Anastase Christomanos, riskieren wir, von den Türken der Spionage beschuldigt zu werden, wenn es ihnen in den Sinn kommt, uns anzuhalten.

Das wird nicht das letzte Mal sein, dass die *Calypso* ungewollt ihre falsche Nase in Konfliktherde steckt. An Bord sind wir zwar recht gut darin, die Reaktionen von Haien oder Barrakudas vorauszusehen, aber nicht, wenn es um die Gewalttätigkeit der Menschen geht. Tierisches Verhalten lässt sich aus einer begrenzten Anzahl von Reizen ableiten und vorhersagen. Die Gattung Mensch dagegen handelt ohne Logik, unter dem Diktat der Leidenschaft. Sie zeigt genau den unglaublichen Blutdurst, den sie ungerechterweise den Haien und Barrakudas zuschreibt.

„Jetzt reicht's", findet der Pascha. „Wir fahren zurück nach Frankreich."

Wir alle seufzen erleichtert auf, als wir diese gefährlichen Gewässer hinter uns haben.

Der Tod des Delphins

Als die *Calypso* im Juli 1957 in Antibes überholt wird, betraut mich der Pascha mit einem Auftrag, der mich zugleich begeistert und erschreckt. Er möchte, dass ich zwei Delphine einfange, die dem Publikum in einem besonders schönen Becken des Meereskundemuseums von Monaco gezeigt werden sollen.

Heute weiß ich: einen Delphin zu fangen ist ein Sakrileg, eines Tierfreundes unwürdig. Diese geselligen, empfindsamen, intelligenten Kleinwale leiden schrecklich, wenn sie eingesperrt werden. Aber damals wusste die Gemeinschaft der Wissenschaftler und die Besatzung der *Calypso* überhaupt nichts über Delphine. Albert I. von Monaco – der Fürst und Meeresforscher – kannte keine andere Methode, Delphine zu untersuchen, als sie zu harpunieren und ihnen den Bauch aufzuschneiden. Das ist die Situation 1957.

Um die beiden Delphine einzufangen, benutze ich die *Espadon.* Am Bug des Schiffs installiere ich dazu einen Balken, der mehrere Meter über das Wasser hinausragt. Wenn Delphine auftauchen und auf der Bugwelle reiten, lege ich mich darauf und versuche, mit einem Strick mit Slipknoten – eine Art Lasso – einen von ihnen einzufangen. Ein Schlauchboot begleitet mich, in dem das gefangene Tier an Bord gehievt werden soll. Dann geht es auf dem schnellsten Weg zum Museum.

Nach mehreren fruchtlosen Versuchen fange ich ein Männchen. Es wehrt sich, aber viel weniger, als ich angenommen habe. Dann ergibt es sich. Es wirkt wie unter Schock und atmet schwer. Ich habe Angst, dass der Stress tödlich sein wird. Wir fahren so schnell wie möglich nach Monaco zurück. Als wir den Delphin ins Wasser seines Beckens gleiten lassen, geht es ihm so schlecht, dass er sofort wegsackt. Ich tauche, um ihn wieder an die Oberfläche zu holen, und halte ihn lange fest, das Atemloch über Wasser. Als er wieder zu sich kommt, schießt er stracks auf die Wand seines Gefängnisses zu und stößt sich daran halb bewusstlos. Ich halte ihn an der Flosse fest und streichle ihn vorsichtig. Er öffnet ein Auge und zittert. Ich möchte ihn beruhigen und schwimme im Wasser voran; er folgt mir. Ohne die Flosse loszulassen, versuche ich, einmal mit ihm ums Becken zu schwimmen. Ich lasse ihn die Wand mit der Schnauze berühren. Ich muss ihn überzeugen, dass jenseits des Betons kein offenes Meer ist und seine Fluchtversuche vergeblich sind. Ich bin hin- und hergerissen zwischen der Freude, mit einem in der Berührung so angenehmen, so kraftvollen und schönen Tier Umgang zu haben, und dem Kummer, es in seiner Realität zu sehen – als elenden Sträfling, den sein Wärter die Mauer des Kerkers befühlen lässt.

Einige Tage später fange ich ein Weibchen derselben Art ein: *Delphinus delphis*. Ich hoffe, dass meine Gefangenen als Pärchen nicht so unglücklich sind. Aber ach – das Männchen geht nach weniger als einer Woche ein – an Krankheit und Verzweiflung. Das Weibchen erträgt die Haft den Umständen entsprechend. Es gewöhnt sich an mich und wird sogar zutraulich. Morgens, wenn ich komme und es die Tür quietschen hört, stößt es ein Zwitschern, Girren, klickendes Quieken aus, das ich – vielleicht vorschnell – als Freudengeschrei interpretiere. Wenn ich mit ihm tauche, ist das ein Freudenfest. Es wendet sich, schlägt Purzelbäume, springt, reibt sich an meinem Körper und gibt mir liebevolle Nasenstüber.

Wir sollten das Delphinweibchen sechs Monate in seinem Becken halten können. Eines Tages bleibt es bei meiner Ankunft hartnäckig stumm. Trotz meines Streichelns und der schönen Fische, die ich ihm anbiete, weigert es sich zu spielen, sich auch nur zu rühren. Am nächsten Tag finden wir es tot auf.

Für den Pascha ist es das erste und letzte derartige Experiment. „Wenn ich der Direktor des Museums von Monaco wäre“, sagt er wütend, „dann gäbe es kein Delphinbecken. Ich werde das Delphinarium nie billigen.“

Aber nicht alles an dieser Geschichte ist negativ. Im Kontakt mit den Delphinen habe ich Geduld gelernt, Sanftheit, die Langsamkeit der Bewegungen. Die Achtung vor dem anderen, auch wenn es ein Tier ist. Jetzt weiß ich, insbesondere dank der langen Stunden mit dem gefangenen Delphinweibchen, dass jeder Wal Persönlichkeit hat und einzigartig ist und dass er in diesem Sinne genauso viel Rücksicht verdient wie ein Mensch.

Das frei bewegliche Tiefseetauchboot

Für 1958 setzen wir uns zwei Ziele. Wir sind bereit, an Forschungen im Rahmen des Geophysikalischen Jahres teilzunehmen, bei dem Dutzende von Forschungsgruppen aus allen Ländern friedlich zusammenarbeiten. Im Rahmen dieses Programms wollen wir eine neue Methode ausprobieren, den Tiefseeboden zu fotografieren. Außerdem steht ein noch aufregenderes Ereignis an – die ersten Vorversuche mit der „tauchenden Untertasse“.

Inzwischen kenne ich das kleine Tauchboot. Ich habe sogar den Eindruck, dass es für mich gebaut worden ist. Bei seinem ersten bemannten Tauchgang habe ich es gelenkt und hänge sehr an ihm. Seit seiner Indienststellung habe ich es mehr als tausendmal gesteuert und dabei zahllose Wunder beobachten können – unglaubliche Unterwasserlandschaften, groteske Schauspiele, phantastische Lebewesen, Dutzende von Wracks.

Aber jetzt liegt es brandneu und unbenutzt auf dem Deck der *Calypso*: eine grellgelb gestrichene, abgeplattete Kugel mit Weitwinkelbullaugen und einem Greifarm für Probenentnahmen. Angetrieben und gesteuert wird es mit Wasserstrahlen aus zwei Düsen; seine Energie bezieht es aus elektrischen Batterien.

Wir beginnen mit unbemannten Versuchen vor der französischen Mittelmeerküste. Die *Calypso* ankert einige Kabellängen vor der Insel Riou senkrecht über einem Unterwassercañon. Die Untertasse ist für Tauchfahrten bis in 350 Meter Tiefe ausgelegt – das ist mehr als fünfmal so tief, wie Taucher es schaffen. Aber uns liegt viel an einer angemessenen Sicherheitsreserve, und deshalb testen wir die Haltbarkeit des Rumpfs in 400 Meter Tiefe. Wir lassen das Fahrzeug an einem Kabel hinunter. Als wir es wieder heraufziehen, finden wir nicht den kleinsten Tropfen im Innern. Viel versprechend.

Während des Winters installieren wir auf dem Achterdeck der *Calypso* einen starken Kran, mit dem wir das 3500 Kilogramm schwere Unterwasserfahrzeug problemlos zu Wasser lassen und wieder herausholen können.

▲ **Der Verfasser in der Luke der „tauchenden Untertasse", des eigens für die Forschungsarbeiten der *Calypso* gebauten Tauchboots**

Vor der Bucht von Morgiou (neben der von Sormiou gelegen) wollen wir zwei weitere unbemannte Versuche durchführen. Der erste verläuft ohne Zwischenfälle. Den zweiten möchte ich am liebsten vergessen. Beim Heraufziehen des Tauchboots neigt sich die *Calypso* plötzlich zur Seite, wodurch eine zu große Spannung am Tragkabel entsteht: die Trosse reißt. Das gelbe Tauchboot versinkt unwiederbringlich im blauen Meer. Die gerissene Trosse peitscht wie eine wild gewordene Schlange über das Achterdeck; wie durch ein Wunder bekommt nur Raymond Coll etwas ab – eine Abschürfung an der Wange. Die „Untertasse" aber ist im Abgrund versunken. Mit unseren Präzisionsgeräten orten wir sie auf dem Grund in tausend Meter Tiefe. Sie ist nicht mehr zu bergen.

Ich verzichte darauf, unsere Enttäuschung zu beschreiben. Der Pascha lässt uns keine Trübsal blasen; er verabscheut das Wort „Fehlschlag". Er benutzt es nie. Er gesteht nur „Rückschläge" ein – und auch das nur selten. Er versammelt uns in der Messe der *Calypso*, um uns zu verkünden, dass er sofort eine neue Untertasse bauen lassen wird. Wir schwören, dass das zweite Tauchboot das beste der Welt werden wird.

Tauchboote werden nicht von einem Tag auf den anderen gebaut. Während wir auf den Rumpf der neuen „tauchenden Untertasse" warten, die die verlorene ersetzen soll, zeichnet Cousteau Pläne für einen Tiefsee-Fotoschlitten. In Anlehnung an den russischen Schlitten *Troika* genannt, besteht er aus einem Bügel und zwei Holmen. Er ist mit Aufnahmegeräten bestückt (wasserdichte Kameras, elektronische Blitzgeräte) und so ausgelegt, dass er sich nach einem Umkippen unter Wasser durch den Zug des Kabels von selbst wieder aufrichtet und auf seine Kufen zurückfällt. Wir erproben die *Troika* im Mittelmeer: einwandfreie Fotos!

Interessant ist an diesem automatischen Gerät, das vom Schiff an einem Kabel geschleppt wird, dass es Bilder aus großen Wassertiefen liefert, ohne Tauchfahrten eines so komplizierten und teuren Unterwassergefährts zu erfordern, wie es ein Bathyskaph – ein Tiefseetauchboot – ist. Der Tiefseeschlitten kann Fotos bis in achttausend Meter Tiefe machen.

Später, als wir den Atlantik überqueren, nutzen wir die *Troika* für Tausende von Fotografien des Tiefseebodens. Die Bilder halten eine große Überraschung für uns

bereit: Sie zeigen, dass es mitten auf dem Mittelatlantischen Rücken Haufen von so genannter Kissenlava gibt. Das ist der Beweis, dass es in den großen Tiefen aktive Vulkane gibt und dass an der ungeheuren unterseeischen Gebirgskette, die von Norden nach Süden durch den Atlantik verläuft, Magma aus dem Erdinnern quillt. Auf dem Ersten Weltkongress für Meeresforschung in New York begeistert unsere Entdeckung die Geophysiker. Sie unterstützt die Anfang dieses Jahrhunderts von Alfred Wegener formulierte These der Kontinentaldrift.

Im Juli 1959 ist unsere zweite „tauchende Untertasse" fertig. Wir taufen sie im alten Hafen von Marseille mit Champagner, wie es sich gehört, und wagen bei den Îles du Frioul einen Neubeginn. Diesmal sind wir erfolgreich. Wir stellen fest, dass unser zweisitziges Forschungstauchboot ein Wunder ist: tauchfähig bis 350 Meter Tiefe, verfügt es über einen Aktionsradius von sechs Kilometern und kann vier bis fünf Stunden unter Wasser bleiben. Es hat eine umfangreiche Ausstattung an Bord: Wasserstrahlen aus zwei Düsen, die von elektrischen Batterien gespeist werden, um es anzutreiben und zu steuern; ein Ultraschalltelefon zur Wasseroberfläche, Greifarme für Probenentnahmen und zahllose Fotoapparate und Filmkameras. Die bemannten Tests sollen in größerer Meerestiefe stattfinden: vor Puerto Rico in der Karibik.

„Sagen Sie mal, Falco", fragt mich der Pascha, „was halten Sie davon, der erste Pilot der Untertasse zu sein?"

▲ **Die „tauchende Untertasse" mit abmontierter Außenhaut. Die weißen Schläuche führen Druckwasser zu schwenkbaren Lagesteuerungs- und Antriebsdüsen.**

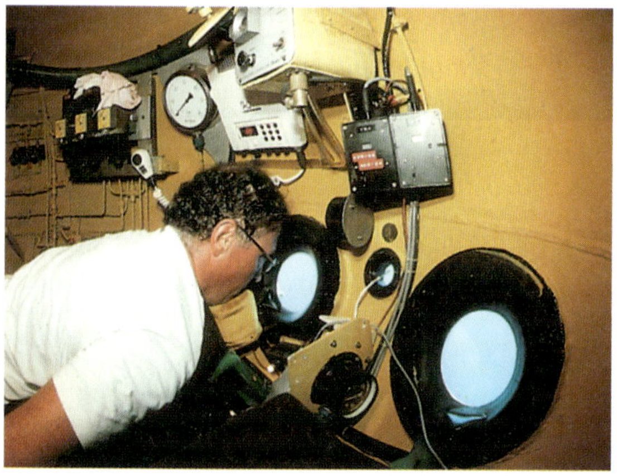

▲ **In der „tauchenden Untertasse". Die zweiköpfige Besatzung steuert das Boot im Liegen. Gepolsterte Kinnstützen erleichtern lange Beobachtungen durch das Bullauge.**

Was ich davon halte? Obwohl ich die Gefahren kenne, ist dies für mich die Erfüllung eines Traums.

Unweit der Westküste von Puerto Rico kommt für mich der große Moment. Ich nehme am 9. Oktober 1959 Platz in der „tauchenden Untertasse", in Gesellschaft meines Freundes Jean Mollard, der das Tauchboot federführend entwickelt hat. Wir liegen auf dem Bauch, jeder vor einem Weitwinkelbullauge von 13 Zentimeter Durchmesser. Wir schließen die Luke. Der Kran hebt uns vom Deck der *Calypso* und setzt uns aufs Wasser. Welch ein Abenteuer! Bei diesem ersten Einsatz bleibt das Tauchboot an der Trosse befestigt. Wir verlassen die Oberfläche und tauchen in das Blau ein, in dem Myriaden winziger Planktonwesen leuchten. Drei Taucher der *Calypso* begleiten uns hinunter, um sicherzugehen, dass alles in Ordnung ist. Ich habe starkes Herzklopfen, bin aber zuversichtlich. Ich benutze die Steuerdüse: Die Untertasse gehorcht meinen Befehlen. Ich neige sie in alle Richtungen und lasse sie kreiseln. Zum Manövrieren pumpe ich das Ballastquecksilber um. Es kommt mir vor, als würde ich im Wasser tanzen. Ich freue mich über das unglaubliche Gefühl der Schwerelosigkeit, das dieses Gefährt vermittelt, dessen spezifisches Gewicht praktisch dem des Wassers entspricht.

Für den ersten bemannten Versuch gehen wir nicht sehr tief: nur 16 Meter. Aber die Verheißung ist groß. Beim Aufstieg nach vierzig Minuten komme ich mir vor, als hätte ich geträumt. Allerdings habe ich schreckliches Kopfweh, weil in der Tauchkugel Überdruck entstanden ist.

Am nächsten Morgen gehen wir eine Stunde lang auf zwanzig Meter hinab, an einem hundert Meter langen Sicherungsseil aus Nylon hängend. Als wir wieder an Bord der *Calypso* sind, wissen wir, dass wir ein großartiges Gerät ausprobiert haben und eine neue Ära in der Unterwasserforschung begonnen hat. Mit der Untertasse wird es möglich sein, die Siebzigmeterbarriere zu durchbrechen, jenseits derer Aqualungentaucher nicht mehr leistungsfähig sind.

Wir erreichen Guadeloupe, wo wir Station machen. Vor dem Islet aux Pigeons machen wir sechs Tauchfahrten in der Untertasse. Hier durchtrennen wir endlich die Nabelschnur. Der Kran setzt uns aufs Wasser; ein Taucher wirft die Trosse los: Wir sind frei – und verletzbar. Bei einer Panne haben wir nur noch die Möglichkeit, darum zu bitten, uns so schnell wie möglich hochzuholen.

Der letzte dieser sechs Einsätze ist mir im Gedächtnis haften geblieben. Von Anfang an geht alles schief. Aus einem uns unbekannten Grund sinken wir zu rasch. Wir fahren eine Steinkorallentreppe hinunter, die von einem Wald von Hornkorallen überwuchert ist. Eine Wolke von Mönchfischen setzen wir in Panik. Wir überfliegen einen Abhang, der von sich windenden Schlangensternen und von schwerfällig dahinkriechenden Seegurken übersät ist. Wir kommen einem großen Hai in die Quere – vermutlich einem Grauhai oder einem Heringshai. Die ungesteuerte Gleitfahrt bringt uns auf siebzig Meter hinunter. Wir landen hart auf einem Korallennest, das von der Untertasse zerdrückt wird, Korallenzweige legen sich über die Düsen: Das Tauchboot ist blockiert! Ich quäle mich ab, es frei zu bekommen: ohne Ergebnis.

Keine Panik… Die beste Möglichkeit ist vermutlich, nach einer Seite auszubrechen. Ich lege abrupt den Rückwärtsgang ein. Die Korallenfalle lässt uns frei. Ich werfe den Aufstiegsballast ab; die Untertasse hebt ab.

Etwas Neues beunruhigt uns: Wassertropfen laufen innen an der Rumpfwand herunter. Wo kommen die denn her? Wir verfolgen sie bis zu ihrem Ursprung, dem Lukenrand. Jetzt kriegen wir Angst. Natürlich können wir den Notaufstieg auslösen, indem wir den Sicherheitsballast abwerfen. Aber wir wollen doch, dass diese Tauchfahrt zu einem Erfolg wird.

Wir nähern uns der Wasseroberfläche. Kommandant Cousteau kommt uns in Taucherkombination entgegen. Er zeigt uns durch das Bullauge eine Schiefertafel, auf der geschrieben steht: *Wollen Abwerfen des Sicherheitsballasts filmen!*

Ich schicke mich an, der Anweisung zu folgen, als in der Untertasse eine laute Explosion zu hören ist. Cousteau blickt durch das Bullauge beunruhigt zu uns herein. Die Taucher der *Calypso* werden aktiv. Sie haken uns an der Trosse des Krans fest, der uns aus dem Wasser zieht und auf dem Achterdeck des Schiffes absetzt. Ich bin gerade dabei, die Luke des Tauchboots aufzuschrauben, als ich hinter mir Jean Mollard vernehme, der mit erzwungen ruhiger Stimme sagt: „Bébert, an deiner Stelle würde ich mich mit dem Aufmachen beeilen. Wir haben Feuer in der Untertasse!“

Wir zwängen uns aus dem Tauchboot und husten uns dabei in einer schwarzen Rauchwolke die Lungen aus dem Leib; der Kran senkt das Tauchboot wieder ins Wasser, um den Brand zu löschen. Wir stellen die Schäden fest und finden die Ursache des Kurzschlusses: die Messingbehälter der Batterien.

Filigrane Fächerkorallen offenbaren im Kunstlicht ihre leuchtenden Farben. ▼

Am nächsten Tag versammelt sich die Mannschaft in der Messe der *Calypso* und zieht Bilanz aus den Versuchen. Insgesamt positiv, heißt es, obwohl ein Brand ausgebrochen ist. Unbedingt beseitigt werden müssen die falsche Ballastierung beim Abstieg, die ungenügende Dichtigkeit der Luke und die Sicherheitsmängel der Elektrik. Arbeit für unsere Techniker. Ingenieur Jean Mollard fliegt nach Frankreich, um neue Batterien zu bestellen – und Behälter aus Plastik statt aus Messing.

Die *Calypso* überquert den Atlantik bis Dakar und erreicht schließlich die Kapverdischen Inseln, wo meereskundliche Forschungen durchgeführt werden sollen. Die Untertasse ist inzwischen repariert, und das Abenteuer beginnt erneut.

Ein Teufel direkt aus der Hölle

Diesmal nimmt Kommandant Cousteau mit mir im Tauchboot Platz. Wir schließen die Luke. Dreißig Meter unter der Oberfläche grüße ich durch das Bullauge Jean Alinat, der unseren Abstieg filmt. Bald passieren wir die Hundertmetermarke. So tief sind wir noch nie gewesen. Wir jubeln – bis zu dem Moment, wo wieder Explosionen knallen!

Die Untertasse tanzt lange Minuten herum, bevor sie sich stabilisiert. Der Tiefenmesser funktioniert nicht mehr. Ich blicke durch ein Bullauge hinaus: Das Schwebeplankton steigt mit hoher Geschwindigkeit nach oben. Das bedeutet, dass wir in die

Tiefe rasen! Der Pascha tippt mir auf die Schulter. Wir verstehen uns ohne Worte: Der große Sicherheitsballast muss abgeworfen werden. Aber schnell...

Von diesem Gewicht von zweihundert Kilogramm befreit, macht die Untertasse einen Satz nach oben. Wir schießen wie ein Torpedo zur Oberfläche. Glücklicherweise hat Jean Alinat gemerkt, dass irgendetwas schief gegangen ist, und Alarm ausgelöst.

Kleine Rauchwölkchen beginnen in den Steuerraum zu dringen, während Cousteau und Alinat durch das Unterwassertelefon einen aberwitzig anmutenden Dialog führen.

„Wir kommen", sagt Alinat. „Bleibt nur liegen!"

„Keine Sorge, wo sollen wir denn sonst hin?", fragt Cousteau lachend und hustend. Er dreht sich zu mir um. „Aber wenn wir schon warten müssen, können wir unterdessen auch vespern!" So unglaublich das scheint, Cousteau wickelt tatsächlich seine belegten Brote aus und entkorkt die Flasche Wein, die wir in Erwartung einer Tauchfahrt von mehreren Stunden mitgenommen haben. Er fängt an zu kauen, trotz des Rauchs, der immer dichter wird.

Draußen vertäuen die Taucher die Untertasse und schleppen uns mit der Schaluppe bis zur *Calypso*. Der Kran hebt uns heraus und setzt uns auf das Deck. Ich öffne die Luke und klettere unverzüglich aus dem Tauchboot. Währenddessen beendet Cousteau seelenruhig seinen Imbiss und trinkt sein Glas aus. Als er endlich,

◀ Das Tauchboot ist in eine Welt aus blauem Sonnenlicht getaucht, als es über einem Meeresboden aus Korallenstöcken dahinschwebt.

von Rauch umwölkt, aus der Luke klettert, könnte man schwören, hier komme ein Teufel direkt aus der Hölle.

Doch der Pascha macht sich Sorgen und verlangt von Jean Mollard eine gründliche Überprüfung des Batteriensystems. Der Ingenieur widmet sich dem Problem und wechselt das Fabrikat. Die Akkus, die er auswählt, werden uns in dreißig Jahren intensiver Tauchfahrten nicht mehr die geringsten Schwierigkeiten machen.

1960 geht François Saout, der erste Kapitän der *Calypso,* in den Ruhestand; seine Stelle tritt Kapitän Maritano an. Ich ahne noch nicht, dass ich eines Tages seinen Titel erben werde.

▲ Schwämme wie Korallen zeigen eine unübersehbare Formen- und Farbenvielfalt. Hier ein vasenförmiges, blauviolett lumineszierendes Exemplar

In Marseille generalüberholt, kommt die „tauchende Untertasse" auf ihr Mutterschiff zurück. Im Sommer 1960 ankern wir vor Korsika. Ich steige in das Tauchboot. Der Pascha begleitet mich zu einem erneuten Einsatz in großer Tiefe.

Die Taucher der *Calypso* folgen und filmen uns. Wir prüfen, ob alles in Ordnung ist, dann steuern wir in Richtung Abgrund. Erst in 45 Meter Tiefe verlassen uns die Männer in Taucherkombinationen. Wir sinken an einem Abhang entlang, der mit Hornkorallen und Zylinderrosen besetzt ist.

Als der Tiefenmesser hundert Meter zeigt, blicke ich dem Pascha etwas ängstlich in die Augen. Noch keine Explosion? Also tiefer! 110 Meter: Hunderte von Löchern, in denen Kraken hausen. 150 Meter: eine Ansammlung von Seeigeln und Schwämmen. 180 Meter: Ich schalte unseren großen Scheinwerfer ein. 200 Meter: Wir überprüfen nochmals alle Systeme. Alles funktioniert. Bei 302 Metern stelle ich den Motor ab und setze sanft auf einem Sandbett auf.

Um uns ist es so still, dass ich mein Herz schlagen höre. Wir bleiben fünf Minuten liegen, ohne ein Wort zu sagen – bedrückt von der feindlichen Erhabenheit der Unterwasserfinsternis und zugleich beglückt, dass wir diese extremen Grenzen erreicht haben.

Ich schalte den Motor wieder an und manövriere, damit der Pascha den Grund und die Lebewesen dort filmen kann: Seefedern, die im Sand stecken; ein Glatthai auf der Pirsch; ein seltsam gegliedertes Wesen, das auf langen Beinen daherkommt: eine Asselspinne. Mit dem Greifarm des Tauchboots nehme ich Bodenproben.

Beim Blick auf unser Chronometer stellen wir fest, dass wir schon vor zweieinhalb Stunden die Meeresoberfläche verlassen haben. Wir müssen wieder hinauf. Nach und nach durchfahren wir die Meeresetagen – diesmal aufwärts. In fünfzig Meter Tiefe machen wir Halt – um zu vespern. Das ist rasch Gewohnheit geworden. Ich kann mir inzwischen keine Tauchfahrten in der Untertasse mehr ohne eine gute Hartwurst und Rotwein vorstellen.

Dann tauchen wir auf. Ich betätige die Düsen des Tauchboots, deren Strahl weithin zu sehen ist. Die Schaluppe macht uns aus und schleppt uns zur *Calypso.* Ich habe starkes Kopfweh, bin aber glücklich. Nicht dass ich Masochist wäre. Ich bin zufrieden, weil wir die „Schallmauer" von 300 Metern durchbrochen haben, und Migräne habe ich, weil der Kohlendioxydanteil in der Luft der Steuerkabine nach vier Stunden Tauchfahrt auf über zwei Prozent gestiegen ist.

In den folgenden Jahren wird viel getaucht, viel experimentiert und viel gelernt.

Wir besuchen die Küsten von Spanien, Griechenland und Algerien. Wir überqueren den Atlantik Richtung Südamerika und führen Forschungsarbeiten in der Karibik, vor Brasilien, Uruguay und Argentinien aus. Wir fotografieren Meeresgräben, nehmen Bohrproben vor und tanzen beim Karneval in Rio ganze Nächte durch. Ich ertappe mich bei dem Gedanken, dass die Kostüme der Sambatänzerinnen auch nicht bunter sind als die der Riffbarsche oder der tropischen Meerjunker.

▲ Der Pascha (rechts) mit dem Verfasser auf dem Tauchboot

Am 10. Dezember 1960 stellen wir der Presse in Monaco ein riesiges Schlauchboot von zwanzig Meter Länge vor – das größte der Welt, von Kommandant Cousteau entworfen und von der Firma Zodiac gebaut. Das Fahrzeug heißt *Amphitrite*, ist zehn Meter breit und hält dem wütendsten Sturm stand. Es bietet fünf Personen Platz, und seine wichtigste Aufgabe ist es, unser Tauchboot um die Welt zu transportieren, sodass die *Calypso* sich anderen Forschungsaufgaben widmen kann. Fürstin Gracia ist Taufpatin. Zusammen mit Fürst Rainier wird sie an Bord der *Calypso* empfangen.

Cousteau stellt mich Ihren Hoheiten als einen seiner besten Taucher und als ersten Piloten der Untertasse vor. Ich erröte bis zum Haaransatz. Ich stottere. Gracia von Monaco ist überwältigend – der Inbegriff von Noblesse, und ich fühle mich lächerlich in meinem Leihsmoking mit Fliege. Als die Fürstin mir sagt, ich hätte Glück, ein so aufregendes Leben führen zu dürfen, möchte ich nur einen Augenblick lang das Talent haben, die Gefühle beim Tauchen beschreiben zu können; aber ich bringe nur Gemeinplätze hervor. Ich schicke mich ins Unabänderliche: Mit Fischen fühle ich mich wohler als mit Fürstinnen.

Kaum sind wir in Marseille zurück, fahren wir erneut zu wissenschaftlichen Fahrten im Mittelmeer aus. Geologie, Hydrologie. Im Juni 1962 führt die *Calypso* zwischen Nizza und Korsika ihren vermutlich gefährlichsten Einsatz aus: Für eine reflexionsseismische Untersuchung nimmt sie 52 Granaten von jeweils 30 bis 130 Kilogramm an Bord – genug, um den alten Minenräumer in kleine Stücke zu sprengen.

Während des Sommers gehöre ich der Fußballmannschaft der *Calypso* an, als sie ein Freundschaftsspiel gegen die Mannschaft des Museums von Monaco bestreitet. Am Abend der Begegnung empfangen wir die gegnerische Mannschaft und ihre Familien an Bord der *Calypso.* Die Kinder spielen in den Laufgängen. Ich trete zufällig gerade aus der Messe, als eins davon, noch ganz klein, zwischen Kai und Schiffsrumpf ins Wasser fällt. Gleich wird es in diesem Wasser mit Dieselölschleiern ertrinken. In voller Kleidung springe ich nach und hole es an die Wasseroberfläche.

Es ist der schönste Tauchgang meines Lebens.

▲ Mit ihren „Glotzaugen" hält die Gelbe Wächtergrundel Ausschau nach Beute, während der Pistolenkrebs nachrieselnden Sand aus der Höhle trägt.

Durch langsame Immunisierung sind die Anemonenfische gegen das Nesselgift der Seeanemone unempfindlich geworden und können jetzt zwischen ihren Fangarmen leben. Andere Riffbarsche werden sofort betäubt und verschlungen (kleines Bild). ▶

Der Einsiedlerkrebs trägt Seeanemonen auf seiner Schale als lebende Schutzschilde umher. ▼

▲ Zwei Putzergarnelen reinigen die messerscharfen Zähne einer Muräne, eines der gefürchtetsten Raubfische im Korallenriff.

Putzerfische können fast 200 Kunden pro Stunde bedienen. Hier pflegen sie einen Stachelrochen. Bei großem Andrang stehen mitunter mehrere Kunden geduldig „Schlange". ▶

Freunde fürs Leben

Zehntausende der verschiedensten Meerestiere hausen auf, an und in einem Korallenriff, machen sich den knappen Platz streitig und fressen einander. Es gibt jedoch auch Gemeinschaften, bei denen sich Partner aus ganz unterschiedlichen Tiergruppen zu beiderseitigem Nutzen zusammentun, also in Symbiose leben.

Die Wächtergrundel, ein kleiner Fisch, haust beispielsweise mit dem fast blinden Pistolenkrebs in einem Wohnloch im Sandboden zusammen. Will der Krebs die Höhle verlassen, betastet er mit den Fühlern seinen Wächterfisch, der ihm durch Bewegungen signalisiert, ob Räuber in der Nähe sind. Als Gegenleistung hält der Krebs die gemeinsame Behausung von einrieselndem Sand frei.

Anemonenfische schützen sich auf andere Weise. Sie leben im giftigen Tentakelwald von Seeanemonen. Die Fangarme der Anemone sondern einen Schleim ab, der die Pflanze vor dem eigenen Nesselgift schützt; dieser Schleim überträgt sich auf die Fische, die ihn auf den Tentakeln verteilen und dabei selbst ebenfalls gegen das Gift immun werden. Die abschreckende Wirkung der Seeanemonen nutzt auch der Einsiedlerkrebs, und die Anemone wird dafür von ihm ständig zu neuen, ergiebigen Jagdgründen getragen.

Die wohl frappierendste aller Lebensgemeinschaften ist jedoch die so genannte „Putzersymbiose". Putzerfische und -garnelen richten so genannte Putzerstationen ein, wo sie Rifffische auf Schmarotzer und tote Hautschuppen absuchen. Die Putzkolonne kann sich satt fressen, der Kunde zieht parasitenfrei und mit gesäuberten Zähnen von dannen.

DAS UNTER-WASSERHAUS

Ein Unterwasserhaus... Mitten im flüssigen Element leben, dort schlafen, arbeiten, seine Freizeit verbringen: der Traum aller Taucher. Man möchte gern Stunden auf dem Grund verweilen, aber die Gesetze der Physiologie setzen genaue Grenzen. Man atmet Pressluft oder Gasmischungen, die immer ihre Tücken haben. Bei Pressluft riskiert man unterhalb von siebzig Metern den Tiefenrausch oder die Stickstoffnarkose. Bei den komplizierten Gasgemischen, bei denen der Stickstoff teilweise oder ganz durch Helium oder Wasserstoff ersetzt wird, treten andere Nachteile ein, vor allem starke Wärmeverluste.

Und obendrein ist da noch diese verdammte Dekompressionszeit... Wenn man ins Wasser hinabtaucht, das 800-mal dichter ist als Luft, wird man buchstäblich unter Druck gesetzt: Alle zehn Meter steigt dieser um eine Atmosphäre. Die Gase in den Lungen treten massiv ins Blut über und lösen sich dabei. Wenn man zu schnell wieder aufsteigt, tritt dieses Gas in Form von Bläschen wieder aus und richtet Schäden in Blutgefäßen, Gelenken und im Gehirn an. Lähmungen, Ohnmachten, bisweilen tödliche Embolien sind die Folge. Um diese Gefahren zu meiden, muss man die gelösten Gase sehr langsam über die Lungen wieder abatmen. Deswegen müssen beim Aufstieg Dekompressionsstufen eingehalten werden. Für einen einstündigen Einsatz in hundert Meter Tiefe muss man beim Aufstieg vier Stunden geduldig die Dekompression abwarten. Diese Dekompressionsaufenthalte sind die Strafe des Tauchers: Sie nehmen kein Ende. Man langweilt sich, friert und fühlt sich schlecht.

▲ **So faszinierend der Seestern sein mag, die Taucher dürfen nie vergessen, auf die Uhr zu schauen. Ein Chronometer, das die Tauchdauer misst und dem Taucher anzeigt, wie lange er Dekompressionspausen einlegen muss, ist ein unerlässlicher Teil der Ausrüstung.**

Eine der wichtigsten Entdeckungen der Tauchphysiologen ist, dass sich der Körper nach einer gewissen Zeit (zwischen zwölf und 24 Stunden, je nach Aufenthaltstiefe) mit gelösten Gasen sättigt. Mehr Gas können Blut und Zellflüssigkeit nicht aufnehmen, ganz gleich, wie lange der Unterwasseraufenthalt noch dauern mag. Von da an nimmt die erforderliche Dekompressionszeit nicht mehr zu. Wer zwölf Stunden in hundert Meter Tiefe bleibt, braucht drei Tage Dekompressionszeit. Wer drei Wochen in derselben Tiefe verbringt, braucht ebenfalls nur drei Tage.

Damit haben wir schon die ganze Idee des Unterwasserhauses: Es geht darum, die Taucher mit Gas zu sättigen; ihnen eine Arbeit unter günstigen Bedingungen zu ermöglichen – ohne dass sie nach jedem Tauchgang wieder hinaufmüssen; ihnen den nötigen Komfort zu geben, damit sie sich ausruhen können (im Trockenen, in einer Dekompressionskammer), und sie am Ende jedes Unterwasseraufenthaltes eine einzige und im Verhältnis zur Gesamtverweildauer kürzere Dekompressionszeit durchlaufen zu lassen.

Diogène, das fassförmige „Unterwasserhaus" des Projektes Précontinent I. Hier wird es vor der Versenkung auf Dichtigkeit geprüft.

„Wir werden nie in der Tiefsee leben können, in drei- oder sechstausend Meter Tiefe", erklärt der Pascha uns den Sachverhalt in der Messe der *Calypso*. „Aber wir können uns darauf einstellen, dass die Menschheit eines Tages das Kontinentalschelf besiedeln wird, diese Verlängerung der Kontinente unter der Wasseroberfläche in null bis zweihundertfünfzig Meter Tiefe. Das Kontinentalschelf ist der reichhaltigste und interessanteste Teil der Meere. Das ist der Grund, warum ich mich entschieden habe, unser Experiment Précontinent zu taufen. Précontinent I, weil später noch weitere folgen werden."

Die Vorstudien zur Vervollkommnung des Unterwasserhauses werden in Marseille durchgeführt. Kommandant Cousteau bestimmt mich zusammen mit meinem Freund Claude Wesly zum ersten Mieter des Unterwasserhauses der Welt. Zum ersten Aquanauten! In einer Zeit, in der auch der erste Kosmonaut der Welt aufsteigt – Juri Gagarin.

Als das Haus fertig ist, schaffen wir es auf die *Calypso*. Ein gelb gestrichenes Stahlfass von fünf Meter Länge und 2,50 Meter Durchmesser, mit einer Einstiegsschleuse am Boden. Da es sich um ein Fass handelt, nennen wir es *Diogène,* in Anspielung auf die Wohnung, die der Philosoph Diogenes im Altertum gewählt hatte.

Und der Ort, an dem das Experiment stattfinden soll? Einmal mehr „meine" Marseiller Inseln, genauer gesagt Pomègues, ein paar Kabellängen vom Château d'If entfernt. Wir werden sieben Tage unter Wasser bleiben. Wir wissen, dass wir – bei Todesstrafe – nicht mehr hinaufkönnen, ohne eine lange Dekompressionszeit einzuhalten, wenn wir erst einmal mit Gas gesättigt sind. Das Sonnenlicht werden wir nicht ganz entbehren müssen (zehn Meter sind schließlich nicht so tief), aber wir werden keinen Augenblick das Recht haben, die paar Flossenschläge zu machen, die genügen, um zur „normalen" Welt aufzutauchen. Das wird das Schwerste werden. Tauchen, auf dem Grund arbeiten, das ist unser täglich Brot. Aber es ist etwas ganz anderes, sich zum Gefangenen der Druckverhältnisse zu machen – und zu wissen, dass man eine gewisse Zeit braucht, bevor man wieder zum normalen Menschen wird. Aber was ist, wenn wir krank werden? Oder wenn Claude oder ich dringend operiert werden müssen?

Am 14. September 1962 ist alles bereit. Das Unterwasserhaus wird versenkt. In großer Zahl kreisen Journalisten auf Mietbooten um die *Calypso*. Kameras laufen. Fotoapparate klicken. Claude Wesly und ich haben Taucheranzüge an. Kommandant Cousteau zwinkert uns zu. Um zwölf Uhr verabschieden wir uns von unseren Freunden und umarmen unsere Familien. Um 12.20 Uhr springen wir ins Wasser.

▲ In zehn Meter Tiefe, an einem Cafétisch sitzend, lösen die Aquanauten Geschicklichkeitsaufgaben, mit denen Veränderungen in ihrer Koordination und Motorik getestet werden.

Mit drei Flossenschlägen erreichen wir unsere Wohnung. Das Haus ist in zehn Meter Tiefe über einem Felsen verankert, mit Ketten umgürtet und mit dreißig Tonnen Ballast beschwert. Wir schwimmen unter die gelbe Röhre, schlüpfen nacheinander durch das senkrechte Einstiegsloch in unser „Appartement" und ziehen drinnen die Taucheranzüge aus. Wir atmen jetzt Pressluft mit einem Druck von zwei Kilogramm pro Quadratzentimeter. Wir sind „zu Hause".

Alle Installationen von Précontinent I sind doppelt ausgelegt, um ein reibungsloses Funktionieren zu gewährleisten: zwei Kompressoren pumpen Luft in den Wohnraum; mit zwei Fernsehkameras können uns die Leute an der Wasseroberfläche überwachen; alles ist doppelt elektrisch verkabelt. Trotz des beengten Raums ist die *Diogène* bequem: Wir haben Radio und Fernsehen, eine kleine Bibliothek, sogar ein Bild an der Wand, einen Schlauch mit Warmwasser zum Duschen. Unsere oben zubereiteten Mahlzeiten werden uns im Dampfkochtopf von Tauchern heruntergebracht.

Wir verfügen auch über zusätzliche Nahrungsmittelvorräte. Unsere Wohnung wird durch elektrische Heizkörper erwärmt; die Temperatur liegt über 22 °C. Zwölf Taucher sind uns zu Diensten. Professor Jacques Chouteau und Dr. Xavier Fructus werden täglich herunterkommen, um uns zu untersuchen.

Kommandant Cousteau kommt uns um 19 Uhr besuchen und hilft uns, uns einzurichten. Wir speisen zu dritt an dem kleinen Tisch des Unterwasserwohnzimmers zu Abend. Als der Pascha uns verlässt und wir uns anschicken, unsere erste Nacht als Aquanauten zu verbringen, wissen wir, dass etwas Unvermeidliches im Gange ist: Schon morgen werden wir gasgesättigt sein.

Schließlich haben wir uns eingerichtet. Wir strecken uns auf unseren Kojen aus. Die Luftfeuchtigkeit (hundert Prozent!) ist störend, wir fühlen uns klamm. Abgesehen davon ist mir nicht gut. Ich mache die Augen zu und schlafe ein.

Die beiden ersten Tage leisten wir täglich fünf Stunden Arbeit – zwei vormittags, zwei nachmittags, eine nachts. Wir gehen im Taucheranzug hinaus und schwimmen weit von der *Diogène* weg. Wir tauchen bis auf 25 Meter hinunter, unterziehen uns psychomotorischen Tests, die unsere Ärzte für uns zusammengestellt haben: Es geht darum, Würfel ineinander zu stecken, Geraden zu zeichnen, Puzzles zusammenzufügen usw.

Am Morgen des dritten Tages schlägt die Stimmung um. Claude Wesly und ich sind unruhig. Wir fühlen uns nicht wohl in unserer Haut. Die Arbeit gehen wir ohne Begeisterung an. Wir haben den Auftrag, denen an der Oberfläche die leiseste Veränderung unserer Gemütsverfassung mitzuteilen. Natürlich tun wir nichts dergleichen. Am Abend haben wir Mühe einzuschlafen. Ich verbringe eine furchtbare Nacht. Das Folgende habe ich am nächsten Tag in mein Tagebuch geschrieben:

> Ich, der ich seit ewigen Zeiten nicht mehr geträumt habe, fange wieder damit an. Ein grässlicher Albtraum: Eine Hand würgt mich, ich muss raus aus dieser Stahltonne … Ich wache auf, gehe zum Ausstiegsloch, blicke ins Wasser. Ich überprüfe die Messgeräte. Alles ist normal. Claude schläft. Ich lege mich wieder hin, aber mit offenen Augen. Ich fühle mich allein, im Stich gelassen, in der Falle. Ich bin dazu verdammt, eine ganze Woche unter Wasser zu bleiben. Ich kann nicht nach Belieben wieder hinauf. Ich würde gern die Sterne sehen.

Am vierten Tag kann man mich nicht einmal mehr mit der Zange anfassen. Ich empfange den Taucher, der uns das Frühstück bringt, mit einem brüsken: „Dein Zwieback, das sind ja lauter Krümel!“

Mittags stößt der Pascha zu uns. Er teilt uns mit, dass unsere Tests gut verlaufen: Lange Unterwasseraufenthalte bringen also das Gehirn des Aquanauten nicht durcheinander! Ich erzähle ihm von meinen nächtlichen Ängsten. Bei der Kameraüberwachung hat niemand etwas gemerkt – nur dass ich ein bisschen nervös war. Wir frühstücken, trinken Kaffee.

Am Abend reden wir am Telefon wieder lange miteinander. Cousteau macht mich darauf aufmerksam, dass sich unser Geschmack beim Essen verändert hat: Wir verlangen keine Gerichte mit Soßen mehr; nur noch Gegrilltes und Gemüse. Wir geben Cousteau zu verstehen, dass die – gut gemeinten, aber nutzlosen – Besuche unserer Taucherfreunde uns auf den Geist gehen. Wir bewohnen ein elektronisches Haus, in

Verlockend schön wie ein Blumenbukett, aber eine tödliche Giftfalle für angelockte Beute: Seeanemonen ▼

dem man nur auf einen Knopf zu drücken braucht, um bedient zu werden. Wir verfügen über vierzig Arme, vierzig Beine, aber keinerlei Eigeninitiative – fast keine Persönlichkeit mehr. Ich denke, dass es Kosmonauten in ihrer Raumkapsel ähnlich geht.

Der fünfte Tag ist angenehmer, der sechste wunderbar. Ich freue mich meines Lebens als Aquanaut. Zum ersten Mal habe ich Zeit, mich unter Wasser umzusehen. Schluss mit dem Diktat der Uhr! Ich inspiziere jeden Meter der Neptungraswiese. Manche dieser Pflanzen blühen: hübsche gelbgrüne Blütenkränze, die ich vorher nie bemerkt hatte. Nachts im Scheinwerferlicht wimmelt die Unterwasserwiese von Leben. Seeanemonen und Zylinderrosen entfalten ihre Tentakelfächer: Wehe der Garnele, die eine dieser Giftpeitschen berührt! Krabben ziehen dahin. Steckmuscheln klaffen. Rote und ockerfarbene Seesterne bewegen sich über den Grund; wenn sie eine Muschel ertasten, zerren sie sie mit kräftigen Armen auf, dann stülpen sie ihren Magen ins Muschelinnere und verdauen an Ort und Stelle. Hier und da schwimmen Muränen, Zahnbrassen, Zackenbarsche…

Claude und ich vergessen die Zeit. Wir machen weder das Radio noch den Fernseher an. Uns scheint, dass wir auf unbestimmte Zeit unter Wasser leben können.

Am Abend des sechsten Tages isst der Pascha erneut mit uns. Er bringt eine Flasche Bordeaux mit und öffnet eine Dose Kaviar: Die Fischeier sind grün! Wir wissen, dass sich der Druck auf unser Farbempfinden auswirkt; aber es ist uns unmöglich, spinatfarbenen Kaviar hinunterzuwürgen… Als Kommandant Cousteau die Flasche aufmachen will, drückt sich der Korken hinein, statt herauszukommen: ein neuer Streich des Überdrucks! Dann versucht der Pascha zu pfeifen, es geht nicht. Claude und ich schaffen es, aber wir haben auch lange trainiert.

Ist dies die Wirkung des Drucks oder des Bordeaux? Beim Nachtisch gerät Cousteau ins Schwadronieren: „Ihr habt bewiesen, dass es möglich ist. Ihr geht in die Geschichte ein! Euch ist es zu verdanken, wenn die Menschheit bald zur Eroberung des Kontinentalschelfs aufbricht… Eines Tages wird es Unterwasserdörfer geben. Mit Frauen, Kindern, Schulen, Läden – und natürlich auch Bistros!“

Am 21. September bereiten wir uns zum Wiederaufstieg vor. Professor Chouteau lässt uns mehrere Stunden lang eine Mischung aus achtzig Prozent Sauerstoff und zwanzig Prozent Stickstoff atmen – die umgekehrte Zusammensetzung wie in der Atmosphäre. Seine eigene Erfindung. Mit dieser Maßnahme wird die Ausscheidung der Gase, die unser Blut und unser Zellwasser eine Woche lang gespeichert haben, erstaunlich beschleunigt. Die Dekompressionskammer steht bereit. Wir verlassen die *Diogène* und schließen uns in der Kammer ein. Wir müssen noch weitere lange Stunden in dieser Stahlröhre verbringen, bevor wir wieder in die Welt der Menschen oben hinaustreten können.

Als wir aus dem Wasser kommen, wird die Reede von Marseille von strahlender Sonne beschienen. Ich lobpreise das Licht.

Ein Dorf im Roten Meer

Ende 1962: Reflexionsseismologie, Radioaktivitäts- und Strömungsuntersuchungen im Mittelmeer. Ich finde mich mit der Routine ab. Aber im Kopf bereite ich wie meine Gefährten bereits Précontinent II vor. Nicht nur eine Woche, sondern einen Monat unter Wasser. Nicht nur ein Haus, sondern ein ganzes Dorf…

Im Februar 1963 werden das Unterwasserhaus von Précontinent II, seine Tiefenstation, seine Garage für das Tauchboot und sein Werkzeugschuppen – die vier Bestandteile des „Dorfs“ – gebaut. Der Frachter *Rosaldo* nimmt sie an Bord. Die *Calypso* lichtet Anker. Die beiden Schiffe werden sich am Einsatzort wieder treffen.

Für dieses Projekt hat der Pascha das Rote Meer ausgewählt. Kommandant Cousteau will die Erkenntnisse von Précontinent I vertiefen und außerdem einen abendfüllenden Film drehen – die Fortsetzung von „Die schweigende Welt“ mit dem Titel „Welt ohne Sonne“.

Westliches Mittelmeer, Sueskanal: Die *Calypso* kennt den Weg schon, ich auch... Wir erkunden die Riffe auf der Suche nach einem Standort für das Unterwasserdorf. Ich tauche drei- bis viermal am Tag mit dem Unterwassserboot. Wir brauchen ein farbiges und von Leben wimmelndes Korallenmassiv, das von klarem Wasser umspült wird und zwei natürliche Absätze hat, einen in zehn, den zweiten in 25 Meter Tiefe. Auf diesen Absätzen wollen wir unsere Häuser errichten.

Am 16. März begrüßt uns ein heftiger Regenguss bei der Einfahrt in Port Sudan. Zu Lande machen wir die Bekanntschaft Mohammed Alis, des Verbindungsmanns unserer Mannschaft mit den Ortsbehörden. Er empfiehlt uns für unser Projekt das Riff von Schab Rumi jenseits des Leuchtturms von Sanganeb, dreißig Seemeilen weiter nördlich. Ein guter Rat. Von der Wasseroberfläche aus gesehen macht das Riff Schab Rumi nicht viel her: ein Seegebiet, von grauen Korallenriffen übersät, die für die Schifffahrt gefährlich sind. Von unten betrachtet ist es ein Paradies: eine Farbenexplosion von Steinkorallen, Feuerkorallen, Lederkorallen, Hornkorallen, Schwämmen, mit Pflanzbeeten von Muscheln, Seesternen und Seeigeln, mit Wolken von Fischen, einer schöner als der andere.

▲ **Zwei Komponenten des „Unterwasserdorfs“ Précontinent II: die Garage des Tauchboots und das vierstrahlige Wohnhaus „Seestern“**

Ich gehe mit dem Tauchboot hinunter auf der Suche nach einem günstigen Ort. Einer der Orte, die ich aufsuche, verfügt zwar über eine natürliche Stufe in zehn Meter Tiefe; aber der Abhang darunter ist Schwindel erregend: ein Absturz von mehr als 400 Metern. Wenn das Haus sich von seiner Verankerung losreißen und in den Abgrund stürzen sollte, wären die Aquanauten verloren.

Schließlich erspähe ich eine ideale Stelle. Zwei Korallenstufen in der richtigen Tiefe, ganz in der Nähe einer Lagune, in der die *Rosaldo* und die *Calypso* ankern können. Ich steige mit dem Tauchboot auf. Eine Stunde später tauche ich erneut – diesmal mit der Aqualunge, begleitet von Kommandant Cousteau, Kommandant Alinat und Frédéric Dumas. Dumas misst die Tiefen. Die erste Stufe ist in elf, die zweite in 28 Meter Tiefe. Hier sind wir richtig.

Wir warten auf die Ankunft unseres Begleitfrachters; die *Rosaldo,* bis an die Lukenränder mit schwerem Material beladen, läuft nicht so schnell. Wir machen uns an die Arbeit. Wir stecken den Ort mit gelben Bojen ab, legen die Fundamente für das Unterwasserhaus, indem wir das Korallenriff einebnen und Löcher auffüllen, um eine horizontale Plattform zu erhalten.

Die Taucher schleppen riesige Steinblöcke. Um die Versenkung des Hauses vorzubereiten, verteilen wir auf der Plattform Bleigewichte, die an der Krantrosse hinabgelassen werden: vier Tonnen Gewichte von jeweils fünfzig Kilogramm.

Schließlich schleppen wir das Unterwasserhaus zu seinem Unterwasserfundament. Ein Zwischenfall. Der Druck im Wohnzylinder sinkt, er droht abzusaufen. Ich will durch das Einlassventil wieder Pressluft hineinblasen. Als ich mit den Beinen im Wasser den Schlauch anschraube, spüre ich ein grausames Brennen; mir kommt es vor, als wären meine Waden in Schwefelsäure getaucht. Ich springe schnell zurück ins Boot. Meine Haut ist von den Knien bis zu den Zehen rot und geschwollen. Ich bin mit den Füßen in eine Bank von Feuerquallen geraten, deren mit Nesselzellen besetzte Tentakel jeden, der sie berührt, mit einem schlimmen Gift impfen.

Die *Rosaldo* schickt sich an, in die Lagune einzulaufen. Ich tauche mit Raymond Coll und Christian Bonnici, um eine Durchfahrt zu erkunden und dem Kapitän, der noch nie in Schlangenlinien zwischen Riffen durchgefahren ist, präzise Angaben für sein Manöver zu machen. Sobald die *Rosaldo* vor Anker liegt, bauen wir eine Brücke aus Metallrohren, auf der wir vom Frachter bis senkrecht über das Unterwasserhaus laufen können. Jetzt geht es darum, dieses zu versenken. Wir bringen an der Wohn-

Die Portugiesische Galeere

Die Seeblase oder Portugiesische Galeere *(Physalia physalis)* ist der bekannteste Vertreter der so genannten Staatsquallen. Sie sieht aus wie ein einzelnes Tier, ist aber eine schwimmende Kolonie von Tausenden winziger Polypen.

Die Kolonie beginnt ihr Leben als einzelner Polyp, der eine blaue, gasgefüllte Schwimmblase bildet. Aus Knospungszonen sprießen anschließend neue Polypen, die genetisch identisch sind, sich jedoch rasch spezialisieren und verschiedene Aufgaben übernehmen: Nessel- und Fangpolypen mit z. T. viele Meter langen Tentakeln erbeuten Nahrung; Nährpolypen nehmen sie auf, verdauen sie und geben die Nährstoffe durch das Gewebe, das die Kolonie zusammenhält, an die Mitbewohner weiter; andere sind Spezialisten für Verteidigung, Fortpflanzung und Fortbewegung.

Die Portugiesische Galeere kommt in den mittleren Breiten der Erde in allen Weltmeeren vor und tritt manchmal in Schwärmen von vielen tausend Seeblasen auf. Der obere Teil der mit Gas gefüllten Blase, die die Kolonie an der Wasseroberfläche hält, ist wie ein Kamm geformt und dient als Segel. Mit den bis zu fünfzig Meter lang herabhängenden Nesselfäden – die auch Treibanker sind – werden Beutetiere gefangen, meist lebende Fische, die bis zu Makrelengröße reichen können. Das Nesselgift der Staatsqualle kann für Menschen sehr schmerzhaft sein, ist aber zum Glück nicht tödlich.

Portugiesische Galeere mit ihren nesselnden Tentakeln. Ihr Gift ähnelt chemisch dem Gift der Kobra. ▶

röhre bleierne Ballastgewichte an, wobei wir unter ständigem Zeitdruck arbeiten. Wenn nämlich schwere Dünung aufkommt, könnte das Haus über den Korallenabhang abkippen: Alles wäre verloren ... Wir wuchten insgesamt 4790 Bleigewichte von jeweils fünfzig Kilogramm!

Das Haus, geschlossen und unter Druck, sinkt auf seine Korallenfundamente hinab. Wir verankern es auf dem Korallenabsatz elf Meter unter der silbrig schimmernden Wasseroberfläche. Gute Arbeit!

Anschließend müssen wir das Gleiche noch einmal mit der Garage für das Tauchboot, dann mit dem Materialschuppen und zum Schluss mit der Tiefenstation durchführen.

Wir schrammen mehrere Male knapp an einer Katastrophe vorbei. Bei der Versenkung der Garage für das Tauchboot haben wir uns verrechnet. Sie sinkt zu schnell, setzt krachend auf den Korallen auf und legt sich auf die Seite. Wir müssen alle Ballastgewichte abnehmen, die Garage mit Pressluft wieder flottmachen, ihre verlorenen „Beine" reparieren – und wieder von vorn beginnen. Und das alles in ständiger Furcht, dass ein Sturm aufkommen könnte.

Bei der Tiefenstation läuft es noch schlechter. Wir senken sie ab. Zwei Elektriker und Taucher, Jacques Roux und Pierre Servelot, sind an Bord. Sie verteilen gerade die Ausrüstung, als die Wohnröhre plötzlich zu schwanken beginnt und in einer Riesenwolke von Luftbläschen die Korallen hinunterrutscht. Jacques Roux kann sich aus der Falle befreien, aber sein Kollege wird mit in den Abgrund gerissen. Raymond Coll, der ihnen assistiert, wird wegen einer eingeklemmten Flosse ebenfalls in die Tiefe gezogen. Die Station rutscht bis zu einer weiteren Stufe in fünfzig Meter Tiefe – wo sie wie durch ein Wunder zum Halten kommt. Wir tauchen hinunter, um unsere Freunde zu retten. Raymond Coll kommt allein frei. Wir holen Servelot heraus, der sichtlich geschockt ist. Das Unterwasserhaus indessen muss mit Pressluft „gefüllt" werden, damit wir es wieder heraufholen können. Und alles wieder von vorne. Knochenarbeit.

Diese Schufterei beschäftigt uns einen Monat lang. Beim Betrachten des Films „Welt ohne Sonne" kann sich niemand vorstellen, wie viel Schweiß bei der Errichtung des Unterwasserdorfs bei Schab Rumi vergossen wurde.

Von den Haien ist nichts zu befürchten. Bei Beginn der Bauarbeiten haben sie die Flucht ergriffen, vom Lärm und Durcheinander verscheucht. Haie sind Angsthasen! Andere Fische sind nicht so scheu wie sie: die Papageifische zum Beispiel – zwei oder drei haben in der Gegend ihren Wohnsitz genommen –, die roten Kaiserschnapper oder die Drückerfische. Letztere werden zutraulich. Den ganzen Tag folgen sie uns auf unseren Tauchgängen und schnappen sich die Beutetiere, die durch unsere Arbeiten aufgestöbert werden. Schlaue Kerle!

Am 15. Juni 1963 ziehen die Aquanauten in das große gelbe Unterwasserhaus, das wir wegen seiner Form Seestern nennen. Es besteht aus einem Zentralblock (Salon, Messe, Schaltzentrale) und vier Seitenarmen (zwei Kajüten mit je zwei Kojen, eine Dusche mit Umkleideraum und eine Kombüse mit Labor). Die vier Helden sind Claude Wesly, der Schiffskoch Pierre Guilbert, André Folco, Unterwassertechniker, und Professor Raymond Vaissière, Direktor des Meeresbiologischen Labors des Meereskundemuseums von Monaco. Die vier Männer verbringen ihre erste Nacht in dem Haus, in dem sie fast einen Monat leben sollen. Der Pascha hat mit ihnen zu Abend gespeist. Sie haben ein bisschen Angst, sind aber glücklich.

Die ersten Tage des Experiments verlaufen ohne große Ereignisse. Die Aquanauten arbeiten. Claude Wesly erhält mit dem Dampfkochtopf als Transportmittel eine eigenartige Sendung: einen Papagei! Einen echten, lebenden Papagei mit Federn und Krummschnabel, der nach seinem neuen Herrn Claude genannt wird. Der Vogel soll toxische Gasentwicklungen melden. Wenn das Luftreinigungsgerät des Unterwasserhauses versagt, fällt er als Erster um; die Aquanauten können Alarm schlagen, bevor sie selbst die ersten Vergiftungssymptome spüren. Der Papagei Claude passt sich ohne Schwierigkeiten seiner grotesken Umgebung an. Als er durch das Bullauge plötzlich einen Papageifisch sieht, genauso grün wie er und mit einem ebenso harten Schnabel, entbehrt die Szene nicht einer gewissen Komik.

Ich gehe ein- oder zweimal täglich hinunter, um den Aquanauten zu helfen, ihre Werkzeuge aus dem Materiallager zu schaffen oder ihre Unterwasserfahrzeuge in Gang zu setzen. Und ich sehe nach, was Jules so treibt.

Jules ist am Einzugstag erschienen. Es ist ein Barrakuda, ein riesiges Exemplar!

Mehr als zwei Meter lang, mit silberblauen Schuppen und einem Maul voll spitzer Zähne, darunter vier beeindruckende Fangzähne. Damals waren wir an Barrakudas noch nicht gewöhnt. Sie sind gut bewaffnet und schnell. Wir befürchteten, sie könnten – nur um mal zu kosten – eine Wade oder einen Arm eines Mannschaftsmitglieds schnappen wollen. Nach Jahren des Tauchens in Meeren, wo es viele dieser Raubfische gibt, kann ich heute sagen, dass sie den Menschen nie gefährlich werden. Mir sind Hunderte begegnet, bisweilen in dicht gedrängten Schwärmen. Nie haben sie angegriffen.

Jules schläft an einem Standbein der Garage für das Tauchboot. Am Morgen beobachtet er, wie die Aquanauten herauskommen. Er bleibt in ihrer Nähe, wenn sie die Außenwände ihres Wohngebäudes säubern, die sich rasch mit kalkbildenden Algen, Würmern und Muscheln bedecken. Von Zeit zu Zeit erwischt er dabei ein Häppchen, das er sofort verschluckt. Unsere Wühlarbeit schätzt er sehr, weil sie aus dem Sediment schöne fette Beute aufjagt.

Im großen Unterwasserhaus essen, schlafen, arbeiten und verbringen die Aquanauten ihre Freizeit wie zu Hause. Sie nehmen Sonnenbäder, indem sie sich in

Précontinent II am Standort im Roten Meer. Aquanauten schwimmen auf ihr „Seesternhaus“ zu, in dem sie wohnen. ▼

▲ **Schach im Seesternhaus, mit absolut beneidenswerter Aussicht auf die Unterwasserwelt des Riffs**

dieser Welt ohne Sonne der Ultraviolettstrahlung einer Höhensonne aussetzen. Allerdings tun sie das nicht aus kosmetischen Gründen. Das Ultraviolett, das die Haut braucht, um Vitamin D aufzubauen, ist für ihre Gesundheit erforderlich. Die Tage vergehen. Der Organismus der Männer passt sich an das Leben unter Überdruck an. Sie amüsieren sich über einige kuriose Erscheinungen. Zigarettentabak verglüht doppelt so schnell, da die Pressluft im Seesternhaus doppelt so viel Sauerstoff enthält wie die Atmosphäre. Kratzer von Korallen heilen wie durch Hexenwerk. Umgekehrt wächst der Bart nur noch halb so schnell. Im Übrigen leiden die Riffbewohner unter dem einheitlichen Blauton ihrer Umgebung. Fisch wollen sie nicht essen.

Nach zwei Wochen bereiten sich zwei weitere Aquanauten vor: André Portelatine und Raymond Kientzy. Sie sollen nicht im Seesternhaus wohnen, sondern in der Tiefenstation, die 25 Meter unter der Meeresoberfläche verankert ist. Das Gasgemisch, das sie eine Woche lang atmen sollen, ist nicht Pressluft wie im Seesternhaus, sondern ein Gemisch aus Sauerstoff, Stickstoff und Helium unter 3,5 Atmosphären Druck. Sie sollen jeden Tag ein oder zwei Einsätze bis ungefähr hundert Meter Tiefe ausführen.

Beim Experiment Précontinent II besteht eine meiner Aufgaben darin, die „tauchende Untertasse“ zu steuern. Wir erforschen das Riff in alle Richtungen. Da sich die Haie verflüchtigt haben und Jules der Barrakuda friedfertiger ist, als wir dachten, sind die interessantesten Riffbewohner die großen Papageifische. Nach Einbruch der Nacht schlafen sie alle in ihren Löchern. Morgens machen sie Toilette, indem sie sich auf dem Grund heftig im Sand wälzen. Dann kommen sie wieder zur Schar zusammen und fangen an, Korallen zu brechen, die sie dann mit ihren kräftigen, zu einem Schnabel verwachsenen Zähnen zerbeißen. Sie kauen den Kalkstein wie Zwieback. Dann spucken sie den zerkrümelten Kalkstein aus und schlucken die kleinen weichen Polypen hinunter, die ihre Nahrung bilden.

Begleitet von Kommandant Cousteau fahre ich im Tauchboot den Riffabsturz hinab. Bis zu einer Tiefe von neunzig Metern herrscht farbiges, prachtvolles Leben. Abrupt und unerklärlicherweise ist es ab da verschwunden. Zwischen neunzig und 240 Metern ist der Kalkabhang eine Wüste abgestorbener Korallen. In 250 Meter Tiefe beginnt ein neues Stockwerk des Lebens. Ein Petersfisch mit seinen „Antennen“ (Auswüchse seiner Rückenflosse) zeigt seine grauen Flanken, auf denen ein Fleck als großes Drohauge sitzt. Ein rot und dunkelbraun gestreifter Krake verzieht sich in scin Loch.

Mitte Juli 1963 geht das Experiment Précontinent II zu Ende. Raymond Kientzy und André Portelatine unterziehen sich ihrer Dekompression und kommen wieder herauf. Der unermüdliche Pfeifenraucher hat eine Woche lang ohne seine Droge auskommen müssen. Kaum zurück vom Einsatz, stopft er sich eine ordentliche Pfeife –

◀ Manche Papageifische spinnen sich zum Schlafen in einen Schleimkokon ein, der sie vor nächtlichen Räubern schützt. Morgens schütteln sie den Kokon ab, indem sie sich heftig im Sand wälzen.

und hustet wie ein Pennäler bei der ersten Zigarette. Die vier Aquanauten aus dem Seesternhaus behaupten, sie wären gern noch länger geblieben. Vorsichtig bringen sie den Dampfkochtopf zur *Calypso* zurück, in den sie ein weiteres Besatzungsmitglied eingesperrt haben, den Papagei Claude. Und dieser reagiert auf den Anblick der Sonne mit glücklichem Geflatter.

Dieses neue Experiment ist ein Erfolg. Nur ein Beispiel: Professor Vaissière ist der erste Spezialist für Meeresbiologie, der seine Musterexemplare im Landmilieu in zehn Meter Tiefe studieren kann. Er füllt Schachteln und Glasbehälter mit Proben, die er an Kollegen in der ganzen Welt verschickt. Und vor allem hat es gezeigt, dass der Mensch problemlos einen Monat lang gasgesättigt leben kann.

Précontinent III

1965 fallen wie ein Schwarm sympathischer Silbermöwen erneut Professoren auf der *Calypso* ein. Kommandant Cousteau gibt mir einen vertraulichen Auftrag: einen günstigen Platz für unser drittes Précontinent-Experiment zu finden. Diesmal soll es ein Monat in hundert Meter Tiefe werden. Nicht weniger.

Ich fange wieder damit an, den Grund mit dem Tauchboot zu erkunden, nicht mehr im Roten Meer, sondern im Mittelmeer bei Kap Ferrat. 350 Meter südlich des Leuchtturms finde ich einen passenden Felsabsatz. Die Fläche ist zum Teil sandbedeckt. In einer Spalte sitzt ein großer Krake. Hierhin werden wir umziehen; der Krake soll das Maskottchen der Operation werden.

Cousteau referiert über das Kontinentalschelf vor einem Saal Journalisten, denen er den Wohnbehälter von Précontinent III vorgestellt hat, der schwimmend im Hafen von Monaco liegt. „Das Kontinentalschelf zwischen null und zweihundert

Das kugelrunde Wohnhaus von Précontinent III, kurz bevor es an der französischen Mittelmeerküste in hundert Meter Tiefe versenkt wurde ▶

Meter Tiefe“, erläutert der Pascha, „ist der wirklich ‚nutzbare‘ Teil des Meeres. Dort leben die meisten Weichtiere, Krebstiere und Fische. Das übrige Wasservolumen ist so öde wie die Sahara.“

Das neue Unterwasserhaus ist eine Kugel mit 5,70 Meter Durchmesser. Die Außenhaut widersteht einem Druck von dreißig Atmosphären. Die Einrichtung wiegt mit Ballast dreißig Tonnen.

Einzug ist am 22. September 1965. Die Mannschaft der Aquanauten besteht aus André Laban, dem Chefingenieur des Einsatzes, dem Arzt Jacques Rollet, Philippe Cousteau, dem 25-jährigen Sohn des Paschas, dem Cheftaucher Christian Bonnici und den Tauchern Raymond Coll und Yves Omer. Die Männer nehmen ihre Bleibe in Besitz. André Laban und seine Kollegen verspeisen ihre erste Mahlzeit, schlafen ihre erste Nacht, werden das erste Mal zu ihrer Arbeit im Meer geweckt. Sie verlassen täglich für mindestens drei Stunden das Unterwasserhaus. Ihre Arbeit besteht im Wesentlichen darin, auf 120 Meter hinunterzugehen, wo sie zu Übungszwecken einen Ventilkopf für ein Erdölbohrloch abmontieren und wieder anmontieren. Bei diesen Exkursionen atmen sie durch elastische Schläuche, Nargilehs (nach den orientalischen Wasserpfeifen benannt), die aus dem Unterwasserhaus kommen. Täglich absolvieren sie psychomotorische Tests.

Ein einfaches Leben führen sie nicht, diese Pioniere, deren Anstrengungen ich zweimal täglich bewundere, wenn ich sie im Tauchboot oder im Taucheranzug besuche. Die Klimaanlage fällt dauernd aus. Die Luftfeuchtigkeit nähert sich hundert Prozent. Auch die Kommunikation zwischen den Männern ist nicht einfach und zerrt an den Nerven: Das Helium, das in dieser künstlichen Atmosphäre den Stickstoff ersetzt, verzerrt alle Geräusche. Abgesehen davon ist die Moral aber gut.

An der Meeresoberfläche, von wo aus wir mit Fernsehkameras das Verhalten der Aquanauten beobachten, sind wir in Sorge. Das Meer, das am 24. September unruhig geworden ist, wird ungemütlich. Die Wettervorhersage kündigt einen Sturm an. Wenn die Versorgungskabel reißen, könnte leicht eine Tragödie geschehen. Wir benachrichtigen die Aquanauten; sie halten sich bereit, in die Dekompressionskammer umzusteigen, die wir für den Notfall bereithalten.

Um zu vermeiden, dass es dazu kommt, halte ich es für unbedingt erforderlich, auf dem Kabelgalgen an der Küste die Versorgungskabel für das Unterwasserhaus besser zu befestigen. Die Dünung klatscht ans Ufer. Der Wind heult wahnsinnig. Ich klettere auf den Querbalken oben am Kabelgalgen und komme bis zum Winkel. Jetzt sitze ich mehr als 15 Meter über den Felsen, gegen die Brecher mit ungeheurer Gewalt donnern. Ich verstärke die Taue, befestige, was ich kann, und setze zusätzliche Schrauben in die Verankerung der Seilscheiben. Und kriege einen gewischt! Die elektrischen Kabel, deren Isolierung durch das Salzwasser gelitten hat, teilen immer stärkere Schläge an mich aus. Ich ziehe mich zentimeterweise zurück. Ich setze wieder Fuß auf festen Boden. Es scheint zu halten. Der Sturm legt sich. Der Alarm ist vorbei. Précontinent III geht weiter.

Am 1. Oktober 1965 nehmen zwei Unterwasserhäuser über Satellit Verbindung zueinander auf: Précontinent III in Villefranche-sur-Mer und Sealab II, die amerikanische Station, die in 61 Meter Tiefe vor dem kalifornischen La Jolla verankert ist. Philippe Cousteau, der jüngere Sohn des Kommandanten, grüßt den Aquanauten und früheren Astronauten Scott Carpenter durch zwei Ozeane über 10000 Kilometer Entfernung hinweg.

Die Aquanauten schließen ihr Programm zur Montage des Bohrloch-Ventilkopfes ab. Der weitere Aufenthalt vergeht mit neuen psychomotorischen Tests und Zusatzexperimenten (vor allem der Entnahme von Plankton- und Sedimentproben und Sammlung von Schlammproben zur späteren Bestimmung der durch die amerikanischen und sowjetischen Atomversuche entstandenen Radioaktivität). Die Aquanauten entwickeln ein kameradschaftliches Verhältnis zu einem Petersfisch, der ihnen jeden Abend einen eigennützigen Besuch macht; er bekommt nämlich kleine Fleischstücke. Sie beobachten das Treiben eines Anglerfisches: Unweit des Hauses wedelt dieser große Seeteufel, der sich im Sediment tarnt, mit dem Hautläppchen am verlängerten Rückenflossenstachel über dem Maul. Wenn sich ein kleiner Fisch, angezogen von dem vermeintlichen Wurm, nähert, um ihn zu schnappen, reißt der Seeteufel plötzlich sein riesiges Maul auf…

▲ **Der Seeteufel, eine im flacheren Wasser lebende Art der Anglerfische, kann seine aus der Rückenflosse ragende Angel hin und her schwenken, um Beute anzulocken.**

André Laban und seine Freunde sammeln außerdem Beobachtungen aller Art über die Auswirkungen des hohen Drucks. Bisweilen eigenartige… Wenn es eines Tages menschliche Siedlungen in etwa hundert Meter Tiefe geben wird, kann man darauf wetten, dass keine Feinschmeckerlokale dabei sein werden: Der ständige Überdruck löscht nicht nur den Geruchs-, sondern auch den Geschmackssinn aus. „Versuchen Sie die Spiegeleier“, scherzt Philippe Cousteau eines Morgens. „Sie werden begeistert sein. Das Eiweiß bildet eine gummiähnliche Schicht, und das Eigelb wird bröckelig wie Mehl. Weder das eine noch das andere schmeckt nach irgendetwas.“

Korallengarten im Roten Meer: Steinkorallen, umgeben von federförmigen Weichkorallen, Schwämmen und anderen blumenähnlichen Tieren ▶

◀ Studie in Rot: Ein Kissenseestern neben Weichkorallen, die Heidekraut gleichen

Diese wunderbar filigrane Rose ist in Wirklichkeit das Laichband einer feuerroten Sternschnecke. ▼

Gärten im Meer

Mehr als in jedem anderen Lebensraum der Erde trügt der Schein im Meer. Im üppig wuchernden Unterwassergarten tropischer Meere gibt es in Wirklichkeit nur wenige Pflanzen, z. B. das Seegras mit seinen stumpfgrünen Blättern. Der Rest des dschungelartigen Gartens besteht aus Tieren, auch wenn sie oft Pflanzengestalt besitzen und teils auch Pflanzennamen tragen: Seegurken, Seestachelbeeren, Seelilien, Seeanemonen.

Es gibt Korallen, die wie Heidekraut aussehen, Schwämme, die an buntes Gemüse erinnern, Anemonen wie Alpenblumen, Würmer wie Weihnachtsbäume. Pilzartig ausladende Platten entpuppen sich ebenfalls als Korallenstöcke. Seesterne ähneln dekorativen Blüten, bis sie sich durch Fortkriechen als Tiere verraten. Und manche Seepferdchen lassen sich zur Tarnung ein blättriges Zottengeflecht wachsen.

Sogar die Tange gehören zu einer ganz anderen Abteilung des Pflanzenreichs als die grünen Pflanzen auf dem festen Boden. Sie zählen zu den größeren Braunalgen und Rotalgen, denn sie haben keine echten Blätter, Stängel und Wurzeln. Die Haftorgane, mit denen sie am Meeresgrund sitzen, dienen nur der Verankerung, nicht der Nährstoffversorgung. Nährstoffe und Energie beziehen die mitunter bis hundert Meter langen Tange aus dem Sonnenlicht und dem Meerwasser.

In den Tangdickichten vor der australischen Ostküste ist der dreißig Zentimeter lange Große Fetzenfisch nicht von Tangbüscheln zu unterscheiden. ▶

▲ Auf grünem Korallengrund wächst dieses bizarre „Wäldchen“ aus Schraubensabellen (Gliederwürmern).

◀ Farbenvielfalt zeichnet die Haarsterne aus. Mit den federbuschähnlichen Armen sieben sie Plankton aus dem Wasser.

DIE GROSSE KREUZFAHRT

Für die *Calypso* wird das Jahr 1966 ein Jahr des Umbaus – des großen Kalfaterns, wie es in unserem Seemannsjargon heißt. Die *Calypso* wird ausgeschlachtet und neu ausgestattet: Der Schornstein wird umgebaut, die Kajüte verändert, die Kabinen werden erneuert, die Maschinen generalüberholt und die falsche Nase durch eine mit einer größeren Beobachtungskammer ersetzt. Die „tauchende Untertasse" hat jetzt zwei kleine Brüder, zwei neue Kleintauchboote, die wir S. P. 500 oder „Meerflöhe" nennen.

Anfang 1967 ist die *Calypso* fertig. Wir werden für eine große Kreuzfahrt Anker lichten: in drei Jahren einmal um die Welt. Bei dieser Gelegenheit sollten wir die ersten zwölf Folgen einer später berühmten Fernsehserie drehen: „Die Unterwasser-Odyssee der Mannschaft Cousteaus".

▲ **Der Pascha und seine Crew setzen einen „Meerfloh", eines der neuen Kleintauchboote, auf dem Deck der *Calypso* ab.**

Zu der Freude über das Auslaufen auf große Fahrt kommt für mich noch der Stolz hinzu, zum Cheftaucher der *Calypso* ernannt zu werden. Die Beförderung ist vom Pascha wie üblich ohne Feierlichkeit ausgesprochen worden. Cousteau ist einfach aus seiner Kabine gekommen, hat mich auf dem Laufgang angehalten und beiläufig zu mir gesagt: „Schön, Bébert, bei dieser Fahrt zähle ich auf Sie als Cheftaucher…"

Ich habe ein überraschtes *„Merci"* gestammelt und mich in die Arbeit gestürzt. Noch nie haben wir an einem Tag so viele Kisten mit Lebensmitteln verladen!

Bunte Ballons werden im Hafen von Monaco zur Abfahrt aufgelassen. Fürst Rainier III. und Fürstin Gracia Patricia winken der *Calypso* zu, als die Leinen losgeworfen werden.

Wir gehen auf Südkurs in Richtung auf den Sueskanal und das Rote Meer. Sonne, blaues Meer… Ich tauche mit meinen Freunden am Shakir-Riff und am Jazaïr-Riff: im Zaubergarten des Roten Meeres. Dann Dschibuti, der Steilfelsen von Afar, die Salzwüste – und berauschende Qatblätter, die die Hafenarbeiter kauen. Tauchen bei der Insel Abd al-Kuri. Dann legen wir in Sokotra an, wo angeblich Sindbad der Seefahrer angespült wurde.

Wir nehmen Kurs auf die Malediven. Auf hoher See kreuzen wir den Weg einer Herde von Pottwalen. Ich bewundere den schrägen Atemstrahl dieser vierzig Tonnen schweren Kolosse mit graubraunem, faltigem, glänzendem Rücken. Die großen Pottwalbullen tauchen bisweilen eineinhalb Stunden lang, 2000 bis 3000 Meter tief, auf der Suche nach Riesenkalmaren, von denen sie sich ernähren und mit denen sie sich Titanenkämpfe liefern. Neunzig Minuten ohne Luftholen: so lange, wie ein Fuß-

ballspiel dauert! Und bis in 3000 Meter Tiefe! Dagegen ist unsere menschliche Leistung auch mit Aqualunge und Unterwasserhäusern lachhaft.

Als sei es ausgemacht, müssen wir wieder einen Sturm über uns ergehen lassen. Die *Calypso* hat schon etliche erlebt, aber dieser hier hinterlässt seine Spuren. Ein dumpfes Knacken, eine Maschine heult auf: Die Schraubenwelle ist glatt durchgebrochen. 1800 Seemeilen vom nächsten Hafen entfernt, müssen wir jetzt mit nur einer Maschine laufen. Ich tauche mit Raymond Coll und Christian Bonnici, um das Bruchstück zu sichern.

Schließlich erreichen wir Malé, die Hauptstadt der Malediven. Die Häuser sind aus Korallenblöcken gemauert, das Gebälk besteht aus Kokospalmenholz, und die Dächer sind mit Palmenblättern gedeckt. Wir tauchen hier, um die Fische der Riffe zu filmen. Sie sind selten, und wir verstehen auch, warum: Die Inselbewohner tauchen mit einem Stein beschwert in die Tiefe und bauen die Korallenstöcke ab, die sie als Baumaterial verwenden. Bei dem Tempo, das sie dabei vorlegen, werden die Schäden für die Umwelt bald unumkehrbar sein. Nicht nur die Fische verschwinden, sondern die ganze Inselgruppe leidet unter diesem Raubbau. Jede Insel, deren Korallengürtel beschädigt wird, kann durch einen Taifun in einer einzigen Nacht vernichtet werden.

Die *Calypso* nimmt Kurs nach Norden, in Richtung auf die Atolle von Gaha Faro und Kardiva. Glücklicherweise sind hier die meisten Riffe noch unberührt. Wir tauchen zu unglaublich mannigfaltigen Korallenbänken hinunter. Manche Korallenstöcke ähneln Hirschgeweihen, andere Artischocken oder Lauchstengeln oder auch Gehirnen, Trüffeln, Steinpilzen. Alle Farben des Regenbogens sind vertreten.

Die bekanntesten Inseln der Malediven stehen unter Bevölkerungsdruck, vor

▲ **Generalüberholt und frisch gestrichen läuft die *Calypso* zu ihrer längsten Kreuzfahrt aus, die drei Jahre dauert. Der palastartige Bau am Ufer ist das Ozeanographische Museum von Monaco.**

Ein Taucher von einer Maledivеninsel bringt Korallenblöcke an Land, die er als Baumaterial von einem Riff abgebrochen hat. ▶

allem durch den Tourismus. Doch die meisten Atolle des Archipels gehören noch zu dem, was ich „unberührte Natur“ nenne. Es sind jungfräuliche Gegenden, in denen Gesteine, Pflanzen und Tiere wie in der Urzeit die Majestät ihres Zusammenlebens entfalten können. Bei den Powellinseln beispielsweise habe ich den Eindruck, einen Katalog von Schwämmen, Korallen, Mollusken, Krebstieren, Stachelhäutern und Fischen vor mir zu haben. Mir ist, als blätterte ich in einem Bestimmungsbuch über Korallenarten.

In den Gewässern um die Insel Oulélé entdecken wir auf dem Sandgrund eine „Siedlung“ von Röhrenaalen. Diese Meeraale, die wir bereits bei Assumption beobachtet haben, benehmen sich wie aufgerichtete Schlangen – oder Fragezeichen. Sie wiegen sich in der Strömung und ziehen sich beim kleinsten Alarm in ihre Löcher zurück. Diese Taktik ist recht sinnvoll, wie mir vorgeführt wird: Einer der Röhrenaale scheint nicht ganz in Form. Nicht nur ich bemerke das: Einige Minuten später haben ihn drei Drückerfische ausgemacht. Sie stürzen sich auf ihn, zerstückeln ihn und lassen nicht mal eine Gräte übrig!

Wir verlassen die Malediven und nehmen Kurs auf die Seychellen. Ein Paradies nach dem anderen... Die *Calypso* schleppt sich mit sieben Knoten dahin, immer noch mit nur einer Maschine. Am 18. April sind wir in Victoria, der Hauptstadt der Seychellen auf der Insel Mahé, und fahren von dort nach Aldabra, Assumption und Cosmoledo. Bekanntes Terrain...

Auf Aldabra finde ich meine Freunde wieder, die Riesenschildkröten, die schon lange vor mir auf der Welt waren und uns alle überleben werden. Ich begeistere mich für die Schlammspringer, Fische, die auf Mangrovenäste klettern und Insekten wie die Venusfliege fangen. Diese Tiere haben gliedmaßenähnliche Brustflossen, auf denen sie sich wie mit Krücken vorwärts schieben. Mit Sauerstoff versorgen sie sich, indem sie in schwammigen Säcken in ihren Kiemen Wasservorräte mitnehmen.

Als wir am Riff von Assumption tauchen, machen wir uns fieberhaft auf die Suche nach Jojo, dem Wrackbarsch. Wir finden auch seine Wohnung. Aber Jojo ist nicht mehr da… Wie alle meine Freunde auf der *Calypso* ertappe ich mich dabei, dass ich davon träumte. Natürlich ist mir klar, dass es bereits zwölf Jahre her sind, seit wir mit ihm getanzt haben.

Jojo ist dahin, stattdessen erfreuen wir uns an der größten Muräne, die ich je gesehen habe: ein Kopf, größer als der meine; der Leib zweieinhalb Meter lang … André Laban und Yves Omer zähmen sie, indem sie ihr Fleischstückchen anbieten. Der Fisch lernt nach ein paar Versuchen, die dargebotene Nahrung mit der Schnauzenspitze aufzunehmen – ohne zugleich die Finger anzuknabbern. Er ist weder bösartig noch giftig. Aggressiv wird er erst, wenn man ihm Angst macht – ihn zum Beispiel aus der Spalte herausziehen will, in der er seinen Hinterleib birgt.

▲ Der Walhai, bis zu 15 Meter lang und 15 Tonnen schwer, ist der größte Fisch der Welt. Als Plankton- und Kleinfischfresser ist er vollkommen harmlos, obwohl er einen Menschen mit Haut und Haar verschlingen könnte.

Der Pascha hat die Absicht, ins Rote Meer und dann ins Mittelmeer zurückzufahren, in Monaco Station zu machen und dann über Gibraltar Kurs auf Amerika zu nehmen. Im Roten Meer machen wir einen Abstecher nach Schab Rumi – dem Riff bei Port Sudan, wo wir unser Unterwasserdorf Précontinent II gebaut und bewohnt haben. Ein bewegender Besuch: Es ist jetzt vier Jahre her, dass wir die Unterwassergebäude verlassen haben. Schon jetzt haben Algen, Schwämme und Korallen unsere zeitweiligen Behausungen überwuchert. Kaum erkenne ich noch die Garage des Tauchboots und den Werkzeugschuppen, die unter regelrechten Girlanden von Meereslebewesen verschwunden sind. Auf einem stählernen Stützfuß entdecke ich einen Fächer von Acropora-Korallen von mehr als dreißig Zentimeter Durchmesser.

Wir fahren wieder nach Norden, durchqueren den Golf von Sues und laufen in den gleichnamigen Hafen ein. Während unserer Rundfahrt im Indischen Ozean ist die Spannung zwischen Israel und den arabischen Ländern bis zur Unerträglichkeit gestiegen. Am 5. Juni 1967 ist der Sechstagekrieg ausgebrochen. Dutzende von Wracks versperren den Sueskanal, der auf Monate, vielleicht Jahre geschlossen bleiben wird. Jetzt sitzen wir in der Falle. Wir sind gezwungen, umzukehren und um das Kap der Guten Hoffnung zu fahren. Unterwegs kreuzen wir den Weg eines der berühmtesten und rätselhaftesten Meeresbewohner: des Walhais. 15 Meter lang, 15 Tonnen schwer, ein klaffendes Maul von zwei Meter Breite… Er könnte einen Taucher verschlingen, aber er ist ganz harmlos. Dieser Titan frisst nur Plankton und kleine Fische von Sardinengröße, die er mit ganzen Kubikmetern Wasser verschluckt.

Philippe Cousteau fliegt gern. Er hat einen Heißluftballon mitgenommen – eine Mongolfière. Im Indischen Ozean bläst er ihn auf. Aus der Luft kann er damit das Meer weit übersehen und Delphine und Wale ausmachen.

▲ **Gerade eine Stunde alt, buddelt sich die frisch geschlüpfte Schildkröte aus dem Sand und eilt instinktiv der See zu. Dabei wird sie leicht die Beute von Räubern.**

Die *Calypso* nimmt wieder einmal Kurs auf Madagaskar. Davor unterbrechen wir die Reise bei dem Eiland Coëtivy, südlich der Seychellen. Seltene Korallen, viele Wrackbarsche, menschliches Elend. An unserem Bordarzt Doktor Millet defiliert in der Sprechstunde fast die gesamte Bevölkerung vorbei, die seit Jahren keinen Arzt mehr gesehen hat. Das Leben auf diesen verzauberten Südseeatollen ist nicht ganz so paradiesisch, wie es immer heißt.

Wir ankern im Hafen Diégo-Suarez. Eine Legende des Eingeborenenstamms Antankarana behauptet, dass in einem benachbarten See riesige Krokodile schwimmen, die früher selbstsüchtige Menschen waren und jetzt ihre Sünden büßen, indem sie Fürbitte beim Gott Zanahary leisten. Als wir das Dorf besuchen, sagen uns die Dorfbewohner, dass man das Blut eines Zeburindes opfern müsse, wenn man diese Krokodile sehen wolle. Wir kaufen ihnen ein Zebu ab. Sie gießen das Blut in den See und lassen uns dann am Ufer mit unseren Kameras und Taucheranzügen allein. Nachdem wir lange genug gewartet haben, kehren wir in das Dorf zurück: Die Bevölkerung ist zu einem lustigen Festschmaus um unser gebratenes Zebu versammelt!

Wir müssen lachen. Die Dorfbewohner haben die Naivität von uns „Wissenschaftlern" ausgenutzt, die von weit her gekommen sind und gläubig die Sagen ihrer Vorfahren sammeln, an die im Dorf nie jemand geglaubt hat.

Nun nehmen wir Kurs auf die Îles Glorieuses – einen winzigen Archipel zwischen den Komoren und der Nordspitze Madagaskars. Wir feiern Silvester und Neujahr 1968 unter Wasser – tauchend auf der Levenbank. Um Mitternacht geben wir uns mit unseren Masken Küsschen und wünschen uns mit erhobenem Daumen ein gutes neues Jahr. Mistelzweige haben wir nicht, aber Milliarden kleiner Planktonkugeln phosphorisieren und sind ein guter Ersatz.

Wir laufen in die Straße von Mosambik ein, auf die Atolle von Bassas da India und Europa zu. Die Strände des Atolls Europa sind ein Treffpunkt der Meeresschildkröten. Nur die Weibchen kriechen auf den Sand. Sie scharren sich eine kreisförmige Vertiefung von Körpergröße, in die sie ein zweites, schmaleres Loch von etwa vierzig Zentimeter Tiefe graben. Dann legen sie. Die kugelförmigen Eier, weiß, so groß wie Golfbälle, fallen in das Loch. Ihre zunächst weiche Schale härtet an der Luft. Jedes Weibchen legt etwa hundert Eier. Wenn die Meeresschildkröte damit fertig ist, bedeckt sie das Gelege mit Sand und kriecht mühsam wieder ins Meer. Sechs Wochen später, wenn es Zeit zum Schlüpfen ist, kriechen die Jungtiere aus dem Sand und rennen zum Wasser, wobei sie versuchen, den vielen Räubern zu entkommen, die ihnen auflauern: Palmendieb-Krabben, Fregattvögel, Silbermöwen. Im Wasser müssen sie dem Maul der großen Fische entwischen, die ungeduldig auf dieses Festbankett warten: Stachelmakrelen, Seriolafische, Wrackbarsche, Haie…

Das Schicksal der Meeresschildkröten geht mir nahe – sie sind überall auf der Welt bedroht. Mit meinen Freunden rette ich eine, die sich auf dem Rückweg zum Meer mit den Beinen in Wurzeln verfangen hat und an Austrocknung verendet wäre.

Zusammen mit dem Pascha untersuche ich mit dem Tauchboot den äußeren Korallenabhang des Atolls Europa. In 150 Meter Tiefe erhält das Tauchboot einen gewaltigen Stoß; wir werden durcheinander geworfen. Durch die Bullaugen sehen wir die eindrucksvolle Silhouette eines Grauhais vorbeiziehen. Dieser Urhai mit seinen sechs Kiemenspalten (statt der fünf bei den „modernen" Haien) wird bis zu sieben

Meter lang, patrouilliert durch die tieferen Gewässer und hat sich seit 350 Millionen Jahren praktisch nicht verändert. Dieses Exemplar muss von unseren Scheinwerfern erschreckt worden sein. In einem Abwehrreflex hat er das Tauchboot gerammt. Was für eine Masse und Kraft! „Dem möchte ich nicht im Taucheranzug begegnen!“, gesteht Cousteau.

In 110 Meter Tiefe entdecken wir einen langen Kalksims und den Eingang zu einer riesigen Grotte. Unsere Scheinwerfer erleuchten einen Saal voller Stalaktiten und Stalagmiten.

„Na, so was!“, ruft Cousteau. „Diese Kalkablagerungen haben sich an der Luft

◀ Tropfsteine entstehen, wenn Sickerwasser in luftgefüllte Höhlen eindringt. Werden sie, wie hier, unterseeisch gefunden, muss der Meeresspiegel seit ihrer Entstehung beträchtlich gestiegen bzw. das Land abgesunken sein.

gebildet, zu einer Zeit, als der Meeresspiegel hundertzehn Meter unter dem heutigen Niveau lag. Zum Beispiel während der letzten Eiszeit, also vor sechzehntausend Jahren…“

Als wir wieder auf die *Calypso* kommen, ballen sich über unseren Häuptern schwarze Wolken zusammen. Die Wettervorhersagen sind katastrophal: Zwei aufeinander folgende Wirbelstürme, Flossie und Georgette genannt, werden über den Küstenstrich herfallen. Wir müssen schnell fliehen, und das mit nur einer Maschine… Wir lassen eine kleine Mannschaft auf dem Atoll Europa zurück und nehmen Kurs auf den madagassischen Hafen Tuléar. Am Morgen brüllt der Wind bereits mit Spitzengeschwindigkeiten von 180 Kilometern pro Stunde. Die Wogen werden zu bleiweißen Schaumgebirgen: Die Wut der Elemente hat uns eingeholt. Die *Calypso*, in der Dünung taumelnd, ist nur noch ein winziger Korken auf dem Ozean.

Einige Tage später werden wir bei glatter See und angenehmer Brise das Kap der Guten Hoffnung umschiffen.

Pepito und Cristobal

Wir lassen die Schraubenwelle in Durban reparieren. Dann laufen wir zur Südspitze Afrikas, die nicht das Kap der Guten Hoffnung (bei Kapstadt) ist, wie viele glauben, sondern Kap Agulhas. Eine wilde Küste, vor der wir mehrfach tauchen. Die Meeresböden sind von riesigen Blattalgen – dem so genannten Kelp – besiedelt, deren „Stängel" zehn Zentimeter dick und zehn Meter lang sind. Dieser Unterwasserwald ist von Myriaden von Würmern, Weichtieren und Krebstieren bevölkert, ein gedeckter Tisch für Seevögel und Ohrenrobben.

▲ **Pepito und Cristobal, die beiden zahmen Pelzrobben der *Calypso*, in der offenen See bei den Grenadinen. Sie werden gerade mit Kalmaren gefüttert – ihrer Leib- und Magenspeise.**

Es ist fesselnd, den Ohrenrobben zuzusehen. Die lokale Art, die Südafrikanische Pelzrobbe, hat ein braunes, glänzendes, rot geflammtes Fell und ist kräftig. Die dominanten Männchen sind mehr als zwei Meter lang, die Weibchen 1,80 Meter.

Der Pascha hat einen Einfall: Wir wollen zwei dieser Robben einfangen und mit nach Südamerika nehmen. So wollen wir ausprobieren, ob diese Tiere mit Menschen zusammenleben und sie womöglich auf Tauchgängen begleiten können.

Wir rüsten uns mit Netzen aus und schaffen es, zwei junge Exemplare zu fangen. Wir bringen sie auf die *Calypso* und schreiben einen Namenswettbewerb für die beiden aus. Einstimmig werden sie Pepito und Cristobal genannt.

Die ersten beiden Tage bleiben die zwei Robben bewegungslos liegen, von der Gefangenschaft verstört. Wir lassen sie sich an das Schiff gewöhnen, während wir Kapstadt mit seinem Tafelberg einen Besuch abstatten.

Ich kehre zu dem Einzigen zurück, was ich kann: tauchen. Zusammen mit dem Pascha, Raymond Coll und Christian Bonnici tauche ich zum Wrack eines im Ersten Weltkrieg versenkten Frachters hinab: der *Maori.* Das ganze Schiff ist mit gelbgrünen Girlanden von Riesenkelp bewachsen, an denen silbrige Bläschen haften: ein Wrack wie in Bildergeschichten. Jeder Meter des Frachtraums und unter den Laufgängen ist von einer Languste besetzt.

Repariert, bereit zur großen Fahrt, lässt die *Calypso* Kapstadt hinter sich. Sie nimmt Kurs auf St. Helena, den Vulkanfelsen mitten im Ozean, der bisweilen als „Nabel des Atlantiks" bezeichnet wird. Die Mannschaft besucht Langwood, das Haus, wo ein gewisser Kaiser nach dem Ende seiner Machtträume von 1815 bis 1821 sein Leben beschloss.

Pepito und Cristobal haben sich jetzt an die Menschen gewöhnt. Ihre Jugend hilft ihnen dabei. Sie passen sich an. Mit großem Appetit fressen sie die Fische und

Kalmare, die die Mannschaft für sie fängt. Man kann sich ihnen nähern, ohne dass sie allzu sehr die Zähne blecken.

Die *Calypso* erreicht die Insel Ascension, die der Portugiese João da Nova am Himmelfahrtstag 1501 entdeckt hat: Asche und Basalt, vulkanische Bergspitzen und Lavaströme, außer am Green Mountain, dem Grünen Berg, wo buschartiges Farnkraut wächst. Die Insel ist eine der über den Meeresspiegel ragenden Bergspitzen des riesigen Grabenbruchs, der von Norden nach Süden mitten durch den Atlantik verläuft und Mittelatlantischer Rücken genannt wird. In dieser Bruchspalte dringt Magma zum Meeresboden hoch, bildet neuen Meeresboden und bewirkt die Verschiebung der Kontinentalplatten – von Europa und Afrika nach der einen und Nord- und Südamerika nach der anderen Seite.

Die Strände von Ascension sind Brutplatz der Grünen Schildkröten von Brasilien. Diese Tiere durchqueren den halben Ozean, um sich dort zu vermehren. Man fragt sich, wie sie es schaffen, diesen winzigen Felsen im Meer zu finden. Es wird angenommen, dass ihre Wanderung vor 200 Millionen Jahren begonnen hat, als der Atlantik gerade erst anfing, sich zu bilden. Generation um Generation haben diese Reptilien demnach denselben Brutplatz beibehalten – wobei sie immer weiter schwimmen mussten, um sich außerhalb der Fortpflanzungszeit zu ernähren.

Die mächtigen Tangwälder

Untermeerische Algenbestände sind von der Artenvielfalt und der Produktivität her eines der reichsten Ökosysteme der Erde; im Meer weisen nur die Korallenriffe eine noch höhere Vielfalt an Lebensformen auf. Schon Darwin bemerkte: „Die Anzahl von Lebewesen aller Ordnungen, deren Existenz eng vom Tang abhängt, ist verblüffend groß."

Alle Tange, auch die bis hundert Meter langen Riesentange, gehören zur Gruppe der Algen. Sie wachsen auf felsigem Grund vor allem in den Meeren der gemäßigten Klimazonen. Die Braun- und Rotalgen haben keine Wurzeln, sondern verankern sich mit tentakelähnlichen Armen am Meeresboden und gewinnen ihre Nahrung aus dem Wasser. Verschiedene Arten besitzen gasgefüllte Blasen, sodass die Wedel an der Oberfläche treiben.

Am Boden eines Tangwaldes leben unzählige Schnecken, Muscheln, Krebse, Röhrenwürmer, Seeigel, Seeanemonen und Schwämme; zwischen den Tangstielen schwimmen Robben und Seeotter, Fische aller Farben, Formen und Größen, Quallen, Tintenfische und Myriaden von Kleinorganismen umher. Die Wedel beherbergen ganz eigene Lebensformen, z. B. bunte Hydropolypen – winzige Nesseltiere, die ihre ebenso winzige Beute mit stechenden Tentakeln fangen.

An der Westküste Südamerikas ragen die größten Tangarten sechzig Meter vom Meeresboden bis zur Oberfläche, wo ihre Wedel ein dichtes Kronendach bilden – wie Bäume im Regenwald. Leider sind auch die Tangwälder bedroht: Umweltverschmutzung gefährdet sie und alle Lebewesen, über die Darwin einst staunte.

◀ **Violetter Seeigel im „Unterholz" eines Tangwaldes an der schottischen Küste**

Rötlich schillernde Kreiselschnecken an einem Tangwedel vor Kalifornien ▶

Die *Calypso* verlässt die Insel in Gesellschaft einer Herde von Finnwalen – der zweitgrößten Walart der Welt. Die Wale fressen und faulenzen. Im Morgengrauen schlafen sie. Sie holen nur ungefähr einmal alle zwei Minuten Luft. Ihre Atemlöcher, die den Resonanzlöchern einer Geige ähneln, weiten sich: Der Finnwal atmet aus und ein. Dann schließen sich die Nasenlöcher wieder, und das riesige Tier mit dem graublauen Rücken sinkt leicht unter die Wasseroberfläche. Bis zum nächsten Atemzug... Jedes Mal, wenn es erforderlich wird, werden die Atemlöcher mit einem kleinen Schwanzreflex über den Wasserspiegel hinausgehoben.

Die *Calypso* erreicht Südamerika im brasilianischen Hafen Natal und überquert dann das Delta des Amazonas, wo der Riesenstrom seine braunen Fluten in die blauen Gewässer des Atlantiks ergießt.

Zwischenstopp in Französisch-Guyana. Cayenne, die Teufelsinsel. Die *Calypso* ankert vor der Sträflingsinsel, wo so viele Verdammte die Vorhölle erlebten. Der Pascha besucht die Gefängnisbauten, die von der tropischen Vegetation überwuchert sind. Ärmliche Zellen. Verliese von einem Meter Breite.

Nun eröffnen sich uns die azurnen Weiten der Karibik. Pepito und Cristobal sind jetzt zahm. Sie benehmen sich auf der *Calypso* wie Besatzer: Alles gehört ihnen. Sie suchen die Kabinen und Kojen der Mannschaft heim. Was ihnen gefällt, stibitzen sie. Ansonsten sind sie die liebenswertesten Flossenfüßer. Wenn wir auf dem Vordeck des Schiffes Mittagsruhe halten, schlafen sie bei uns. Nur der Bordhund Zoom ist damit nicht einverstanden; ihm scheinen die beiden Robben hinterhältige Konkurrenten in der Kunst, um Menschen herumzuscharwenzeln und sich von ihnen den Bauch kraulen zu lassen.

Wir fahren die zauberhafte Inselkette der Antillen entlang. Bei den Grenadinen werfen wir Anker in den Tobago Bays. Wir wollen testen, wie zahm unsere beiden Passagiere sind. Dazu ziehen wir ein Netz, das eine kleine Bucht abschließt und sie hindert, aufs weite Meer hinauszuschwimmen. Raymond Coll und ich begleiten Pepito und Cristobal bei ihrem ersten Bad im Meer seit Südafrika. Um sie stärker an uns zu binden, haben wir uns außerdem mit zwei großen Säcken voller Kalmare versehen – ihren liebsten Leckerbissen.

Pepito, sonst anhänglicher als sein Genosse, findet sofort Geschmack an der Freiheit und erforscht mit Höchstgeschwindigkeit die Unterwasserwelt. Cristobal, auf der *Calypso* eher aufmüpfig, klebt dagegen schüchtern an meinen Flossen.

Drei Tage lang lösen wir uns in der Umfriedung ab, um mit ihnen zu schwimmen. Was für herrliche Wassertiere! Wo wir uns abmühen, ein paar Meter voranzukommen, sausen sie wie Torpedos durchs Wasser. Sie sind geschmeidig und schön. Die Rutschbahn, die wir gebaut haben, damit sie von der *Calypso* leichter ins Wasser kommen, wird zu ihrem Lieblingsspielgerät.

Am 4. Mai ziehen wir nachts die Netze ein. Morgens, als Pepito und Cristobal sich mit uns in der Bucht tummeln, wissen sie noch nicht, dass sie theoretisch frei sind. Sie bleiben brav in der Nähe des Schiffes.

Dann ist Cristobal plötzlich weg. Wir sollen ihn 800 Kilometer weiter wieder sehen. Von einem Fischer in Puerto Rico im Netz gefangen, wird er von einer Amerikanerin aus San Juan, der Inselhauptstadt, zu einem lächerlichen Preis gekauft. Wir erfahren von der Sache und suchen die Dame auf. Sie verkauft uns Cristobal für das

Zwanzigfache dessen, was sie für ihn bezahlt hat. 14 Tage später versucht Cristobal, einen Ochsenfrosch zu fressen. Krank vom Gift, stirbt er trotz der intensiven Bemühungen unseres Schiffsarztes.

Für Pepito ist die Zukunft nicht ganz so schwarz. Wir lassen ihn später vor Peru frei, nachdem wir den Panamakanal passiert haben. Wir geben ihm die Freiheit an einer Küste wieder, die von anderen Pelzrobben bevölkert ist, in der Hoffnung, dass sie ihn gut bei sich aufnehmen. Sicher bin ich mir dessen nicht. Der Pascha auch nicht.

Mit Pepito und Cristobal haben wir Augenblicke außergewöhnlicher Vertrautheit erlebt. Sie haben unsere Atlantiküberquerungen verzaubert. Sie haben uns einige Eigenarten ihres Lebens als Meeressäuger gezeigt. Aber aus heutiger Sicht war es ein Fehler, sie aus ihrer Herde und natürlichen Umgebung zu entführen. Wir werden ihn nie wieder begehen.

Der Titicacasee

Mitte 1968 durchpflügt das Schiff die blauen Wasser der Karibik in Richtung Panama. Wir fahren in den Hafen Colón und dann in den Panamakanal ein. In der Gatun-Schleuse werden wir auf 26 Meter über dem Meeresspiegel gehoben. Wir durchfahren den Gatun-See. Da sind schon die Schleuse von Pedro Miguel, der große Stausee Miraflores, der Hafen von Panama, und – endlich – zum ersten Mal seit ihrem Stapellauf in Seattle, wo sie 1942 gebaut wurde, schickt sich die *Calypso* an, in den Pazifik zurückzukehren.

Wir nehmen Kurs auf Peru, wo Jean-Michel, der ältere der beiden Söhne Cousteaus, einen originellen Einsatz für uns vorbereitet hat: die Suche nach dem legendären Goldschatz der Inkas. Nach einem kurzen Aufenthalt in Callao, dem Hafen von Lima, ankern wir in Matarani, wo wir eine Unmenge Material anlanden, unter anderem unsere beiden einsitzigen Tauchboote, die „Meerflöhe“.

Wir verstauen diese Ladung auf den Waggons der berühmten Andenbahn, die uns auf 3812 Meter Höhe ans Ufer des Titicacasees bringt. Diese riesige Wasserfläche von mehr als 8000 Quadratkilometern birgt einige Geheimnisse. Vor den verblüfften Indios des Dorfes Copacabana laden wir unsere Tauchboote und unsere Taucherausrüstung aus. Wir besuchen das Volk der Schilfbewohner vom Stamme der Uru, das auf schwimmenden Schilfinseln in Schilfhäusern lebt, in Pirogen aus Schilfbündeln über den See fährt und – außer Fisch – Schilfschößlinge isst. Diese Menschen hatten den Landstrich schon vor der Ankunft der Inkas besiedelt; es wird vermutet, dass sie von Arawak-Indianern aus dem Urwald Amazoniens abstammen.

Wir fahren zur Sonneninsel, die für die Inkas ein heiliger Ort war. Ein gebeugter Mann mit faltigem Gesicht, der unter dem Namen Alter vom See bekannt und angeblich mehr als hundert Jahre alt ist, erzählt uns, dass die Inkas zwischen der Sonneninsel und der Mondinsel, die etwa zwölf Kilometer auseinander liegen, eine goldene Kette versenkt hätten, die den Eingang zu einem Geheimtunnel von mehr als 300 Kilometer Länge markiere, der bis in die alte Reichshauptstadt Cuzco führe.

Ich tauche mit Aqualunge und Taucheranzug in Begleitung von Jean-Michel Cousteau, Bernard Delemotte und Raymond Coll. Wir entdecken nur einen ausgedehnten Uferbewuchs von Schilf und in einigen Metern Tiefe unendliche Schlammfelder.

▲ **Wie ein Besucher von einem anderen Stern: ein Taucher der *Calypso* vor einer Uru-Familie auf einer Schilfinsel im Titicacasee**

Der Seeboden wird von riesigen, merkwürdigen Kröten bewohnt, die wie ihre Vettern vom Land aussehen, aber nur in diesen Gewässern zu finden sind. Ein weiterer Tauchgang ist ertragreicher: Wir legen Dutzende von Keramiken aus dem Sediment frei. Sie stammen zweifellos von den Inkas, enthalten aber keinerlei Schatz.

Es heißt, auch hier sei ein Schatz zu finden – ein Haufen aus Gold, Silber, Smaragden und Perlen, den der letzte Sonnensohn, der oberste Inka Atahualpa, angeblich in den heiligen Wassern des Sees versenkt hat, um ihn der Habgier der Konquistadoren Pizarros zu entziehen.

Professor Edgerton nimmt an diesem Einsatz teil. Er stellt uns einen Metalldetektor zur Verfügung. Das Ergebnis unserer Nachforschungen ist gleich null. Aber der Titicacasee ist riesengroß ... Um unsere Chancen zu erhöhen, etwas Interessantes zu finden, nehmen Raymond Coll und ich Platz in unseren Meerflöhen. Die beiden Tauchboote stoßen in die seltsamen Gewässer des Titicacasees vor. Es ist das erste Mal, dass ein Tauchboot in einem See in fast 4000 Meter Höhe taucht!

Tiefe fünfzig Meter ..., hundert ..., 120 ... Die Schilfregion liegt hinter uns, und der Grund ist nur noch eine Abfolge von Schluchten, die zum Teil durch die Ablagerungen der unzähligen Zuflüsse von den Anden ausgefüllt sind. Bis in 120 Meter Tiefe beobachte ich im Lichtkegel meiner Scheinwerfer seltsame Zickzackspuren, die ich verfolge. Es sind die Fußabdrücke von Kröten. Ich hätte nie gedacht (kein Meereswissenschaftler wollte uns glauben, als wir diese Angaben machten), dass diese Tiere in 120 Meter Tiefe leben können. Leider sollte dies unsere größte Entdeckung im Titicacasee bleiben ...

Am 20. November 1968 lichtet die *Calypso,* nachdem Mannschaft und Material wieder an Bord sind, den Anker mit Kurs nach Norden. Wale, Delphine, Robben, Haie, Schwertfische, Fliegende Fische…

Wir steuern nach Acapulco, dann zum Kap San Lucas, das die Halbinsel Baja California südlich abschließt. Weihnachten ist die *Calypso* in Los Angeles. Wie der größte Teil der Mannschaft verbringe ich die Feiertage in Frankreich.

See-Elefanten und Grauwale

Januar 1969: Wir fahren zur Insel Guadalupe. Diese winzige mexikanische Besitzung 250 Kilometer vor Baja California mitten im Pazifik ist die letzte Zuflucht einer Tierart, die der Mensch beinahe ausgerottet hat: des Nördlichen See-Elefanten.

Er ist, zusammen mit seinem Vetter auf der Südhalbkugel, die größte Robbenart der Welt. Die dominanten Männchen sind sechs Meter lang und wiegen vier Tonnen. Sie haben eine rüsselartige Schnauze (wie ihre Namensvettern in der afrikanischen Savanne) und geben kräftige Trompetenstöße von sich, wenn sie miteinander kämpfen oder ihre Harems zusammentreiben.

Wir kreuzen wieder vor der Westküste von Baja California. Dort ist die Kinderstube der Grauwale. Auch sie sind vom Menschen beinahe ausgerottet worden. Zu Beginn des 20. Jahrhunderts gab es nur noch vereinzelte Exemplare, aus denen unter dem wachsamen Schutz der mexikanischen und amerikanischen Behörden die heutigen Herden wurden.

Die *Calypso* ankert vor der Scammonbucht. Wir brauchen nicht lange, bis wir eine Grauwalmutter und ihr Kleines blasen sehen. Etwas weiter kurvt eine zweite Kuh im planktonreichen Wasser; sie scheint nervös und unruhig; vielleicht steht sie kurz vor der Niederkunft. Wir vermeiden es, sie zu stören.

Wir tauchen mit einem dritten Weibchen, dessen ein paar Wochen altes Kalb hervorragend zurechtkommt. Ich lasse mich in der Nähe ins Wasser gleiten und betrachte den riesigen Leib und den Kopf mit der runden, gebogenen Schnauze, in dem sich ein riesiges Maul mit grauen Barten öffnet. Ein wunderbares Schauspiel: Das Junge reibt sich an seiner Mutter und stößt sie spielerisch mit der Schnauze in die Seite; es nimmt mehrere Meter Anlauf und rammt sie; dann rutscht es ihr über den Rücken. Es wirkt glücklich. Die Mama, die Geduld in Person, lässt es sich gefallen.

Die Haut der Grauwale ist von Parasiten besetzt, vor allem von Seepocken und „Walfischläusen“, durch die sie wie gepanzert aussehen. Die Kuh, die wir beobachten, ist davon ganz bedeckt. Das Kalb ist davon noch frei, aber nicht mehr lange. Auch es wird bald unter den Parasiten leiden, von denen sich manche tief in die Haut der Wale einbohren.

Als wir am Ende dieses Tauchgangs den Motor des Schlauchboots wieder in Gang setzen, fahren wir aus Versehen zwischen der Mutter und ihrem Jungtier durch. So etwas sollte man nicht tun. Die Walkuh, besorgt um ihren Nachwuchs, taucht plötzlich unter unser Gefährt und stößt senkrecht nach oben. Sie wirft uns wie Hampelmänner in die Luft und beendet ihren Angriff mit einem kraftvollen Schwanzschlag.

Philippe Cousteau, Bernard Delemotte und ich finden uns halb betäubt im Wasser wieder. Ich bin unter dem Schlauchboot eingeklemmt, doch nach einigen bangen

▲ **Millionen Kröten, darunter halbmetergroße Riesen, wurden im Schlammgrund des Titicacasees entdeckt.**

Augenblicken gelingt es mir schließlich, wieder an die Oberfläche zu kommen. Als wir drei unseren Verstand wieder beisammenhaben und feststellen, dass wir alle unversehrt sind, schätzen wir den Schaden ab.

Mit einem einzigen Kopfstoß und einem Schwanzschlag hat die Walkuh die Bodenbeplankung des Schlauchboots geknackt, den Motor zerstört und den Benzintank platt gedrückt wie einen Pfannkuchen. Wir erschaudern: Wenn einer von uns diese Ohrfeige von sieben Meter Spannweite und 500 Pferdestärken aufs Haupt bekommen hätte, wäre er jetzt genauso platt wie der Benzintank!

▲ Fluke eines Grauwals. Bei Walen steht die Schwanzflosse, anders als bei den Fischen, waagerecht und kann mit kanonenschussähnlichem Knall aufs Wasser schlagen.

Nachdem wir ein paar Tage damit verbracht haben, unsere Prellungen und Schürfwunden zu versorgen, studieren wir weiter das Verhalten des Grauwals. Der Kalifornische Grauwal greift Menschen nie an, außer wenn eine Mutter um ihr Junges besorgt ist. Dann rammt sie, was weder Finnwale noch Pottwale tun. Wir achten aber tunlichst darauf, keiner Walkuh mehr den Eindruck zu vermitteln, dass wir eine Gefahr für ihr Kalb sein könnten.

Eines Morgens entdeckt Philippe am Strand ein gestrandetes Walkalb. Das Junge lebt noch, hat aber furchtbare Wunden an den Flanken, auf die sich die Meeresvögel stürzen. Es zwinkert mit seinen kleinen Augen, in denen zugleich Angst und Verstand zu lesen sind. Philippe kann nicht umhin zu glauben, dass es ihn um Hilfe anfleht. Er alarmiert die *Calypso* über Funk. Die Mannschaft rollt den Kleinen in ein großes Netz und zieht ihn ins Wasser. Leicht ist das nicht: er ist 4,50 Meter lang und wiegt eineinhalb Tonnen… Dann schleppen sie ihn hinter der Schaluppe bis zur *Calypso,* wo sie ihn so am Schiffsrumpf vertäuen, dass seine Blaslöcher über Wasser sind und er atmen kann.

Das Walkalb wird auf den Namen Jonas getauft.

Der Wissenschaftler bei diesem Einsatz, Professor Theodore (Ted) Walker, Spezialist für Grauwale, nimmt an, dass die Mutter irgendwo in der Nähe umherschwimmt und ihr Junges ruft. Er versorgt die Wunden von Jonas und bereitet ihm eine dicke Suppe aus mit Fett und Eiern angereicherter Milch zu, die er dem Walkalb von Hand einflößt. Zwei Tage und zwei Nächte schwankt Jonas zwischen Leben und Tod – und die ganze *Calypso* zwischen Freude und Kummer. Am Ende obsiegt der Tod. In über 35 Jahren Fahrten mit Cousteau ist die Mannschaft nach dem Tod eines Tieres vielleicht nie so traurig gewesen.

Am 21. März erfahren wir vom Tod des Vaters von Kommandant Cousteau. Daniel Cousteau, ein glänzender Anwalt und enzyklopädischer Geist, den ich bei den französischen meereskundlichen Kampagnen und während unserer ersten zehn Jahre bei Kreuzfahrten auf der *Calypso* kennen gelernt hatte, war wenige Wochen vor Vollendung seines 94. Lebensjahres gestorben.

Im folgenden Frühling erforschen wir die Channel Islands gegenüber von Los

Angeles. Unweit der Riesenstadt werden wir bei einem Tauchgang Zeugen eines Balletts Kalifornischer Seelöwen.

Durch Zufall stoßen wir ein paar Seemeilen vor der Insel Santa Catalina auf eine unglaublich große Ansammlung von Kalmaren, wie ich sie nie wieder gesehen habe. Die Mollusken feiern Hochzeit. Wir tauchen in das wimmelnde Meer. Millionen der dreißig Zentimeter langen Geschöpfe winden sich und pulsieren in den Wellen. Bei Nacht ist das Schauspiel überwältigend. Das Meer scheint zu brodeln. Die Tiere sind übererregt. Wie Pfeile schießen sie überallhin. Die Männchen stürzen sich auf die Weibchen und umklammern sie mit ihren zehn Armen. Am Morgen, als sich das Toben gelegt hat, machen wir uns zu einem neuen Tauchgang auf. Die Weibchen legen jetzt weiße Eistränge, die sie an den Hornkorallen und am Tang auf dem Meeresboden befestigen. Völlig erschöpft sinken die erwachsenen Tiere beiderlei Geschlechts nun langsam auf den Meeresgrund, wo sie sterben. Aber der Nachwuchs ist gesichert.

Südlich von Monterey in Kalifornien besuchen wir die Seeotter. Nichts ist hübscher als diese Tiere, die ihres kostbaren Pelzes wegen von den Menschen abgeschlachtet werden. Die Seeotter lieben es, sich zum Schlafen an der Oberfläche in große Stränge von Seetang einzurollen. Wir schwimmen auf sie zu und beobachten sie bei ihrem Familienleben. Im Wasser sind sie die Anmut selbst. Sie schlagen Purzelbäume, winden sich, tanzen. Auf dem Meeresboden suchen sie sich Seeigel, Abalone-Schnecken und Krabben, die sie mit Genuss verspeisen. Sie sind intelligente

Kalmare mit stromlinienförmig zurückgelegten Tentakeln sammeln sich dicht unter der Meeresoberfläche vor der Küste Kaliforniens. ▼

Tiere, die auch Werkzeuge zu gebrauchen wissen: Um den Panzer oder die Schale ihrer Beute zu knacken, holen sie sich einen Stein vom Grund, legen sich damit rücklings aufs Wasser und schlagen dann das Krebstier, die Muschel oder den Stachelhäuter auf den Stein, bis der Panzer zerbricht.

Am 10. Juni 1969 läuft die *Calypso* in den Hafen von Seattle ein und legt vor der Werft an, auf der sie 47 Jahre zuvor gebaut worden war. Einige Arbeiter erinnern sich an den bescheidenen Minenräumer *J. B. 26*. Damals konnte noch niemand wissen, dass aus ihm einmal das berühmteste Forschungsschiff der Welt werden würde.

Am 17. Juni 1969 nimmt die *Calypso* Kurs auf Alaska. Nachdem wir die Grauwale im Winter beobachtet haben, das heißt in ihrer Paarungs- und Gebärzeit, wollen wir sie auch im Sommer studieren, in den polaren Gewässern, wo sie sich mit Plankton den Bauch voll schlagen. Wie die meisten Bartenwale sind sie unermüdliche Wanderer. Gezwungen, in warmen Meeren niederzukommen (ihren Jungen würde das Eiswasser schaden), fressen sie sich im Sommer im Eismeer Speck an, wo es von riesigen Planktonwolken wimmelt, besonders von kleinen Leuchtgarnelen, die auch Krill genannt werden. Die Wale legen im Frühjahr und Herbst eine Strecke von fast 8000 Kilometern zurück, einmal nach Norden und dann wieder zurück nach Süden. Die Tragzeit der Kühe ist nach diesem Jahresrhythmus „berechnet": elf Monate.

Wir erreichen Anchorage, suchen dann Grauwale im Beringmeer und finden mehrere. Sie sind gerade bei Tisch: Sie schwimmen langsam durch Bänke von rosa Garnelen, reißen das Maul auf – Wasser und Plankton fließen hinein –, dann schließen sie die Kiefer und drücken die Zunge gegen den Gaumen. Das unerwünschte Wasser wird durch die Barten hinausgepresst. Im Maul bleiben nur, von den hornigen Barten zurückgehalten, Krill, Mollusken oder kleine Fische zurück, die der Wal hinunterschlürft.

Lachse und Kraken

Während der Pascha eine Mannschaft damit beauftragt, die Seeotter der Halbinsel von Alaska und der Aleuten zu filmen, vertraut er mir die Leitung eines Einsatzes auf

Seeotter gehören zu der kleinen Tierelite, die Werkzeuge benutzt. Zum Aufknacken einer Muschel dreht sich der Otter auf den Rücken, legt einen Stein auf seinen Bauch und schlägt die Muschel gegen den Stein, bis sie aufbricht. ▶

▲ Der Grauwal erreicht ein Körpergewicht von 35 Tonnen und hat eine Lebenserwartung von vierzig bis sechzig Jahren. Er kommt an der amerikanischen Westküste von Kalifornien bis Alaska vor.

der Kodiak-Insel an. Wir sollen die Wanderung der Pazifischen Lachse untersuchen.

Mit ein paar Kameraden errichte ich ein Behelfslager am Ufer des Fraser River. Mit von der Partie sind der Filmemacher Jacques Renoir – der Enkel des genialen Malers Auguste Renoir – und die Taucher Bernard Delemotte, Yves Omer, Dominique Arrieu und Patrice Innocenti. Wir warten auf die Lachse. Von ihrem fabelhaften Geruchssinn geleitet, finden sie nach vier Jahren Mast auf dem Meer die Mündung ihres Geburtsgewässers wieder, das sie jetzt bis zu dem Bächlein hinaufsteigen werden, in dem sie geschlüpft sind.

Sobald sie in Süßwasser schwimmen, hören sie auf zu fressen. Die Männchen bekommen ein seltsam verkrümmtes Maul (man nennt sie Hakenlachse). Die beiden Geschlechter wandern stromauf. Sie lassen sich durch nichts aufhalten. Vor einem Wasserfall nehmen sie Anlauf und springen. Mit ein paar Sätzen können sie mehrere Meter Stromschnellen überwinden. Wenn sie es nicht schaffen, fangen sie von vorne an. Manche fallen schwer auf Steine und verletzen sich. Sie versuchen es jedenfalls bis zum Tod. Bisweilen müssen sie den Weg zu Fischleitern finden, die die Menschen für sie gebaut haben, damit die Lachse Staudämme umgehen können.

Wir postieren uns an schäumenden Wasserfällen. Die springenden Lachse bieten einen phantastischen Anblick. Wir entdecken, dass sie bei ihren Sprüngen die Gegenströmung am Fuß von Stromschnellen hervorragend zu nutzen wissen.

▲ **Pazifiklachse bei ihrer Laichwanderung flußaufwärts. Es wird eine Reise ohne Wiederkehr – nach dem Laichen sterben sie.**

Wir werden auch Zeugen des Treibens der Braunbären. Die Kodiakbären zählen zu den Riesen ihrer Gattung; wenn sie sich auf die Hinterbeine stellen, sind sie bis zu 3,50 Meter groß. Für diese Sohlengänger ist die Lachswanderung ein gefundenes Fressen. Sie waten in die Strömung, stecken den Kopf ins Wasser und kommen fast jedes Mal mit einem Fisch im Maul wieder heraus. Die Weißkopfseeadler fressen ebenfalls Lachse, genau wie die Füchse – und die Silbermöwen, die von den Bären hinterlassene Reste aufpicken.

Die Lachse, die bis in ihren Brutbach kommen, führen dort ihren Hochzeitstanz auf. Das Männchen und das Weibchen drehen sich um eine Vertiefung im Kies, in die das Weibchen mit dem Schwanz eine Furche zieht. Es legt Hunderte weißrosa Eier in die Vertiefung, die das Männchen dann befruchtet. Erschöpft lassen sich die erwachsenen Tiere dann mit der Strömung treiben. Ihre Haut verledert. Sie scheinen im Zeitraffer zu altern und verenden. Nach ein paar Wochen schlüpft die Brut. Die Brutfische mit Dottersack werden zu Junglachsen und dann ein Jahr später, wenn sie ins Meer schwimmen, zu Blanklachsen, die vier Jahre lang wachsen, bevor sie ihrerseits die gefährliche Reise flussaufwärts in ihr Brutgewässer antreten.

Wir kehren zur *Calypso* zurück. In der Bristol-Bai studiert die Mannschaft Walrosse. Diese Tiere ähneln riesigen braunroten Raupen, wenn sie sich auf dem Festland dahinwälzen. Im Wasser erlangen sie eine unnachahmliche Anmut. Sie wandern weit, zum Teil schwimmend, zum Teil auf Eisschollen treibend. Sie ernähren sich von Muscheln, Krabben, Seegurken usw., die sie nicht mit den Spitzen ihrer Hauer ausgraben, wie man früher glaubte, sondern mit den Lippen aufnehmen.

Unaufhörlich stoßen sie allerlei Geräusche aus. Sie schreien, grunzen, pfeifen und zwitschern.

Wir filmen die Riesenkrabben oder Königskrabben des Nordpazifiks, deren größte Exemplare eine Spannweite von mehr als drei Metern erreichen. Wir sehen auch Narwale – merkwürdige Meeressäuger, bei denen ein gedrehter Stoßzahn den Schädel wie ein Schwert verlängert und die deshalb auch Einhörner des Meeres genannt werden.

Anfang September, als das Wetter in der Arktis stürmischer wird, ziehen die Grauwale gen Süden. Die *Calypso* tut desgleichen. Wir kehren in den Hafen Seattle zurück. Ruhezeit, Reparaturen, Heimaturlaub und Mannschaftswechsel…

Als die Forschungsarbeiten wieder beginnen, tauchen wir in der Meerenge von Juan de Fuca zwischen der Vancouver-Insel und dem US-Bundesstaat Washington, wo die größten Kraken der Welt hausen. 200 Kilogramm schwer und Arme von vier Meter Länge. Diese intelligenten Tiere sind mitnichten die grausamen Ungeheuer, wie sie in Abenteuergeschichten beschrieben werden. In Wirklichkeit sind sie äußerst friedfertig. Zwar haben sie in ihren Fangarmen Kraft, doch sind sie schnell erschöpft wie alle wechselwarmen Tiere. Wir bewundern im Labyrinth ihrer Höhlen diese Riesentiere, die durch Rückstoß schwimmen und im freien Wasser wie riesige pulsende Blumen aussehen. Bei der kleinsten Aufregung schlägt das Braunrot ihrer Haut ins Ockerfarbene oder ins Blassgraue um.

Wir nehmen Kurs nach Süden, vorbei an Monterrey, wo wir erneut den Seeottern begegnen. Philippe Cousteau freundet sich mit ihnen an. Er lockt sie mit Seeigeln und Muscheln. Sie lassen es zu, dass er ein Schläfchen mit ihnen hält, an der Meeresoberfläche eingerollt in die Blätter des Riesenkelps.

Wir tauchen mit Kalifornischen Seelöwen und erleben eine erstaunliche Szene: Die Tiere rotten sich zu mehreren zusammen, um einen großen Mondfisch von mehr als zwei Meter Länge zu fangen. Zu unserer Verblüffung beißen die schlauen Seelöwen ihrem Opfer die Schwimmflossen ab. Der Fisch, der nicht mehr flüchten kann, aber noch lebt, wird so zur bequemen Speisekammer. Das Wort „grausam" hat in Bezug auf Tiere keine Bedeutung.

▲ Ein Krake vertilgt einen unerwarteten Happen: die Überreste eines kleinen toten Hais. Normalerweise bekäme er eine so schnelle Beute nie in die Fangarme.

November und Dezember in Kalifornien. Beobachtungen des Verhaltens von Delphinen in der Freiheit. Professor René-Guy Brusnel, Spezialist für die Lautäußerungen und die Sprache dieser Wale, analysiert die Lautstruktur und zeichnet sie auf. Er versucht den Sinn der Klicklaute, Triller und Pfiffe zu ergründen, die die Tiere unaufhörlich ausstoßen. Bestimmte Lautäußerungen (besonders das Klicken) dienen der Schallortung. Andere ähneln Sätzen, enthalten Informationen, stellen eine Art Dialog dar.

Im Januar 1970 nehmen wir Kurs auf das Clipperton-Atoll. Ein Büschel Kokospalmen, eine Lagune, ein Krater. Und Scharen von Krabben. Von diesen Krebstieren wimmelt der Strand. Sie fürchten sich vor nichts.

▲ **Das Clipperton-Atoll, ein einsames Eiland im Pazifik, ist von Zehntausenden furchtloser rotgelber Krabben bevölkert.**

Dieses winzige Inselchen, 300 Seemeilen westlich von Acapulco, liegt verloren im Pazifik. Wie alle Atolle hat sich das Clipperton-Atoll um einen aufsteigenden Vulkan gebildet. Bernard Delemotte taucht in den wassergefüllten Krater hinab. Er durchschwimmt eine klare Schicht und dringt dann in einen dicken schwarzen, beängstigenden Brei ein, in dem er jeden Orientierungssinn verliert; glücklicherweise hat er eine Boje mit einem Ariadnefaden verankert, an dem er sich wieder hochhangelt. Als er herauskommt, wirkt er, als habe er in einer Wanne brühend heißen Wassers gelegen: Gesicht und Hände, von der Kombination ungeschützt, sind knallrot und brennen fürchterlich. Er begreift, dass die fangoähnliche Masse, in die er hineingetaucht ist, aus faulenden Algen besteht, deren Verrottungsprozess unter Luftabschluss schwefelige Säure erzeugt. Er braucht eine Woche, bevor er – nachdem sich seine Haut wie nach einem schweren Sonnenbrand geschält hat – wieder wie ein Mensch aussieht.

Blaue Löcher

Einige Wochen später kehren wir durch den Panamakanal in den Atlantik zurück und nehmen Kurs auf Belize, unser letztes Ziel.

Vor diesem kleinen Land erstrecken sich über 400 Kilometer Riffe, das zweitgrößte zusammenhängende Riffgebiet nach dem Großen Barriereriff vor Australien. Wir dringen in das Lighthouse-Riff ein, das durchlöchert ist wie ein Schweizer Käse, voller wassergefüllter Grotten. Überall zeigen sich „blaue Löcher". Es handelt sich um vom Flugzeug aus gut sichtbare runde Schächte von mehreren hundert Meter Durchmesser. Sie sind sehr viel tiefer als das Wasser der Umgebung, wie ihre intensive ultramarine Farbe bezeugt. Cousteau hat beschlossen, eines davon zu untersuchen, was bisher noch kein Mensch getan hat. Wieder ein Geheimnis, das aufzuklären ist…

Zu einem blauen Loch zu gelangen ist ein Hindernislauf, bei dem uns trotz der tropischen Hitze der kalte Schweiß ausbricht. Kapitän Bassaget fordert mich auf, das Ruder zu nehmen. Ich verlasse mich auf die Hinweise meiner Freunde, die den Weg in der Schaluppe und im Schlauchboot auskundschaften. Wir fahren im Slalom zwischen den Riffen hindurch. Bisweilen haben wir weniger als fünfzig Zentimeter Wasser unter dem Kiel. Ein tückischer Korallenstock würde schon reichen.

Vom Hubschrauber aus wirkt die *Calypso* winzig, wie sie da zwischen den blauen Löchern schwimmt. Wir nehmen unsere Erkundungsgänge auf und tauchen in klares Gewässer, dessen Farbe immer dunkler wird, je tiefer wir ins Riff eindringen. Die Wände des Abgrunds verschlammen zur Tiefe hin. Es handelt sich wohl um Kalkgrund. Als sich der Meeresspiegel in einer der Eiszeiten absenkte, drang kohlensäurehaltiges Regenwasser in Spalten ein und löste den Kalkstein auf. So wurden Gänge ausgewaschen, ein komplexes Netz von Höhlen entstand. Schließlich stürzte das Dach dieser riesigen Kavernen ein. Sie haben sich in Einbruchtrichter verwandelt, die zu blauen Löchern wurden, als sie mit Meerwasser voll liefen.

Wir dringen in einen Seitengang ein: Er endet bald. Wir tauchen tiefer hinab – auf mehr als sechzig Meter. Da finden wir einen Durchgang. Vorsichtig dringen wir ein: Angst beschleicht uns. Natürlich haben wir am Eingang eine Schnur befestigt, die wir abrollen und die uns als Ariadnefaden dient. Nichts ist riskanter, als in Unterwasserhöhlen zu tauchen. Man verirrt sich allzu leicht... Taucher haben schon ihren Luftvorrat aufgebraucht und sind erstickt, bevor sie den Ausgang fanden... Wir gelangen ins Innere des Kalkfelsens. Unsere Lampen lassen ringsum Gespenster aufscheinen.

Und da ist ein riesiger Saal, verziert mit Stalaktiten und Stalagmiten. Wir bleiben mehrere Tage an diesem Tauchort und fahren mit einem Meerfloh bis auf 130 Meter hinunter. Ich setze auf dem tiefsten Teil des blauen Lochs auf, von dem es in manchen Legenden heißt, es sei „grundlos". An dieser Stelle liegt ein Schuttkegel auf dem Meeresboden: die Felsen der Höhlendecke, die vor vielen Jahrtausenden eingestürzt ist.

Die Mission ist beendet. Die *Calypso* nimmt Kurs auf Europa... Am 15. September 1970 legen wir in Monaco an. In drei Jahren haben wir eine Strecke von mehr als 50000 Seemeilen zurückgelegt!

▲ **Die „blauen Löcher" der Karibik bildeten sich in den Eiszeiten der letzten Million Jahre als Trockenhöhlen, deren unterirdische Dome einstürzten. Als der Meeresspiegel nach dem Abschmelzen der Gletscher stieg, liefen sie voll Wasser.**

▲ Ein übermütiger Schwertwal schlägt einen Salto rückwärts, zum Entsetzen der auseinander stiebenden Seevögel, die den größten aller Delphine nicht als Akrobaten, sondern als gefährlichen Jäger kennen.

Walrosse beim Sonnenbaden auf Round Island, Alaska. Beide Geschlechter tragen Stoßzähne, die bis zu einem Meter lang werden. ▶

◀ See-Elefanten sind die Riesen der Robbenfamilie. Die Bullen werden über sechs Meter lang und 3,5 Tonnen schwer. Hier brüllt ein Bulle drohend, während seine kleine Gattin (nur eine Tonne schwer) und ein Kalb dem Fotografen misstrauische Blicke zuwerfen.

▲ Manatis oder Rundschwanz-Seekühe leben in warmen, seichten Meeresbuchten oder in Flüssen. Die friedlichen Tiere sind Vegetarier, die sich ausschließlich von Meeresalgen, Seegras und Süßwasserpflanzen ernähren.

▲ Ein Pärchen Atlantischer Fleckendelphine, sonst blitzschnelle Jäger, döst im seichten Wasser.

Meeressäuger

Wale und Delphine stammen von Landtieren ab, die wahrscheinlich vor 65 bis 75 Millionen Jahren ins Meer zurückgewandert sind. Bei dieser Kehrtwende der Evolution blieben die Eigenschaften erhalten, die die Tiere an Land entwickelt hatten. Sie sind also keine kaltblütigen „Walfische", wie öfter zu hören ist, sondern Warmblüter; sie säugen ihre Jungen, haben Lungen und atmen Luft.

Niemand kennt den evolutionären Werdegang dieser intelligenten, geselligen Lebewesen genau, doch als ihre Urahnen gelten Urraubtiere oder Urinsektenfresser. Manche davon haben vermutlich in seichten Küstengewässern gejagt und sich dann ans amphibische Leben gewöhnt, bis sie überhaupt nicht mehr an Land gingen.

Im Lauf des älteren Tertiärs spalteten sich die Urwale in zwei Unterordnungen: die Zahn- und die Bartenwale. Die Fisch und Tintenfisch fressenden Zahnwale umfassen heute sechs Familien, darunter die Pottwale, Delphine und Schweinswale. Die zweite Gruppe umfasst Wale, die mit Barten winzige Organismen aus dem Wasser seihen, so etwa die Grau- und die Furchenwale.

Eine weitere Gruppe der Meeressäuger stellen die Seekühe (Sirenen) dar, die sich in Manatis und Dugongs teilen. Diese großen Pflanzenfresser verbringen ihr ganzes Leben im Wasser, wo ihr einziger Feind der Mensch ist. Eine Zwischenstellung nehmen Robben und Walrosse ein, die am Strand nicht völlig hilflos sind. Robben jagen und fressen im Wasser, schlafen und paaren sich aber an Land. Arten, die ihr Fell verloren haben, stehen wohl kurz vor dem letzten Schritt zum Leben im Wasser.

DER WEISSE RIESENKONTINENT

Die *Calypso* ist lange im Hafen geblieben. Ich habe die Zeit genutzt. Ich bin in Sormiou, in Frioul und vor den Îles d'Hyères getaucht: Taucherferien bestehen aus Tauchen. Ich langweile mich. Ich bastle. Ich muss erkennen, dass auf Cousteaus Schiff zu sein nunmehr für mich gleichbedeutend mit Leben ist.

Natürlich habe ich Gefühle, eine Familie, eine liebenswerte Tochter, die ich vergöttere. Manchmal sage ich mir, dass ein Lächeln des Kindes mehr wert ist als mein Abenteurerleben auf allen Weltmeeren. Zu vorgerückter Stunde träume ich von einem Leben als Büromensch. Ich könnte jeden Abend zur selben Zeit heimkommen, die Füße unter den Tisch strecken... Aber sobald ich meinen Blick zum blauen Horizont des Mittelmeers schweifen lasse, über die Inseln hinaus, weiß ich, dass mich nichts an Land zurückhalten kann.

Am 30. September 1972 lichtet die *Calypso* den Anker – endlich! Sie nimmt Kurs auf die Antarktis, den sechsten Kontinent, das Reich der Kälte und der Schneestürme. 13 Millionen Quadratkilometer Eis, ohne das Packeis zu rechnen, das sich während des endlosen Winters auf dem Meer ausbreitet. Wir werden einen abendfüllenden Film drehen, dessen Titel bereits feststeht: „Die Fahrt ans Ende der Welt", außerdem vier Fernsehfilme.

Den ersten Teil der Fahrt mache ich nicht mit. Ich stoße per Flugzeug in Rio de Janeiro dazu, wo wir einige Tonnen Material laden und von wo wir am 23. Oktober auslaufen.

Vor der argentinischen Küste schwimmt ein junger Schwarzer Glattwal neugierig auf einen Taucher zu. ▶

Wir laufen die Halbinsel Valdés an. Die Schönheit Patagoniens. Obwohl in diesen Breiten schon Frühling ist, finde ich es kalt. Doch dass ich beim Einlaufen in den Golf von San José eine Gänsehaut bekomme, liegt nicht an der Kälte. Es ist wegen der Wale.

Sie sind majestätisch, riesenhaft, wunderbar... Schwarze Glattwale – eine Art, die ich noch nie gesehen habe. 16 bis 18 Meter lang, fünfzig bis siebzig Tonnen schwer. Der Wal, der früher zur Fortpflanzung in die Biskaya in die Nähe der baskischen Küsten zog und den man deshalb Nordkapper oder Biskayawal nannte. Die Basken haben die Spezies schon vor dem Ende des 18. Jahrhunderts fast ausgerottet: Im Nordatlantik gibt es davon nur noch eine winzige Herde in der Fundybai zwischen Kanada und den Vereinigten Staaten.

Wir fahren in den Golf von San José ein, zusammen mit einem Berg aus Speck und Muskeln. Der Wal atmet wie ein Blasebalg und schickt seinen doppelten, herzförmigen Atemstrahl in die Luft. Ein riesiger Kopf, Barten von fünf Meter Länge... Seine Haut ist anthrazit, von Parasiten besetzt, besonders über den Augen, an den Wangen und am Kinn. Seine Oberlippe trägt einen faltigen, verhärteten und mit Seepocken und Schalentieren besetzten Hautbuckel. Wir folgen dem Wal bis in die Mitte des Golfs von San José, und da macht er plötzlich kehrt. Er hebt seine riesige Schwanzflosse über die Wasseroberfläche und lässt sich vom Landwind – dem Wind der Pampa – wieder auf die hohe See hinausschieben. Er hat ganz eindeutig Spaß daran!

Bei Valdés vermehren sich die meisten Schwarzen Glattwale der Südhalbkugel. Wir verbringen verzauberte Tage mit den Walen. Hier entdecken wir Walmütter und ihre Kleinen: liebevolle Szenen. Tauchend stellen wir fest, dass diese Riesentiere viele Minuten (manchmal eine halbe Stunde) ohne Atemholen regungslos und stumm auf dem Grund liegen bleiben. Was bedeutet dieses Verhalten? Ist es vielleicht für sie eine Möglichkeit, der Geräuschortung durch die Schwert- oder Killerwale zu entgehen, ihren gefährlichsten natürlichen Feinden?

Eines Morgens entdecken Bernard Delemotte und ich einen schlafenden Wal auf dem Meeresgrund in vierzig Meter Tiefe. Ich tauche hinunter und schwimme an seinem endlosen Leib entlang. Dann streichle ich ihn: Er hat eine Haut wie Samt und erschauert bei der Berührung. Ich betaste seine riesigen Flossen, seine Mundwinkel, die teilweise sichtbaren Barten und sein rundes Auge von Pampelmusengröße. Der Riese sieht mich an wie ich ihn. Ich lese in seiner Pupille Interesse, Neugier, vielleicht eine Frage. Er ist intelligent, dessen bin ich mir sicher! Ich frage mich, was der Wal von mir hält: Ob er glaubt, dass ich eine Art groteske Robbe bin, schwimmbehindert und mit einer schwarzen, gelb gestreiften Kautschukhaut? Oder erkennt er gar die Spezies Mensch?

Mit Bedauern verlassen wir die Halbinsel Valdés und nehmen Kurs nach Süden. Zwischenaufenthalt an der Punta Trombo: An diesen Stränden fläzen sich Hunderte von Südlichen See-Elefanten. Es sind die Vettern der Nördlichen See-Elefanten, denen wir auf der mexikanischen Insel Guadalupe begegnet sind. Die dominanten Männchen, deren Nase in einen unförmigen Rüssel mündet, brüllen beim Zusammentreiben ihrer widerspenstigen Kühe.

Tausende von Magellanpinguinen bewohnen das Ufer. Kopf und Rücken schiefergrau, weiß der Bauch. Typisch für sie ist eine helle Linie an den Backen und eine dunkle auf der Brust. Sie nisten hinter dem Strand, wo sie seit Generationen ein

▲ Seepocken siedeln sich oft auf Walen an – hier auf einem Schwarzen Glattwal. Sie schmarotzen jedoch nicht und scheinen dem Wal keine Schmerzen zu bereiten.

Dieser Rieseneisberg erinnerte die Besatzung der *Calypso* an die Sphinx von Giseh. Rechts oben ist der Hubschrauber der *Calypso* zu sehen. ▶

Meter tiefe Erdlöcher graben und jedes Jahr wieder nutzen. Sie verteidigen ihre Eier oder Jungen energisch, wie ich feststellen kann, als ich so tue, als wolle ich ein Küken rauben. Ein Elternteil versetzt mir einen Schnabelhieb auf den Zeigefinger, an den ich noch lange denke …

Wir fahren die Küste Patagoniens unter Schwärmen von Kormoranen, Dominikanermöwen und Sturmschwalben entlang. Wir umrunden Feuerland und machen auf einem wellenumtosten Felsen Bekanntschaft mit zwei Arten von Robben: mit dem Südamerikanischen Seebären und der Mähnenrobbe – herrliche Tiere. Die Weibchen mit ihrem orangeroten oder goldfarbenen Pelz sind die verkörperte Eleganz. Die Männchen, deren Hals durch eine üppige dunkelbraune Mähne betont wird, haben die Haltung von Löwen und Reißzähne, die an die der Großkatzen erinnern.

Vor Ushuaia, der südlichsten Stadt der Welt, an der Südküste Feuerlands, werfen wir Anker. Ein kleiner Hafen mit hölzernen Kais. In bunten Farben gestrichene Bretterhäuser. Ein bleifarbenes, seltsames Licht, das eine graue Bucht übergießt, über der ein von merkwürdigen Kräutern überwucherter Friedhof liegt.

Wir überprüfen, ob alle unsere Geräte funktionieren. In Rio de Janeiro haben Techniker der NASA auf der *Calypso* einen Empfänger für per Satellit ausgesandte Wetterkarten und ein über einen anderen Satelliten laufendes Fernmeldesystem installiert. Unser Schiff ist das erste, dem diese ultramoderne Ausrüstung zuteil wird.

Im argentinischen Puerto Madryn haben wir außerdem einen Hughes-300-Kleinhelikopter an Bord genommen, der auf einer Netzplattform starten und landen kann, die wir über dem Bug der *Calypso* aufgespannt haben. Unterstützt werden wir von

einem argentinischen Schiff, der *Bahia Aguirre,* die uns mit Dieselkraftstoff, Kerosin, Trinkwasser und Lebensmitteln versorgt. Ich bin Cheftaucher dieses Einsatzes wie bei den meisten vorhergehenden. Wir haben die Absicht, unter das Packeis zu tauchen, in Gewässer, deren Temperatur unter null Grad Celsius liegt. Durch den Salzgehalt liegt der Gefrierpunkt des Wassers hier niedriger. Ich habe für jeden Taucher eine isolierende Spezialkombination in Rot anfertigen lassen. In diesem Anzug kommt die Haut nicht mehr mit dem Meerwasser in Berührung; ein Luftkissen liegt dazwischen und macht es möglich, eine Dreiviertelstunde in Gewässern zu verbringen, in denen man es mit herkömmlichem Material keine zehn Minuten aushalten würde.

Die Sphinx im Eis

Wir laufen weiter nach Süden. Ich beobachte den königlichen Flug der Albatrosse: Kein anderer Vogel nutzt den Wind so gut. Wir kreuzen den Weg einer Gruppe von Eselspinguinen, die wie Tümmler aus den Wellen springen: erstaunliche Wesen. Sie sind offenbar beim Frühstücken, denn sie tauchen und schlucken beim Auftauchen kleine Tiere.

Wir kreuzen die Bahn der ersten Eisberge: regelrechte schwimmende Gebirge! Keiner gleicht dem anderen. Manche ähneln Bürohäusern, andere ländlichen Kirchen, wieder andere griechischen Tempeln oder Vorstadtvillen. Wir filmen einen, der die ägyptische Sphinx nachahmt – eine auf dem Bauch liegende Katze mit Menschenkopf. Allen Eisbergen folgt ein Hofstaat kleinerer Schollen, die Growler genannt werden und die den Rumpf der *Calypso* beschädigen könnten.

▲ **Adeliepinguine erklimmen die Böschung eines Eisbergs. Wenn sie ihren Rastplatz gefunden haben, werden sie ruhen und sich putzen.**

Wir laufen die King-George-Insel in der Inselgruppe der Südshetlandinseln an und ankern in der weiten Leopardenbucht, die sich nach Südosten gegenüber der Antarktischen Halbinsel öffnet. Auf treibenden Eisblöcken fahren Eselspinguine und Adeliepinguine spazieren wie mit Linienbussen in den Straßen einer Stadt. Eine Weddellrobbe, die auf einer Packeisscholle schlummert, fährt bei unserer Vorbeifahrt auf und lässt sich geräuschlos ins Wasser gleiten.

Philippe Cousteau und François Dorado untersuchen im Schlauchboot eine Gletscherzunge, die Eisberge ins Meer kalbt. Als sie sich nähern, stürzt eine riesige Eisklippe von mehr als fünfzig Meter Höhe und hundert Meter Länge donnernd herab. Die Eismasse erzeugt beim Eintauchen einen riesigen Wassertrichter, der wieder voll läuft und eine Flutwelle aufwirft. Philippe und François werden von den schäumenden Wogen wie Korken umhergeworfen, entkommen aber heil. Doch die Antarktis hat uns gewarnt. Die Natur ist hier unerbittlicher als sonstwo.

Unerbittlicher, aber auch so viel schöner... Worte reichen nicht, um die Pracht der Berge zu schildern, die sich im Meer spiegeln, auf dem Eisschollen schwimmen – weiße, blaue, graue, in tausend Schattierungen.

Am Strand der Leopardenbucht hilft uns der Walspezialist Professor Raymond Duguy beim Zusammentragen eines Blauwalskeletts. Diese Gegend war das Reich der Walfänger. Die Jagd auf die großen Bartenwale begann in der Antarktis um 1902. Norweger, Engländer, Amerikaner und Angehörige von einem Dutzend anderer Nationen schlachteten hier die Riesentiere ab, deren Walspeck zunächst in Tranfabriken auf den Inseln, dann in Fabrikfangschiffen abtransportiert wurde. In den dreißiger Jahren wurden in der Antarktis mehr als 30000 Wale pro Jagdsaison getötet! Ströme von Blut ergossen sich in den Ozean... Heute, nach mehr als einem halben Jahrhundert Schlächterei, sind auf der ganzen Welt nur noch wenige tausend Blauwale übrig – vielleicht auch weniger als tausend, wie manche Walkundler meinen. Unsere Gattung hat gedankenlos lebende Berge von dreißig Meter Länge und 150 bis 200 Tonnen Gewicht abgeschlachtet!

Wir sind auf der Suche nach Walen, als wir die King-George-Insel in Richtung Deception Island verlassen. Für sie ist jetzt die richtige Saison. Wir müssten sie zahlreich blasen sehen, wenn sie sich mit Krill voll schlagen. Aber nein. Der Mensch hat zu viele getötet. Wir begegnen nur zwei Buckelwalen und einigen kleinen Finnwalen – und dann einer Herde Schwertwale. Kein einziger Blauwal. Obwohl diese Tierart seit einigen Jahrzehnten geschützt ist, kann man nicht sicher sein, dass sie überlebt; wenn eine bestimmte Populationsgröße unterschritten wird, ist die Spezies nicht mehr zahlreich genug, dass sich Kühe und Bullen in der Weite des Ozeans zur rechten Zeit finden.

▲ Die *Calypso* hat an zwei großen Packeisschollen festgemacht und läßt ihren Heißluftballon steigen.

Deception Island, die Insel der Enttäuschung, trägt den passenden Namen. Eine Steinwüste, ein schwarzweißes Vulkangebirge: auf der einen Seite Basalt, auf der anderen Schnee und Eis. Die *Calypso* manövriert, um in die fast geschlossene Bucht einzulaufen, die in ihrem Mittelpunkt liegt und von einer vom Meer überfluteten Caldera, einem Explosionskrater, gebildet wird. Cousteaus Schiff fädelt sich durch die Passage, die die alten Walfänger Neptuns Schmiede oder Drachenmaul oder auch Pforte der Hölle nannten. Wir werfen Anker. Im Schlauchboot besuchen wir die alten britischen und chilenischen Walfangstationen, die heute Ruinen sind.

Der Vulkan von Deception Island schläft nur; überall in der Bucht dampft das Wasser. Kochend heiße Quellen ergießen sich ins Meer. An einzelnen Stellen erreicht die Wassertemperatur fast fünfzig Grad Celsius. Wir wollen baden: ein seltsames Erlebnis! Die warme Oberflächenschicht ist nur etwa einen halben Meter tief, sodass man sich im Wasser stehend an der Brust fast verbrüht, am Nabel laues Wasser hat und unten eiskalte Beine!

Mit Philippe Cousteau tauche ich am nächsten Tag im Tauchboot. Wir sinken in ein Gewässer, das voller organischer Partikel ist wie eine Suppe. Mich verblüfft der biologische Reichtum dieses Ozeans, der in so krassem Gegensatz zur antarktischen Landmasse steht. Das Wasser wimmelt von Plankton; wir fahren durch zappelnde Wolken von Garnelen, Weichtieren, Kleintieren aller Art, die sich zum Glück für die Räuber rasend vermehren. Pinguine flitzen auf der Jagd nach Garnelen wie Silberfische vorbei. Eine Krabbenfresserrobbe mästet sich am Krill. Alles Leben in der Antarktis findet im Meer statt.

Tod eines Freundes

Auf Deception Island feiern wir Weihnachten. Wir singen, trinken Champagner, tauschen Geschenke. Auch fern von unseren Familien sind wir glücklich. Niemand genießt die Feier mehr als unser Zweiter Offizier Michel Laval.

Drei Tage später ist Michel Laval tot ...

Am 28. Dezember 1972 um 11.30 Uhr ist er zusammen mit Philippe Cousteau, François Dorado und dem Filmemacher Colin Mounier auf den Gletscher gestiegen. Sie sind stundenlang marschiert und erschöpft. Über Funk fordern sie den Hubschrauber der *Calypso* an. Der Hubschrauber landet. Als Michel Laval seinen Rucksack zurechtrücken will, um in die Kabine zu klettern, rutscht er aus. Der Heckrotor trifft ihn am Kopf. Michel bricht tot zusammen.

Es ist der zweite tödliche Unfall eines Mannschaftsmitglieds nach dem Tod Jean-Pierre Servantis 1952. Michel Laval war mehr als ein Seemann und Forscher: Er war auch ein Dichter. Während die *Calypso*, von trauernden Männern gesteuert, nach Ushuaia zurückfährt, um die Leiche in die Heimat überführen zu lassen, liest mir Cousteau ein Stück aus der Totenrede vor, die er für unseren Freund halten wird:

„Sein ganzes Leben lang hat Michel nach neuen Horizonten gestrebt. Als hervorragender Seemann hat er alle Meere befahren. Für ihn als Naturdichter war die Welt Quell des Staunens und Gegenstand der Liebe. An der Grenze zum Unerforschten hat ihn die Natur wieder zu sich genommen."

Trauerfälle vergisst man nicht. Der Tod von Michel Laval beschäftigt mich, aber unser Einsatz geht weiter...

Auf der Rückfahrt von Ushuaia werden wir über Dutzende von Seemeilen von einem großen Albatros begleitet. Wir machen wieder auf der King-George-Insel Station, um nach Fossilien zu suchen. Uns fallen Steine in die Hand, die schöne Abdrücke von Blättern tragen, vor allem von Pflanzen mit der Bezeichnung Glossopteris. Diese Pflanzenabdrücke aus dem Mesozoikum, dem Erdmittelalter, finden sich in gleicher Gestalt in Südamerika, Südafrika, Indien, Australien und der Antarktis – der Indizienbeweis, dass diese Erdteile damals einen einzigen Kontinent bildeten: Gondwanaland. Am Ende des Mesozoikums und zu Beginn des Tertiärs brach der Riesenerdteil auseinander. Die Kontinente trieben im Laufe der Äonen an ihren heutigen Ort. In der Gegenwart gedeiht in der Antarktis fast kein Pflanzenleben; dem Klima widerstehen nur Moose, Flechten und zwei winzige Blühpflanzen, die nur auf der Antarktischen Halbinsel vorkommen.

Der Eisfisch hat ein Frostschutzmittel im Blut. Dieses erlaubt es ihm, in eiskalten Polarmeeren zu überleben, in denen die meisten anderen Fische rasch sterben würden. ▼

Kommandant Cousteau hat die Leiche von Michel

Laval nach Frankreich begleitet und die Mutter unseres verstorbenen Freundes in den Arm genommen. Was kann man unter solchen Umständen einer Mutter sagen? Mit Hilfe eines Kreuzfahrtschiffes und unseres Hubschraubers stößt er später wieder zu uns. Er kommt zusammen mit unserem neuen Zweiten Offizier, der einen buschigen schwarzen Schnauzbart hat und Paul Zuéna heißt.

Wir passieren die Straße von Guerlache zusammen mit einer Truppe großer Schwertwale. Diese prächtigen schwarzweißen Riesendelphine – auch „Killerwale" genannt – sind die intelligentesten Wale und bevölkern alle Weltmeere. Ihr Reich erstreckt sich über 71 Prozent der Erdoberfläche. Keine andere Spezies hat ein so umfassendes Verbreitungsgebiet. Ich bewundere die hohe Rückenflosse des dominanten Männchens der Gruppe und die wie Samt schimmernde Haut der weißen Bäuche und der schwarzen Rücken der Tiere.

Robben und Pinguine

Wir nehmen Kurs auf die Lavoisier-Insel. Das Eis um das Schiff rückt immer mehr zusammen. Gelegentlich fühlen wir uns schon gefangen. Glücklicherweise haben wir zur Orientierung im Labyrinth der Fahrrinnen unsere Schaluppe, unser Schlauchboot und unseren Hubschrauber. Letzterer ist uns sehr von Nutzen, wenn wir zwischen zwei Routen wählen müssen: Aus der Vogelperspektive überblickt man alles viel besser!

Im Archipel der antarktischen Halbinsel fahren wir von Insel zu Insel, von Bucht zu Bucht. Eine Zauberwelt aus Fels, Eis und Wasser… Wir besuchen die britische

Das „tiefe" Blau

Die Spektralfarben des Sonnenlichts werden vom Meerwasser nicht gleichmäßig absorbiert. Langwelliges rotes Licht verblasst sehr schnell – in klarem Wasser schon in etwa zehn bis zwölf Meter Tiefe –, während kurzwelliges blaues Licht viel tiefer hinabdringt, bis etwa 120 Meter. Je tiefer man taucht, desto blauer erscheint also alles. In dem Buch „Die schweigende Welt" schildert Cousteau das Farbenspiel im Meer:

„Bei den üblichen Beschreibungen der überwältigenden Farbenpracht im tropischen unterseeischen Märchenland handelt es sich meist um die Landschaft in etwa 7,5 Meter Tiefe. Unterhalb dessen kann man selbst in sonnenüberfluteten und seichten tropischen Gewässern nur noch die Hälfte der tatsächlichen Farbwerte wahrnehmen. Das Meer ist ein Agens, das alles in Blau hüllt.

In 36 Meter Tiefe erlegte Dumas einen vierzig Kilo schweren Schokoladenhai. Das Tier war gut aufgespießt, wehrte sich aber vehement. Dumas holte das letzte Stück Leine ein und packte den Schaft der Harpune. Er zog seinen Gürteldolch und stieß ihn dem großen Fisch ins Herz. Ein dicker Strahl Blut befleckte das Wasser. Das Blut war grün. Wir waren schon mit der Aqualunge zwischen großen Schokoladenhaien umhergeschwommen und hatten sie beim Brillentauchen gefangen, aber eine Art mit grünem Blut war uns noch nie begegnet. Mit seiner erstaunlichen Beute auf der Harpune machte sich Dumas auf den Weg an die Oberfläche. Bei 15 Metern färbte sich das Blut dunkelbraun. Bei sechs Metern war es rosa, und an der Oberfläche floss es rot. Ich habe mir einmal in 45 Meter Tiefe ernstlich die Hand verletzt und sah dabei, dass auch mein eigenes Blut grün floss."

◀ **Erst unter Kunstlicht entfalten sich die wahren Farben der Unterwasserwelt. Jenseits des Lichtkegels ist alles tiefblau.**

▲ **Ein Taucher erforscht das geheimnisvolle Schattenreich aus Spalten und Höhlen unter einem Eisberg.**

Basis auf der Adelaide-Insel und setzen dann unseren Weg nach Süden zur Margueritebucht fort, die Kommandant Charcot auf seinem Schiff *Pourquoi-Pas?* (deutsch: „Warum nicht?“) zu Ehren seiner Frau auf diesen Namen getauft hat. Da es wieder windstill geworden ist, kann Philippe Cousteau seine Mongolfière ausprobieren. Wir blasen den Heißluftballon über dem Packeis auf; er sieht großartig aus – gelb und schwarz, mit einer grünen Banderole, auf der in Weiß mehrfach Nymphe und Delphin abgebildet sind, das Emblem der *Calypso*. Philippe Cousteau nutzt die Windstille, um sich in die Luft zu erheben. Über Sprechfunk gibt er uns begeisterte Schilderungen. Mehr als eine Seemeile entfernt sieht er eine Gruppe Wale blasen.

Am Abend machen wir an einem Eisberg von 200 Meter Seitenlänge fest, dessen Masse Kapitän Bougaran auf acht Millionen Tonnen schätzt.

Der Pascha bemerkt: „Das ist die Antarktis: dreizehn Millionen Quadratkilometer, von einem mehr als viertausend Meter mächtigen Schild gefrorenen Süßwassers bedeckt. Die größte Wasserreserve des Planeten. Undenkbar, dass die Menschen eines Tages die Bodenschätze dieses Kontinents ausbeuten. Das Risiko wäre zu groß. Ein Verbrechen gegen die Zukunft, das Erdklima, die kommenden Generationen!“

Ich fahre im Tauchboot mit Cousteau in die Tiefen. Noch nie hat ein Tauchboot den antarktischen Ozean erforscht. Eine Offenbarung: Wir stoßen durch Wolken von Krill. Der Meeresgrund ist unglaublich artenreich. Da sind große Seeanemonen, Muscheln, rote Springkrebse, Sonnensterne mit mehr als zwanzig Armen, Meergurken, Wiesen von Seeigeln und Seescheiden.

Ein merkwürdiges Tier bewegt sich wie ein Außerirdischer über den Grund: eine Asselspinne mit vier Gangbeinpaaren, nicht mit den Krabben verwandt, denen sie ähnelt, sondern mit unseren Spinnen. Die Fische scheinen nicht weniger zahlreich. Unsere Scheinwerfer beleuchten eine Art silbriger Meergrundeln, dann einen Antarktis-Kabeljau (der nichts mit den Kabeljaus von Neufundland gemein hat). Und dann haben wir den Star vor uns: den Eisfisch. Dieses etwa zwanzig Zentimeter lange Tier ist fast durchsichtig. Sein farbloses Blut enthält ein bestimmtes Eiweiß als Frostschutzmittel. Es bewegt sich munter in Gewässern, deren Temperatur unter dem Gefrierpunkt liegt.

Ich gehe mit dem Tauchboot bis auf 230 Meter Tiefe hinunter. An meiner Seite filmt und fotografiert der Pascha Lebewesen, die noch niemand zu Gesicht bekommen hat: ein merkwürdiges Gefühl, der Erste zu sein. Stellenweise ist der Meeresgrund von Eisbergen wie von einem gigantischen Pflug aufgewühlt. Kein Lebewesen traut sich in diese mehrere Meter tiefen Furchen. Beim Aufstieg entlang eines Eisbergs fürchte ich, mit dem Tauchboot an einen Vorsprung zu stoßen.

Aber glücklicherweise geht alles gut. Die *Calypso* folgt ihrem Weg an der Insel Pourquoi-Pas und der Ryderbucht vorbei. Wir machen am Treibeis der Hanussebucht fest. Diese bietet Gelegenheit zu einer Reihe denkwürdiger Tauchgänge.

Wir tauchen ins Herz eines Eisbergs. Philippe Cousteau hat schon immer davon geträumt. Er übernimmt die Führung einer Gruppe, zu der François Dorado, Raymond Coll und ich gehören. Wir fahren im Schlauchboot an ein blauweißes Ungeheuer heran, das uns einigermaßen stabil erscheint. Es wäre uns nicht recht, wenn es über uns zusammenbräche…

Wir gehen ins Wasser und lassen uns an der eiskalten Wand entlanggleiten. Zehn Meter, zwanzig, vierzig… Die Farben sind überwältigend: alle Schattierungen von Weiß und Blau mit Flecken von Silber, Streifen, seltsamen Linien. Philippe Cousteau dringt in eine Spalte ein, die ins Innere des Eisbergs führt. Wir folgen ihm. Ich gestehe, dass mir das Herz bis zum Hals schlägt. Hier ist alles merkwürdig: eine aggressive, harte, menschenfeindliche, aber prachtvolle Umgebung. Stellenweise ähnelt der Stoff, aus dem der Eisberg ist, einem Pfefferminzbonbon. An anderen Stellen einem Leintuch. Noch weiter ist die feste Oberfläche von Taschen wie Gletschermühlen ausgehöhlt. Am eindrucksvollsten sind die Spalten. Der Eisberg lebt, bewegt sich; seine Masse verformt sich. Wir hören tiefe Töne, die von diesen Bewegungen erzeugt werden.

Ängstlich beobachten eine Weddellrobbenmutter und ihr Junges den Fotografen. Wird er sie von ihrem Atemloch vertreiben, ihrem einzigen Zugang zur Außenwelt in den Wintermonaten? ▼

Von diesem Tauchgang komme ich zurück wie von einer feierlichen Zeremonie.

Der Pascha will unter dem Packeis Krabbenfresserrobben, Seeleoparden und Weddellrobben filmen. Wir machen uns wie diese Flossenfüßer unsere Löcher ins Eis. Mit unseren Isolierkombinationen ausgerüstet, gehen wir ins Wasser und schwimmen bis zu den Atemlöchern der Robben, um sie zu überraschen. Die Robben beeindrucken uns stets aufs Neue, wenn sie sich Kopf voraus ins Wasser gleiten lassen. Wie Unterwasserraketen sind sie alsbald in der grünblauen Weite verschwunden.

Die Weddellrobben, die kräftigsten ihrer Familie, stoßen lange Rufe aus, die vom Eis widerhallen. Man nimmt an, dass diese Tiere ein biologisches Sonar besitzen, das dem der Delphine vergleichbar ist. Ihre Tauchleistung ist atemberaubend: Sie tauchen 800 Meter tief und bleiben ohne Luftholen eine Dreiviertelstunde unten.

Wir lassen von den Robben nur ab, um die Pinguine zu bewundern. Vor allem studieren wir das Verhalten der Adeliepinguine und Kaiserpinguine – die einzigen Arten, die es wagen, auf dem antarktischen Kontinent zu brüten. Der Adeliepinguin, mit schwarzem Kopf und Rücken und weißem Bauch, hat einen abgezirkelten Ring ums Auge. Sein Vetter, der Kaiserpinguin, ist der größte der Familie; sein Hals und seine Wangen sind von einem grellen Orangerot. Das Pinguinweibchen legt ein einziges Ei, das die Eltern auf ihren nach innen gekehrten Füßen ausbrüten. Dabei pressen sie das Ei an ihren Unterleib, dessen Haut stark durchblutet ist. Der Kaiserpinguin legt nur im Winter (April); die folgenden 62 bis 64 Tage verbringt das Weibchen mit der Nahrungssuche im Meer, während das Männchen ausschließlich mit Brüten beschäftigt ist. Wenn das Küken schlüpft, überlässt Monsieur das Kleinkind Madame und frisst sich im Meer wieder fett. Alles ist ganz genau kalkuliert: Wenn das Küken

Kaiserpinguinmännchen trotzen den antarktischen Winterstürmen, indem sie „Wagenburgen" bilden. Im Winter kann das Quecksilber hier auf minus 60 °C fallen. ▶

zu spät schlüpft oder das Weibchen zu spät vom Fischfang zurückkommt, ist das Kleine verloren.

Die Lebensbedingungen in der Antarktis sind von unglaublicher Härte. Die Pinguine ertragen sie. Wir warten nicht erst, bis wir sie in ihrer ganzen Macht zu spüren bekommen.

Die Jahreszeit schreitet fort. Wir kehren zurück zur Station von Palmer, dann kreuzen wir in der Yelchobucht. Wir passieren wiederum die Meerenge von Guerlache, um in die Esperanzabucht einzulaufen, den Eingang zum Weddellmeer, wo sich eine argentinische Forschungsstation befindet.

▲ Die störende Eiskruste der *Calypso* wird abgeschlagen.

Hier kommt Wind auf. Nach wenigen Stunden bläst er mit voller Gewalt. „Blizzard in der Esperanzabucht“ wird der Titel eines unserer Fernsehfilme sein. Ein Wahnsinnssturm. Eine meteorologische Katastrophe. Böen fegen über die Bucht, Wolken von Schaum mit sich tragend, die sich in Hagel verwandeln und sich in immer dickeren Krusten an den Aufbauten der *Calypso* niederschlagen. Wir fahren in der Bucht im Kreis, um nicht gegen das Packeis gedrückt zu werden. Angestrengt versuchen wir, im eisigen Nebel die Eisberge auszumachen. Der Wind fegt stellenweise mit mehr als 160 Kilometern pro Stunde über das Meer. Die *Calypso* hüllt sich in einen Eispanzer, der sie immer topplastiger macht. Einen ganzen Tag und eine Nacht nur noch im Kreis fahren. Der Blizzard lässt nicht nach. Bei Einbruch der Nacht drehen wir immer noch unsere Runden auf dem entfesselten Ozean.

Morgens reißt eine große Scholle die Bordwand backbord hinten auf, glücklicherweise über der Wasserlinie; aber die Schürfung hat die Schraubenwelle beschädigt. Jetzt haben wir nur noch eine Maschine. Wir sehen uns besorgt an: Mit diesem Hinkebein kann die *Calypso* der Wut der Elemente nicht mehr lange standhalten.

Am Morgen des dritten Tages flaut der Sturm ab. Endlich! Wir begutachten das Ausmaß des Schadens. Die Welle der Backbordschraube ist durch den Stoß der Eisscholle gebrochen. Wir schnappen uns Hacken, Hämmer, Spaten und schlagen den Eispanzer vom Schiff.

Mit Müh und Not erreichen wir die King-George-Insel. Wir warten, bis die Wetterkarten, die uns per Satellit übermittelt werden, etwas besser aussehen, und riskieren dann mit nur einer Maschine die Überquerung der tausend Kilometer breiten Drakestraße – des gefährlichsten Gewässers der Erde. Wir stampfen mit kaum sechs Knoten dahin, sichten aber am 19. Februar Kap Hoorn. Am 20. sind wir in Ushuaia in Sicherheit.

„Liebe Freunde“, sagt Cousteau, als die *Calypso* festmacht, „ich muss euch etwas beichten. In der Esperanzabucht war meine Ruhe weg!“

Bei Euphemismen ist der Pascha unschlagbar.

▲ Zwei Schwarzbrauenalbatrosse auf ihrem Nest auf einer subantarktischen Insel, wo sie alljährlich brüten

Weddellrobbe beim Sonnenbad. Auf der Jagd nach dem Kabeljau tauchen die Robben über 800 Meter tief. ▶

Überlebenskünstler in den Eiswüsten

Von den beiden Polargebieten ist das südliche das weitaus kältere. Während am Nordpol das Thermometer an schönen Sommertagen bis zum Nullpunkt klettern kann, herrschen am Südpol auch im Sommer beißende Minusgrade. Kein Wunder, dass man in der Antarktis höhere Lebewesen nur an den Rändern des eisstarrenden Kontinents findet und die meisten Tiere hier lediglich Sommergäste sind.

In den Sommermonaten „boomt" das Leben in und um Antarktika förmlich. Das kalte Wasser des Südpolarmeers enthält viele Nährstoffe, die das pflanzliche Plankton an den langen hellen Tagen sprießen lassen. Davon ernährt sich eine Unzahl winziger Lebewesen (Krill), die wiederum Wale, Fische, Tintenfische, viele Robbenarten, Seevögel und Pinguine anlocken.

Den Winter verbringen, abgesehen von ein paar robusten Insekten, nur zwei Tierarten hier: die Weddellrobbe und der Kaiserpinguin. Die Weddellrobbe hält sich die meiste Zeit im Wasser auf, wo es nie kälter wird als minus 2 °C. Mit den Zähnen muss sie fortwährend ihr Atemloch offen halten, da es sonst zufriert. Der männliche Kaiserpinguin ist dagegen der eisigen Kälte gnadenlos ausgesetzt. Ohne zu fressen, verbringt er etwa neun Wochen bis zu 150 Kilometer vom offenen Wasser entfernt und bebrütet das einzige Ei. Die Gefährtin, die es gelegt hat, lässt sich derweil auf See Fische, Tintenfische und Krebse schmecken.

Damit verglichen, geht es den Tieren der Arktis noch gut. Im klimatisch nicht so extremen Nordpolargebiet mit seinen Rückzugsmöglichkeiten in die geschütztere Waldtundra und Taiga überwintern ungefähr vierzig Landsäuger, darunter der Eisbär und der Polarfuchs. Und auch Menschen, Eskimos und sibirische Völker, können hier dauerhaft leben und überleben.

◀ **Die vorgewölbte Bauchfalte dieser Kaiserpinguine zeigt, dass sie ein Ei bebrüten oder ein Küken (oben) wärmen. Möglicherweise haben sie diesen Brutplatz gewählt, weil der Eisberg ein wenig Schutz vor dem schneidenden Wind bietet.**

▲ **Der Seeleopard ist der gefürchtetste Räuber der Antarktis. Hier erbeutet er einen Pinguin.**

Eisbärenmutter mit zwei halbwüchsigen Jungen. Im Winter jagen sie Robben auf dem Eis. ▶

VERSUNKENE WELTEN

Die *Calypso* hat verschiedene Einsätze in der Karibik beendet und läuft am 7. Oktober 1975 in Marseille ein. Überholung. Am 31. Oktober laufen wir nach Griechenland aus. Nun sind wir wieder in vertrauten Gewässern. Die Küsten Griechenlands erinnern mich an meine geliebten Marseiller Buchten. Mein Name Falco („Falke"), italienisch-spanischen Ursprungs, mein dunkler Teint und meine schwarzen Haare lassen mich nicht vergessen, dass ich ein Mittelmeerbewohner bin – und ich bin stolz darauf! Wenn nötig bis zur Karikatur. Griechen und Marseiller können gut miteinander: Die einen haben die Stadt gegründet, mit der die anderen prahlen.

Wir beginnen eine Reihe archäologischer Forschungen, die mir besonderen Spaß machen. Wie ich schon sagte, ich liebe Wracks. Wracks bergen für mich das Geheimnis vergangener Dinge. Sie sind vom Wasser umgeben und von Dramatik umwittert.

Griechenland birgt mir genug Wracks. Zunächst erkunden wir die Bucht von Pylos westlich des Peloponnes. Dort tobte 1827 eine Seeschlacht zwischen den vereinigten Flotten von Frankreich, England und Russland einerseits und denen der Türkei und Ägyptens andererseits. Damals hieß Pylos Navarino. Wir finden einige verstreute Reste von Schiffen, die an dieser Schlacht beteiligt waren, aus der sich 1830 die Unabhängigkeit Griechenlands ergab.

▲ Ein Bronzenagel auf einem Felssockel 55 Meter unter Wasser führten Frédéric Dumas und den Verfasser zu einem bedeutenden archäologischen Fund in der Nähe der griechischen Insel Antikythera.

Weihnachten 1975 und Neujahr 1976 feiern wir in Zea, dann laufen wir aus, um nach gesunkenen Schiffen zu suchen. Wir nehmen Kurs auf Antikythera. 23 Jahre sind es jetzt her, dass der Pascha geschworen hat, hierher zurückzukommen, wo die Reste eines römischen Wracks schlummern. Er hält Wort!

Ich suche das Steinmäuerchen, das mir vor fast einem Vierteljahrhundert beim Auffinden des Wracks als Anhaltspunkt diente. Mein Begleiter damals war Frédéric Dumas. Ich bin glücklich, wieder hier zu sein, abermals in Begleitung von Didi, der für diesen Einsatz zu uns gestoßen ist.

Das Wasser ist immer noch glasklar. Da ist schon der Felsabsatz in 55 Meter Tiefe, wo Didi damals den großen Bronzenagel ausgegraben hat. Wir untersuchen das Sediment. Eine längliche Erhebung im Sand scheint mir einen Gegenstand zu verbergen. Ich kratze und lege einen identischen Nagel frei. Dies ist unsere Arbeitsstätte! Das Wrack ist gefunden. Begeistert schwimmen wir wieder zur *Calypso* hinauf.

„Hervorragend", sagt Professor Kritzas, der uns zugewiesene griechische Archäologe. „Meinen Glückwunsch, dass Sie so schnell fündig geworden sind. Aber eine

Grabung ohne offizielle Genehmigung der Behörde für Altertümer kommt nicht in Frage. Ich stelle den Antrag noch heute. Werden Sie jedoch nicht ungeduldig: Es kann Monate dauern!"

Die Griechen, seit Jahrhunderten ausgeplündert, wachen eifersüchtig über ihre archäologischen Schätze. Sie überwachen sie und haben Recht damit. Tatsächlich sollten wir erst sechs Monate später an den Fundort zurückkehren und dort unter Dutzenden von Gegenständen zwei wunderbare Bronzestatuetten jugendlicher Faustkämpfer entdecken, die inzwischen einen Ehrenplatz im Archäologischen Nationalmuseum von Athen gefunden haben.

Jetzt aber fahren wir nach Kreta, wo sich in der Bronzezeit eine großartige Kultur entfaltete, die als „minoisch" bezeichnet wird. Wir laufen in den Hafen der Hauptstadt Heraklion (früher auch Kandia genannt) ein. Wir besuchen in der Nähe die Ruinen des Palastes von Knossos. Ich rufe mir die Sage von Theseus in Erinnerung, jenes athenischen Helden, der das halb aus Mensch, halb aus Stier bestehende Ungeheuer Minotaurus bekämpfte und dank des berühmten Ariadnefadens wieder aus dem Labyrinth herausfand.

◀ **Die Grabungsstätte, wo die Taucher der *Calypso* zwei herrliche griechische Statuetten fanden**

Der Pascha mit den beiden bronzenen Faustkämpfern aus dem Wrack vor Antikythera ▶

Vor Kreta ist die Zahl der Wracks Legion. Sie stammen aus allen Zeitaltern, von der Bronzezeit bis zur Neuzeit. Wir beginnen unsere Forschungen. Schon nahe beim Hafen von Heraklion orten wir in kaum 17 Meter Tiefe einen Umriss, zu dem wir hinuntertauchen. Es sind Überbleibsel des französischen Kriegsschiffs *Thérèse,* die wir dank der Gelehrtenarbeit unseres Freundes Jacques Constans im Pariser Marinemuseum identifizieren können. Die *Thérèse* ist am 26. Juli 1669 bei der Belagerung von Kandia explodiert, die König Ludwig XIV. (vergeblich) anordnete, um Venedig bei der Vertreibung der Türken von Kreta zu unterstützen.

Wir setzen unser Sauggerät in Gang und legen Bruchstücke der Beplankung und der Rumpfspanten, dann Dutzende vertrauter Gegenstände frei: Bronzemünzen, einen Taschensextanten, Kämme, Teller, Lederschuhe, Hüte und sogar ein echtes Goldstück mit dem Kopfbildnis Ludwigs XIII.

Eines Tages, als ich zusammen mit Raymond Coll tauche, fasst er einen runden Gegenstand, den er aus dem Schlamm zieht und betrachtet. Erschrecken, aber kein Zweifel: Es ist ein Schädel!

Und da sind noch mehr – dutzendweise, dazu Oberschenkelknochen, Schienbeine, Wirbel: ein Beinhaus… Dass man in Wracks Skelette entdeckt, ist selten; das Salzwasser zerfrisst die Knochen, die anschließend von Bakterien zersetzt werden. Hier waren sie durch eine dicke Schlammschicht vor Sauerstoffzufuhr geschützt.

Für uns wird die *Thérèse* das „Schädelwrack“. Beim Tauchen denke ich angesichts dieser verstreuten Gebeine darüber nach, wie schnell es mit einem Menschenleben vorbei sein kann. Auch dieses Schiff hatte Seeleute aus Toulon oder Marseille an Bord, vielleicht einen meiner Urgroßonkel… Wie sinnlos kriegerische Auseinandersetzungen doch sind! Die *Thérèse* ist wegen des Ungeschicks eines Feuerwerkers explodiert, der in der Pulverkammer einen Funken schlug. Ich entdecke Beweise für die Heftigkeit der Explosion: zum Beispiel einen Stein des Kombüsenherds, der wie ein Nagel in einem Eichenbalken steckt.

Außer Skeletten und vertrauten Gegenständen heben wir eine große Bronzekanone, die die Mannschaft tagelang abkratzt, abschabt und poliert. Auf dem Lauf ist das Wappen König Karls IX. eingraviert; es zeigt brüllende Löwen und die Jahreszahl 1565.

▲ Die Mannschaft der *Calypso* reinigt und poliert ein bronzenes Kanonenrohr, das aus dem Wrack der vor Kreta gesunkenen *Thérèse* stammt.

Nachdem die *Thérèse* durchsucht ist, machen wir die kurze Fahrt von Heraklion zum Inselchen Dia, ein paar Kilometer nördlich der Stadt. Der Pascha zieht seemännische Schlussfolgerungen: Er unterstellt, dass die alten Griechen das Lee dieser Insel beim Landfall auf Kreta benutzten. Wir orten regelrechte Kaskaden von Amphoren. Die Wracks sind hier so zahlreich, dass wir sie nummerieren müssen: I, II, III usw. Die beiden Archäologen, die uns begleiten – Dr. Kritzas und sein Kollege Dr. Kolonas –, sind entzückt, umso mehr, als ich sie regelmäßig im Tauchboot zur Inspektion der Ausgrabungsstelle mit hinunter nehme. Diese Chance haben sie noch nie gehabt. Wir graben Hunderte von Keramiken und Gegenständen aller Art und aller Epochen aus. Einen Haufen Amphoren, Trinkhörner, Gefäße, Krüge, Öllampen, ganz zu schweigen von Bleigewichten, Haarnadeln, Münzen und vielem mehr.

Die Insel Dia diente, wie Cousteau bereits vermutete, in den frühesten Epochen der kretischen Kultur als Vorhafen von Knossos. Den Beweis dafür bekommen wir, als wir eines Tages auf dem Grund eines Suchgrabens einen kleinen Becher freilegen. Es ist ein einfacher Bronzebecher, 3500 Jahre alt. Ein Gefäß minoischen Ursprungs aus der Bronzezeit!

Der Pascha versammelt uns in der Messe und legt uns seine faszinierende Theorie dar.

Das Rätsel Atlantis

„Ihr kennt ja die Sage von Atlantis", sagt er. „In seinen Dialogen zwischen Timäus und Kritias berichtet uns Plato von einer mächtigen, von drei Mauern – einer steinernen, bronzenen und ehernen – umgebenen Stadt, die über ein Reich herrschte. Einst Rivalin Athens, sei Atlantis nach einer Katastrophe versunken. Die Stadt habe jenseits der Säulen des Herkules gelegen, also im Atlantik. Seit Platon diesen Mythos geboren hat, sind mehr als fünftausend Bücher und Zehntausende von Artikeln zu dem Thema geschrieben worden. Fast alle Autoren behaupten, die Lage der versunkenen Stadt entdeckt zu haben. Angeführt werden die marokkanische Küste, die Sahara, die Azoren, Irland, die Bermudas, Skandinavien, Israel, sogar Abessinien, Asien und die Antarktis. Aber keine der vielen Versionen überzeugt wirklich. Deswegen haben moderne Forscher wie der Archäologe Spirdion Marinatos und der Geophysiker Angelos Galanopoulos eine neue Hypothese formuliert. Unter Zugrundelegung des Textes von Plato und neuer wissenschaftlicher Erkenntnisse gehen sie davon aus,

▲ **Die Stadt Thera auf der Insel Santorin mit weitem Ausblick über den vulkanischen Kraterrand (Caldera).**

dass die Kultur von Atlantis, soweit der Mythos überhaupt eine historische Basis hat, die minoische war – die in der Tat große Ausstrahlung hatte und mit Athen konkurrierte. Und dass die Katastrophe ihres Untergangs im 15. Jahrhundert v. Chr. die größte Vulkanexplosion der Geschichte war: der Ausbruch des Vulkans Santorin, der das westliche Mittelmeer verheerte und eine fast hundert Meter hohe Flutwelle erzeugte." Cousteau schließt mit den Worten: „Ich weiß nicht, ob diese Theorie besser begründet ist als andere. Aber wir haben zwei Möglichkeiten, eine Überprüfung zu versuchen: auf dem Grund kretischer Gewässer Beweise für diese Flutwelle zu finden und auf Santorin Hinweise auf das Vorhandensein der minoischen Kultur zu suchen."

Die erste Reihe von Beweisen finden wir vor Psira, einem weiteren Inselchen nördlich von Kreta. Wir ankern dort mit der *Calypso*. Von unserem Hubschrauber aus machen wir Hunderte von Luftaufnahmen der Küste. Wir entwickeln sie, setzen sie zu einem Mosaik zusammen und studieren sie mit der Lupe. Eine Anomalie erscheint. In einer der Buchten von Psira taucht ein versunkener Vorsprung auf, der unter Wasser fingerförmig ins Meer hinausragt. Ich gehe mit dem Pascha im Tauchboot hinunter; dann tauchen wir mit der Aqualunge. Der Bau stammt von Menschenhand. Ein antiker Hafen mit verankerten Schiffen, eins neben dem anderen, den Bug auf den Kai ausgerichtet. Alle an Ort und Stelle untergegangen … Was war die Ursache dieser Katastrophe? Ich sehe nur eine Erklärung: Die Schiffe sind alle auf einmal von einer Riesenwelle versenkt worden.

Jetzt müssen wir nur noch herausfinden, wann das war. Unsere Archäologen datieren die Keramiken, die wir aus ihrem Sedimentbett heben. Sie gehen auf die Bronzezeit zurück, ungefähr auf das 15. Jahrhundert vor unserer Zeitrechnung.

Warum sollte man nicht annehmen, dass der Hafen von Psira wie die anderen minoischen Häfen von der ungeheuren, hundert Meter hohen Flutwelle überschwemmt wurde, die von der Eruption des Vulkans auf Santorin erzeugt wurde? Man stelle sich eine hundert Meter hohe Welle vor, die über Marseille, London oder New York hereinbricht: Was wäre nach ihrem Ablaufen von der Zivilisation an diesen Orten noch übrig? Vor allem, wenn zugleich die Äcker des Hinterlandes von mehreren Metern vulkanischer Asche zugedeckt würden ...

Also Kurs auf Santorin! Diese Insel gehört zum großen vulkanischen Bogen der Kykladen. Auf Neugriechisch heißt sie Thira. Wir fahren in die riesige kreisförmige Bucht ein, in der sich die braunen, ockerfarbenen und weißen Steilküsten des Landes spiegeln. Gegenüber dieser Wand, die über eine Treppe von 1450 Stufen erstiegen werden kann, breitet sich die Insel Thirasia aus. Wir fahren über dem Einbruchkrater – der Caldera – des Vulkans dahin. Noch ist er nicht erloschen. Eines Tages wird sich hier vielleicht wieder ein riesiger Auswurfkegel bilden und explodieren und dabei Millionen Tonnen Asche und Staub in die Atmosphäre schleudern.

Im überfluteten Rachen des Vulkans, wo ich mit Cousteau im Tauchboot herumfahre, ermesse ich, wie heftig jener Vulkanausbruch einst war. Die stärkste Explosion, die das menschliche Ohr in historischen Zeiten vernommen hat. Das Äquivalent mehrerer tausend Hiroschima-Bomben. Die senkrechten Kraterwände sind wie mit dem Beil gehackt. Braun oder ockerfarben, stellenweise schwarz wie Ruß ... Nur wenigen Tieren gelingt es, sich in diesem schwierigen Milieu zu behaupten. Ich spüre eine Art unbestimmter Angst. Mit seinen technischen Hilfsmitteln kommt sich der Mensch vielleicht schlau vor; wenn er aber mit der Gewalt der Elemente konfrontiert wird, spürt er sich als vernachlässigbare Größe. Ich steuere das Tauchboot bis in 220 Meter hinunter. Der Grund der Caldera ist eine triste vulkanische Trümmerlandschaft; aber ich weiß, dass darunter flüssiges Magma brodelt.

▲ **Fischer flicken ihre Netze am Strand von Santorin. Der Strand besteht aus Bimsstein und Schwarzsand, Überresten vulkanischer Ausbrüche der Vergangenheit.**

War das geheimnisvolle Atlantis in Wirklichkeit Kreta? Eine endgültige Antwort auf diese Frage erhalten wir leider nicht.

Die *Britannic*

Die *Calypso* ist in die Straße von Kea südöstlich von Athen eingelaufen. An Bord begrüßen wir eine charmante Dame von kaum 96 Jahren: Mrs. Sheila Macbeth Mitchell. Sie war Krankenschwester an Bord des englischen Dampfers *Britannic*, der 1916 für die Dardanellenschlacht zum Lazarettschiff umgerüstet worden war. Am 21. November jenes Jahres um 8.12 Uhr morgens war eine gigantische Explosion zu hören, und in weniger als einer Stunde lag das größte Schiff der Welt auf dem Grund. Es gab dreißig Tote – Passagiere und Mannschaftsmitglieder, die sich gerettet glaubten, aber in ihren Rettungsbooten von den sich noch drehenden Schrauben des Riesenschiffs zermalmt wurden.

Mrs. Mitchell erinnert sich an jede Minute des Dramas. Seit dieser Zeit ist eine Frage unbeantwortet geblieben: Die *Britannic* trug als Lazarettschiff auf jeder Seite das rote Kreuz. Ist sie auf eine Mine gelaufen, oder wurde sie von einem deutschen U-Boot torpediert? Im ersten Fall ist der Schiffsuntergang ein Unglück, im zweiten ein Kriegsverbrechen... Wir suchen mit dem Seitenstrahlsensor nach dem Wrack. Auf dem Bildschirm erhalten wir entsprechende Echos.

Ein Umriss auf dem Grund... Das muss überprüft werden. Ich streife meinen Taucheranzug über, Raymond Coll den seinen. Wir haben nicht miteinander gesprochen: Wir reagieren beide gleich. Coll hat zur selben Zeit wie ich auf der *Calypso* angefangen, wie ich hat er die Reflexe des „Hauses" angenommen und gehört zur Einrichtung.

Wir springen ins Wasser. Wir müssen tief hinunter und schnell. Vierzig Meter, sechzig, achtzig. Wir schwimmen ins Dunkel hinein. Ich unterscheide riesige Davits. Ich schwimme an sie heran: Sie ist es. Die *Britannic*... Ich schwimme eines ihrer Decks entlang und finde eine Pforte, in die ich eindringe. Ich schwimme durch den Laufgang und zur nächsten Pforte wieder hinaus. Der Riesendampfer (271 Meter lang, 48 000 Tonnen Wasserverdrängung) liegt auf seiner rechten Seite auf dem Abhang. Ich versuche, bis zum Bug vorzudringen. Unmöglich: Ich tauche mit Pressluft, und mir wird langsam seltsam zumute. Eine merkwürdige Hochstimmung erfasst mich. Ich kenne die Symptome. Ich muss dringend hinauf! Ich beruhige mein von Euphorie erfasstes Gehirn und mein jagendes Herz. Ich finde die Schnur der Boje wieder, die wir an Bord vertäut haben. Hand über Hand ziehe ich mich zur Oberfläche hinauf, mit der Technik, die wir vor einem Vierteljahrhundert auf der *Calypso* entwickelt haben. Ich versichere mich, dass auch Raymond Coll da ist.

In den Folgewochen wird die *Britannic* für uns zum faszinierenden Studienobjekt. Wir benutzen beim Tauchen Mischungen aus drei Gasen (Helium, Stickstoff, Sauerstoff). Wir erforschen ein Schiff, das sich in den Jahren, die es im Meer gelegen hat, kaum verändert hat. Wir erkunden den Maschinenraum und die zu Krankensälen umfunktionierten Räume, in denen die Eisenbetten wirr durcheinander liegen. Wir tauchen flossenwedelnd die Riesentreppe zum großen Festsaal hinunter. Wir suchen die Toiletten erster Klasse auf: erstklassige Einrichtung! Wir inspizieren auch die drei riesigen Schrauben, auf die die Werft damals so stolz war: Am Morgen des Schiffsuntergangs brachten sie Tod und Verderben.

Raymond Coll nimmt Mrs. Mitchell im Tauchboot mit hinunter. „Selten habe ich so eine angenehme Passagierin gehabt", erzählt er. „Sie machte dauernd Scherze. Das war gewiss das erste Mal, dass sie in einem Tauchboot Platz nahm; aber nichts setzte sie in Erstaunen." Und sie führte Raymond am Schiffsrumpf entlang! Sie erkannte ihre Kabine wieder.

„Hier!... Ja, genau hier!", rief sie. „Mein Gott, ich hätte nie gedacht, dass ich dieses Bullauge wieder sehen würde... Hineinfahren können Sie nicht? Ich bin untröstlich, aber 1916 musste ich da ziemlich schnell raus. Auf meinem Kojenbett habe ich ein Heft mit Liedern vergessen, die ich komponiert hatte und an denen ich sehr hing, und ein Päckchen Orangen. Ich fürchte, das Obst ist nicht mehr ganz frisch; aber die Lieder wären heute noch aktuell!"

Der Pascha seinerseits ist völlig entfesselt. Mit der Aqualunge taucht er zum Bug der *Britannic* in 120 Meter Tiefe hinunter; er schlägt damit seinen eigenen Tiefenrekord. Und das mit 66 Jahren! Er klärt die Ursachen der Katastrophe. Er entdeckt ein riesiges Loch im Rumpf und auf dem Meeresgrund verstreut Kohlebrocken. Das Loch hat keine Ähnlichkeit mit einem Torpedotreffer: Die Hypothese des Kriegsverbrechens scheidet aus. Der Dampfer ist auf eine Mine gelaufen. Aber eine Mine allein hätte nicht so gewaltige Schäden verursacht. Die verstreute Steinkohle liefert den Schlüssel zum Schiffsuntergang: Die Mine hat unglücklicherweise auf Höhe des Kohlenbunkers gezündet. Dabei ist der Kohlenstaub explodiert, wie dies bisweilen auch bei Staubexplosionen in Bergwerken geschieht.

Meer in Gefahr

Nachdem das Rätsel der *Britannic* gelöst ist, fahren wir nach Marseille zurück.

In diesem Jahr, 1977, beschäftigt mich das Schicksal des Mittelmeers, dieses unvergleichlichen Beckens voller Sagen und Geschichten, voller Verheißungen und Dramen, voller Kunstwerke und Beweise für die Gewalttätigkeit der Menschen. Mein Meer ist krank. Es leidet unter der Tätigkeit unserer Spezies. Seit meiner Kindheit habe ich zusehen müssen, wie es kränkelt und dahinsiecht. Wo das Wasser einst von Lebewesen wimmelte, erstreckt sich heute eine Ödnis.

Am 6. Mai 1977 beauftragt die Internationale Kommission für die wissenschaftliche Erforschung des Mittelmeeres, deren Vorsitzender Fürst Rainier III. von Monaco und deren Generalsekretär Jacques-Yves Cousteau ist, die Mannschaft der *Calypso* mit einer kompletten Bestandsaufnahme des Gesundheitszustands unseres Meeres. Meine Freunde Kommandant Jean Alinat und Jacques Constans erstellen einen Arbeitsplan.

In Marseille fangen wir an. Zunächst laufen wir nach Westen, dann fahren wir das Mittelmeerbecken entgegen dem Uhrzeigersinn ab: Languedoc, Roussillon, Katalonien (Abstecher zum Kernkraftwerk Vandellos). Costa Brava (Massentourismus). Die Insel Alborán (und ihr Wald von Riesenalgen). Marokko. Algerien. Tunesien. Ägypten (Libyen aber nicht: Gaddhafi hat etwas dagegen). Israel. Der Libanon. Die Türkei. Die Dardanellen und der Bosporus. Wir fahren bis ins Schwarze Meer – bis an die Donaumündung. Dann wieder Griechenland. Danach Jugoslawien. Vor der Rückkehr nach Marseille schließlich Italien.

▲ Der Pascha, über sechzig und immer noch ein aktiver Taucher, mit einer verbesserten Version der Aqualunge, die er mit Gagnan entwickelt hat

Während dieser großen Rundfahrt zur Untersuchung der Mittelmeerverschmutzung entnehmen wir Tausende von Wasser-, Sediment- und Planktonproben, die wir zur Analyse an die besten Labors der Welt versenden. Als wir über die Ergebnisse verfügen, müssen wir feststellen, dass die industrielle, landwirtschaftliche und private Umweltverschmutzung zwar örtlich massiv ist, aber den Zusammenbruch vieler Populationen von Lebewesen im Mittelmeer allein nicht erklärt. Es muss noch einen anderen Todesfaktor geben.

„Ich weiß, was es ist", sagt Cousteau. „Ich ahne das schon lange. Die Umweltverschmutzung ist nur die sekundäre Ursache des Rückgangs der Tier- und Pflanzenpopulationen. Die erste ist die direkte mechanische Vernichtung, der Raubbau. Unter diesem Begriff verstehe ich die industrielle Fischerei, die das Meer verheert, die Dynamit- und die Lampenfischerei. Dazu kommt die Bautätigkeit an der Küste.

Jedes Mal wenn ein neuer Handels- oder Freizeithafen ausgebaggert wird, jedes Mal wenn ein Hotel direkt am Wasser gebaut, ein Küstenflughafen erweitert wird, wird der reichste Teil der Unterwasserwelt vernichtet: der Pflanzenstreifen an der Küste. Diese Prärie, zwischen null und fünfzig Meter Tiefe gelegen, wird von Neptungras gebildet, das nicht zu den Algen, sondern zu den Blütenpflanzen gehört. Diese Pflanzen sind zugleich Speisekammer, Lunge und Kinderstube des Meeres. Die Neptungraswiesen werden von Pflanzenfressern abgeweidet, die den Fleischfressern zur Nahrung dienen. Sie produzieren Sauerstoff. Und sie bieten einen Schutz, in dem die meisten Arten ihre Eier ablegen. Diese Prärie zu zerstören, heißt das Mittelmeer zu töten. Und das tut der Mensch, indem er die Küsten zubetoniert!"

Eine klare Schlussfolgerung! Nur muss sie sich noch herumsprechen: Und das ist eine ganz andere Sache. Es ist schon nicht leicht, eine Fabrik oder eine Stadt anzuprangern, die das Meer verschmutzt. Der Raubbau ist noch viel schwerer anzuklagen – er ist heimtückischer, anonymer, alltäglicher. Jeder von uns trägt dazu bei – und sei es nur dadurch, dass er im August Ferien an der Küste macht…

Das Meer ist krank. Bisweilen beängstigend krank.

Das größte Angsterlebnis meines Taucherlebens habe ich auf dem Wrack der *Çavtat* vor dem kleinen süditalienischen Hafen Otranto, wo das jugoslawische Frachtschiff 1974 nach einer Kollision mit einem italienischen Schiff gesunken ist. Die *Çavtat* liegt in neunzig Meter Tiefe. Alle Welt hat diesen Schiffsuntergang vergessen bis auf einen kleinen Provinzrichter namens Alberto Maritati. Dieser Richter hat zufällig erfahren, welche Fracht dieses Schiff geladen hatte. Ihm sträubten sich die Haare, denn das Wrack der *Çavtat* ist voll gestopft mit 900 Fässern (300 Tonnen) eines Ultragifts: Bleitetraäthyl und Bleitetramethyl. Er hat Kommandant Cousteau alarmiert, dem die Haare genauso zu Berge stehen.

Durch reine Hartnäckigkeit hat Richter Maritati die italienische Regierung zum Handeln gezwungen. Das Wrack der *Çavtat* soll nun leer geräumt werden, und zwar von der italienischen Gesellschaft SAIPEM, die über eine Taucherplattform verfügt. Die Mannschaft der *Calypso* wird von der SAIPEM zur Beratung hinzugezogen.

Ich bereite mich vor, zusammen mit Raymond Coll und Bernard Delemotte zum Wrack hinunterzutauchen. Wir springen ins Wasser und tauchen hinunter. Wenn diese Blechfässer leck sind und das Chemieprodukt an unsere Haut kommt, sind wir verloren. Akute Vergiftung. Tod binnen zehn Minuten!

Ich erinnere mich an die Worte Kommandant Cousteaus: „Wenn diese Fracht nicht heraufgeholt wird, wenn die Fässer durchrosten, auslaufen und sich ihr Inhalt in die Straße von Otranto ergießt, wird das halbe Mittelmeer daran krepieren! Das ist eine Zeitbombe! Ein Ultimatum unter Wasser!"

Da ist das Wrack. Es sieht harmlos aus: ein normaler Frachter mit Schwärmen von Fischen, die ihn umkreisen. Wir dringen in den Laderaum vor. Die Metallbehälter liegen in völligem Chaos durcheinander, randvoll mit konzentriertem Gift. Auf jedem Fass ist ein Totenschädel mit gekreuzten Knochen aufgemalt: beredt genug! Wir nähern uns der bedrohlichen Fracht vorsichtiger als einem Nest von Kobras. Manche Blechtonnen scheinen in erbärmlichem Zustand. Von den Stößen des Schiffsuntergangs sind sie eingebeult. Ich sehe mir einen Knick näher an. Er ist verrostet. Ein dünner brauner Flüssigkeitsfaden dringt heraus. Lieber Gott, es ist höchste Zeit! Die todbringende Bleiverbindung fängt vor unseren Augen an, sich im Wasser auszubreiten! Wir gehen auf Abstand. In metallischer Form stellt Blei keinerlei Gefahr dar. Aber in organischer Verbindung tötet es schon bei bloßer Berührung.

Die Arbeiten zur Bergung der gesamten Fracht der *Çavtat* sollen 15 Monate dauern. 270 Tauchgänge werden erforderlich. Jedes Blechfass, das heraufgeholt und von der Chemiefabrik Octel entsorgt wird, kommt auf 14000 Dollar. So teuer ist menschliches Versagen!

Dann ist alles vorüber. Ich gehe auf dem Kai des Hafens Otranto spazieren, wo Kinder spielen, ohne zu wissen, dass sie die Geiseln der Dummheit und Verantwortungslosigkeit der Erwachsenen waren. Ihr Lachen erinnert mich an das meiner Tochter, die am Ufer des gleichen Meeres auf mich wartet.

▲ **Einige der 900 Giftfässer mit tödlichem Inhalt im Laderaum der *Çavtat*, eines jugoslawischen Frachters, der 1974 in der Adria sank. An der 15 Monate dauernden Bergung der Fässer war die Mannschaft der *Calypso* maßgeblich beteiligt.**

Eine Tragödie

1979 bin ich vom Pech verfolgt, dem schlimmsten, das ein Taucher haben kann. Ich habe Stirnhöhlenvereiterung. Ich kann kaum normal arbeiten und bei zunehmendem Wasserdruck keinen Druckausgleich in der Stirnhöhle mehr herstellen.

Schon früher hatte ich kleine Beschwerden. Verkrustungen in der Stirnhöhle. Unter Wasser war dies störend. Vor ein paar Monaten bin ich zum Arzt gegangen. Er hat mir versichert, dass ich wieder eine Stirnhöhle wie ein Zwanzigjähriger bekäme, wenn ich mir das alles auskratzen ließe, und mir die Adresse eines Chirurgen gegeben – des besten von Marseille. Ich lasse mich darauf ein.

Der Chirurg, der mich operieren soll, ist vielleicht der beste von Marseille. Der Haken daran ist, dass er mich von einem seiner Schüler behandeln lässt und dieser bei mir einen „Kunstfehler“ macht… Als ich aus der Narkose erwache, habe ich furchtbare Schmerzen. Man sagt mir, das sei normal. Ich weiß, dass es das nicht ist, weil ich kaum Luft bekomme.

Nach ein paar Wochen kommt das Eingeständnis, dass die Operation nicht gut verlaufen sei. Es muss noch einmal gemacht werden… Das zweite Erwachen aus der Narkose ist noch dramatischer als das erste. Ich bin am Ersticken. Beim Versuch, den Fehler zu beheben, hat der Chirurg einen weiteren gemacht: Jetzt habe ich ein Loch in der Nasenscheidewand. Ich kann nicht mehr richtig sprechen; ich muss es neu lernen!

Ich leide körperlich und mehr noch psychisch. Meine Laufbahn als Cheftaucher ist am Ende. Ich werde noch unter Wasser gehen, gewiss, was es mich auch an Schmerzen und Ermüdung kosten mag. Aber mit besonderen Leistungen ist Schluss. Meine Schädigung versuche ich jahrelang vergeblich vor den Gerichten einzuklagen. Die zur Begutachtung der Operationsverletzung hinzugezogenen medizinischen Experten sind Kollegen oder Freunde jener, die mich so übel zugerichtet haben.

Aber mein Problem ist nichts im Vergleich mit denen des Paschas.

Philippe Cousteau ist der zweite Sohn des Kommandanten. Wie sein zwei Jahre älterer Bruder Jean-Michel hat er das Tauchen gleichzeitig mit dem Laufen gelernt. Während Jean-Michel, der an einigen Einsätzen – wie am Titicacasee – teilgenommen hat, versucht, sich im Schiffsbau einen Namen zu machen, spielt Philippe die Rolle des Nachfolgers. Von seinem Vater hat er die Vorliebe für Abenteuer geerbt. Er liebt es, Gegenden aufzusuchen, die noch keines Menschen Fuß betreten hat. Er ist Flieger aus Leidenschaft und übt mit dem Heißluftballon oder dem Schlepphubschrauber.

1978 organisiert er seinen ersten großen Einsatz von Bord eines Flugboots, das er ausgerüstet hat. Das Wasserflugzeug ist eine P. B. Y. Catalina – eines der zuverlässigsten seiner Art. Es trägt den Namen *Calypso II* oder *Fliegende Calypso*. Voll gestopft mit Geräten für Luftaufnahmen, mit einer Taucherbasis und einem Schlafabteil ausgestattet, ist es die ideale Maschine, um eine kleine Mannschaft schnell über große Strecken zu transportieren. Sein Aktionsradius von 3800 Seemeilen und seine Flughöhe von 6000 Metern machen es zu einem erstaunlichen Flugzeug, das für die Forschung wie geschaffen ist. Ursprünglich war es ein Bombenflugzeug...

▲ Die *Fliegende Calypso*, das Flugboot, in dem Philippe, der jüngere Sohn Jacques Cousteaus, tödlich verunglückte

Für einen Einsatz am Nil wird Philippe von einem professionellen Piloten begleitet, dem Amerikaner Michael Sullivan, einem Vietnamveteranen. Aber häufig hat Philippe selbst den Steuerknüppel in der Hand.

Im Juni 1979, während Philippe Cousteau an zwei Filmen über Afrika schneidet, besichtigt er sein Wasserflugzeug, das nach diesem Afrikaeinsatz repariert wird. Zusammen mit seinem Kopiloten Jean-Pierre Gros will er einen Probeflug machen.

Dieser findet am 19. Juni bei Lissabon statt. Philippe ist am Steuer. Er schickt sich an, in der Mündung des Tejo zu landen. Das Flugzeug setzt auf dem Wasser auf und kippt nach vorn. Die Ursache war vermutlich eine offen gebliebene Klappe. Ein beschädigter Propeller löst sich, zerschmettert das Cockpit und tötet Philippe auf der Stelle. Unser Freund war 39 Jahre alt. Jean-Pierre Gros kommt mit einem fast abgetrennten Arm wie durch ein Wunder davon.

Ich will den Kummer des Vaters nicht beschreiben, als man ihm den Tod seines Sohnes meldet: Er spricht von Ungerechtigkeit und davon, alles aufzugeben, die *Calypso* an Ort und Stelle zu versenken... Jean-Michel kommt aus Los Angeles, um seinen Vater aufzurichten. Er überzeugt ihn davon, dass Philippe damit nicht einverstanden wäre. Er versichert ihm, dass er von nun an bei ihm bleiben und das schon so lange betriebene Unternehmen weiterführen werde. Philippe Cousteau erhält ein Seemannsbegräbnis – wie er es sich gewünscht hat: Sein Sarg wird im Atlantik vor Portugal versenkt.

Die *Calypso* in der Neuen Welt

Nach Wartungsarbeiten überquert die *Calypso* den Atlantik in Richtung Norfolk (Virginia). Dort liegen die Büros der großen Umweltstiftung, die der Pascha in den Vereinigten Staaten gegründet hat: die Cousteau Society.

Am 2. Juni 1979 läuft die *Calypso* in den Hafen von Norfolk ein, wo sie von hunderten Booten aller Art und am Kai von Zehntausenden amerikanischer Freunde begrüßt wird. Musik, Gassenhauer, Freudenschreie, Applaus – und das alles vom Fernsehen direkt übertragen. Auf der *Calypso* sind wir solchen Rummel kaum gewohnt – auch wenn wir uns darüber im Klaren sind, dass unsere Fahrten von den Medien finanziert werden.

Wie meine Kameraden bin ich erleichtert, als die Arbeit wieder einsetzt. Unsere erste Aufgabe in den USA besteht darin, vor Kap Hatteras das Wrack eines berühmten Schiffs aus dem amerikanischen Bürgerkrieg zu finden, zu untersuchen und zu filmen: die *Monitor*. Sie war das erste Panzerschiff der Geschichte. 1862 vom Stapel gelaufen, ließ es sich bereits am 9. März desselben Jahres für die Nordstaaten auf ein langwieriges Seegefecht mit der *Merrimack* der Konföderierten ein, das unentschieden endete. Am 29. Dezember 1862 geriet die *Monitor* in ein Unwetter. Von einem Brecher vom Heck her überrascht, sank sie und zog 16 Männer mit in den Tod. Wir finden das Wrack in siebzig Meter Tiefe und untersuchen es im Taucheranzug. Ein aufregender Besuch, trotz der heftigen Strömung in diesem Unterwassergebiet – dem Golfstrom.

Im Juli nimmt die *Calypso* Kurs auf Martinique. Sie ankert in der Bucht von St. Pierre, in der sich eine Tragödie abspielte. Am 8. Mai 1802, dem Himmelfahrtstag, jagte der Vulkan Pelée bei einem katastrophalen Ausbruch eine Glutwolke über die Stadt, die 30000 Menschen erstickte und nur einen überleben ließ: einen schwarzen Häftling namens Samson Sylbaris, der hinter dicken Kerkermauern geschützt war. Die Glutwolke, die die Stadt verheerte, versenkte 18 Schiffe, die auf der Reede vor Anker lagen. Wir wollen eins davon untersuchen. Wir entscheiden uns für den englischen Dampfer *Roraima*. Er ist in drei Teile zerbrochen und liegt in fünfzig Meter Tiefe. Barrakudas, Engelfische, Doktorfische und hundert andere Arten haben ihn sich zur Zuflucht erwählt.

◄ **Der Vulkan Pelée über der Stadt St. Pierre auf der Karibikinsel Martinique**

▲ **Kanadische Fischer beim Einbringen eines Heringsfangs. Moderne Trawler fangen mit Riesennetzen derartige Fischmengen, dass manche Arten jetzt vom Aussterben bedroht sind.**

Die *Calypso* verbringt das Jahresende 1979 bei einem langen Einsatz in Venezuela. Unter wissenschaftlicher Leitung untersuchen wir die Zusammensetzung des Wassers, der Sedimente und die Dichte tierischen und pflanzlichen Planktons in einem riesigen Meeresgebiet.

Im Juni 1980 läuft die *Calypso* zu einem neuen Großeinsatz zu den nebligen Küsten Neufundlands, zum Sankt-Lorenz-Strom und zu den Großen Seen Nordamerikas aus. Wir studieren die Fischerei auf der Neufundlandbank, einem der fischreichsten Gebiete der Welt, und begleiten den französischen Fischkutter *Croix-de-Lorraine* auf einer seiner Fangfahrten. Bernard Delemotte, Raymond Coll und Jacques Delcoutère tauchen und filmen das riesige Schleppnetz in Aktion. Eindrucksvolle – und schreckliche – Bilder eines alles verschlingenden, unerbittlichen Mauls, das ohne Unterschied alles erfasst, was sich zeigt. Der Mensch braucht Fische, um zu leben. Aber er fischt zu viel. Er begnügt sich nicht damit, die jährliche Ernte vom Meer einzufahren: Er vernichtet die Bestände, die Grundlage der Vermehrung.

Wir beginnen diesen Einsatz mit einem Besuch der Sable-Insel vor Neuschottland: eine flache Sandbank, ständig von Stürmen bedroht. Von Untiefen umgeben, ist sie ganzen Heerscharen von Barken, Schonern und Dampfern zum Verhängnis geworden: der größte Schiffsfriedhof der Welt!

Die Wanderzeit der Lodden ist angebrochen. Diese etwa zwanzig Zentimeter langen Fische kommen zum Sommerbeginn zu Millionen in die Gewässer von Neufundland. Sie ernähren sich von Planktonkrebsen und sind die Beutetiere größerer Arten wie Seelachs, Kabeljau und Köhler. Wir erleben den massiven Ansturm der Lodden an den Küsten. Sie sind so zahlreich, dass ihre silbrigen Leiber das Meer zur glitzernden Suppe machen. Die Weibchen legen ihre Eier in Strandnähe in den Sand, und die Männchen entlassen ihre Milch über den Laich. Danach sterben die erschöpften Fische, aber im Wasser hat die nächste Generation ihren Zyklus begonnen.

Die Lodden sind die Nahrung der Großfische, aber auch der Meeresvögel. Wir bewundern die Fangtechnik der Lummen, Basstölpel, Alken, Säger und Papageientaucher. Letztere, die ihren Namen von ihrem dicken, rot gestreiften Schnabel haben, kommen vom Fischfang bisweilen mit zwei oder drei Dutzend Fischen im Schnabel wieder.

In der Bonavista-Bai kommen wir einem Waljungen zu Hilfe.

Die Buckelwale – zu welcher Art das Jungtier gehört – wissen die Lodden ebenfalls zu schätzen. Um die Fische mit ihrem riesigen Maul abzuschöpfen und sie durch ihre Barten zu filtern, nähern sich die Wale der Küste. Doch die Fischer haben in jeder Bucht Netze gezogen. Die Wale verwickeln sich darin. Viele von ihnen ertrinken.

Das droht auch unserem Walkalb zu widerfahren, das sich in den Maschen eines riesigen Netzes verfangen hat. Zusammen mit Bernard Delemotte tauche ich. Wir beginnen damit, das „Kleine" zu beruhigen, das immerhin acht Meter lang ist und 15 Tonnen wiegt (es ist noch kein Jahr alt). Ich weiß nicht, ob das Junge versteht, dass wir ihm helfen wollen. Jedenfalls lässt es alles mit sich geschehen. Es gelingt ihm, seine Atemlöcher über Wasser zu halten. Aber es wird zusehends erschöpfter.

Bernard Delemotte und ich schuften wie Sträflinge, um die Nylonschnüre zu durchschneiden. Mehr als eine Stunde lang arbeiten wir mit dem Messer, bis schließlich die letzte Masche nachgibt. Das Walkalb ist frei, aber es ist verletzt, steht unter Schock. Es zittert am ganzen Leib. Es schnaubt, bläst dreimal hintereinander recht kräftig, bewegt den Schwanz und beginnt davonzuschwimmen. Hurra!

Wie um uns zu danken, wälzt es sich auf den Rücken und streckt eine lange weiße Flosse gen Himmel und wedelt etliche Minuten damit. Auf Wiedersehen, junger Wal, und mehr Glück für die Zukunft! Der Mensch hat im Meer so viele Fallen errichtet.

Morgen werden wir im St.-Lorenz-Golf sein.

Der Golf von St. Lorenz ist ein Meer: Wir laufen mit gebührender Achtung ein. Die

Papageitaucher – gefiederte Juwelen

Kein anderer Seevogel der nördlichen Breiten kommt in solcher Farbenpracht daher: ein schwarzweißes Gefieder, leuchtend orangerote Füße und ein rot-blau-gelber Schnabel. Der bunt schillernde Schnabel ist das Markenzeichen dieser Tauchvögel aus der Familie der Alken, und er hat viele Aufgaben: Im Streit wird er dem Nachbarn drohend entgegengereckt, als Zeichen friedlicher Absichten unter dem Gefieder versteckt; in der Balz wird damit geschnäbelt, und an den Brutplätzen dient er zum Graben meterlanger Gänge.

Obwohl in der Gestalt und in der Lebensweise dem flugunfähigen Pinguin ähnlich, sind Papageitaucher hervorragende Flieger. Nur in der Brutzeit (März–Juni) kommen sie an Land, das restliche Jahr verbringen sie auf dem Nordatlantik und dem Nordpolarmeer.

Weibchen und Männchen sind gute, aber nicht übermäßig gewissenhafte Eltern. Pflichtbewusst brüten sie das einzige Ei aus und füttern das Küken; aber sechs Wochen nach dem Ausschlüpfen betrachten sie die Aufgabe als beendet. Das Küken muss dann allein schwimmen, tauchen und fliegen lernen. Ratten, Möwen und Trottellummen bilden eine ständige Bedrohung. Der erwachsene Papageitaucher hat kaum noch Feinde, abgesehen von Greifvögeln und – auf Island – dem Menschen. Gebratener Papageitaucher gilt dort als Delikatesse: Bis zu 600 Vögel pro Tag werden während der Brutzeit vom Nest geholt.

Papageitaucher auf einer Insel vor der Atlantikküste Kanadas ▶

Mingan-Inseln, ein Naturpark vor der Küste, scheinen von einem genialen Verrückten aus Stein gehauen zu sein: Die Felsen bilden Türme, Burgen, Kirchen, Minarette, Dornröschenschlösser ... Wir besuchen auch die große Insel Anticosti, wo die meisten Vertreter der kanadischen Fauna geschützt leben: Elche, Karibus, Bären, Wölfe, Füchse, Vielfraße, Luchse, Biber, Adler, Eulen ... Die Reise ist herrlich.

Wir fahren den St.-Lorenz-Strom aufwärts bis zur Mündung des Saguenay. Eine Herde Belugawale führt uns in diesen Nebenfluss ein, der einen herrlichen Fjord mit Steilwänden von bisweilen 300 Meter Höhe bildet. Die Belugas oder Weißwale sind makellos weiß – zumindest im Erwachsenenalter, denn die Jungen sind schokoladenbraun. Sie sind große Delphine von sechs Meter Länge und 700 Kilogramm Gewicht, elegant, schnell und gute Taucher. Sie stoßen unaufhörlich alle möglichen Geräusche aus: Lotungsklicken, Gemurmel, Pfeifen, Knirschen, Grunzen. Im St.-Lorenz-Strom gibt es 350 Belugas. Doch der Quebecer Spezialist Dr. Jean Boulva, der sie uns zeigt und sie schon lange studiert, teilt uns mit, dass sie zum Untergang verdammt sind.

Diese Wale sind zwar geschützt, leiden aber unter der Wasserverschmutzung. Chemieprodukte, Schwermetalle, Pestizide, die Fabriken, Städte und Landwirtschaft in den Strom leiten, machen sie unfruchtbar. Die wir hier sehen, sind die letzten ihrer Art.

Wir fahren im Parallelkanal zum St.-Lorenz-Strom weiter, dem St.-Lorenz-Seaway, der die Stromschnellen von Lachine umgeht. Dieser Teil der Fahrt ist nicht so angenehm: Beton, Schleusen, Wasserkraftwerke, Industriekomplexe… Wir kommen in den Ontariosee.

Wir fahren nach Burlington, wo das Wrack der *Hamilton* auf uns wartet. 1812 tobt der Krieg zwischen der britischen Kolonie Kanada und den noch lange nicht unabhängigen Vereinigten Staaten. Wer den Ontariosee beherrscht, ist strategisch im Vorteil. In der Nacht zum 8. August rüstet die amerikanische Flotte zum Angriff. Sie ist an Zahl und Bewaffnung überlegen und will aus der kanadischen Flotte Kleinholz machen. Aber ein Sturm versenkt die beiden größten Einheiten der US-Flotte: die *Hamilton* und die *Scourge*. Ein Patt. Die Grenze verläuft seither mitten durch die Großen Seen.

◀ **Buckelwalkuh und ihr Kalb. Zu Beginn des Walfangmoratoriums von 1979 gab es auf der Südhalbkugel nur noch knapp 3000 Buckelwale, kläglicher Rest der früher mehr als 100 000 Tiere.**

▲ **Die *Calypso* bei ihrer Generalüberholung. Vor allem der hölzerne Rumpf bedurfte dringend einer Erneuerung.**

Begleitet von einem Boot des Bedford Institute in Burlington, macht die *Calypso* über dem Wrack fest. Das Wasser ist kalt, etwa drei Grad Celsius. Zusammen mit dem Filmemacher Colin Mounier gehe ich im Tauchboot hinunter. Die Sicht wird immer schlechter, je näher wir dem Grund kommen, und beträgt zum Schluss nur noch fünfzig Zentimeter. Ein neuer Versuch. Das Tauchboot berührt eine Metallmasse. Ich drehe mich um und blicke direkt in eine Kanone, deren Mündungsloch auf mein Bullauge zielt!

Das Wrack der *Hamilton*! Hervorragend erhalten. Nach 168 Jahren unversehrt... Alle Taucher haben schon davon geträumt, auf dem Meeresboden ein ideales Schiff zu sehen. Unversehrt... Ich schwebe das Deck entlang und folge der Verankerung des Bugspriets. Und da kommt der Freudenschock: Im schwächer werdenden Scheinwerferlicht des Tauchboots kann ich durch mein Bullauge eine wundervolle Diana auf der Jagd bewundern – von Blattwerk umkränzt, unversehrt, mit feinen Linien... Eine Büste aus vergoldeter Holzschnitzerei, die im kalten Süßwasser des Ontariosees hervorragend erhalten geblieben ist. Eine Erscheinung. Die Frau im See. Das schönste Bild, das ich je unter Wasser beobachten konnte...

Auf ewig das Meer

Die *Calypso* ist alt geworden. Seit sie in ein Meeresforschungsschiff umgewandelt worden ist, hat sie Hunderttausende von Seemeilen zurückgelegt. 1983 bringen wir sie in eine Werft in Florida. Ein Heer von Arbeitern macht sich über sie her, um sie zu sanieren. Sie bekommt eine neue Rumpfbeplankung. Wir ersetzen auch die Spanten; sie erhält nagelneue Maschinen, Schrauben, Dieseltanks – kurz, eine Generalüberholung vom Kiel bis zum Radarmast. Ihre Brücke ähnelt fortan dem Cockpit eines Linienflugzeugs.

Ich überwache die Arbeiten persönlich. Als sie beendet sind, ist das Schiff bereit für seine größte Herausforderung: die Wiederentdeckung der Welt...

Der Kapitän dieser Wiederentdeckung bin ich... Diese Weltreise soll für mindestens fünf Jahre (1985–90) unsere größte Herausforderung sein. Die Welt mit neuen Augen sehen, im Kielwasser der Forscher der Renaissance und der großen Entdecker feststellen, wie intakt die Lebenswelt noch ist: Das ist das Programm, das wir erfüllen sollen.

Wir fangen mit Haiti an. Von Juni bis September 1985 fahren wir die Küsten dieses Teils der Insel Hispaniola entlang. An diesen Einsatz habe ich keine guten Erinnerungen. Haiti verwandelt sich in eine Wüste. Um das Unglück voll zu machen, sammelt sich der Mutterboden, der auf den Feldern und in den Gärten fehlt, im Meer, wo er die Korallenbänke erstickt und die von diesen abhängigen Fische vernichtet. Bei Haiti sind die Fischgründe erschöpft durch ununterbrochenen, intensiven Fischfang.

Kuba, die große Nachbarinsel von Haiti, hat diese Art von Problemen nicht. Welcher Kontrast! Das Land verwaltet seine Meeresressourcen gut. In Kuba sind die Meeresgebiete vermutlich dank der planvollen Kommandowirtschaft des kommunistischen Regimes in Parzellen unterteilt, die nacheinander abgefischt werden.

▲ **Der Verfasser, jetzt Kapitän der *Calypso*, auf seiner neuen Hightech-Kommandobrücke**

Unser nächstes Ziel sind die Galapagos-Inseln. Mit Freuden begrüße ich dort die Riesenschildkröten, die eleganten Seeotter, die bizarren Meerechsen, die Pinguine (die am Äquator so fehl am Platze scheinen), die Krabben und die unförmigen Fledermausfische.

Wir kreuzen auch im Archipel der Marquesas. Berge im Meer. Türkisfarbenes Wasser. Zerklüftete Vulkangipfel, bedeckt mit dichter Vegetation. Schwärme von Nari-Nari-Adlerrochen mit riesigen, weiß gefleckten Schwingen. Und schließlich Tahiti.

Jetzt bin ich also mit sechzig Jahren als Kapitän der *Calypso* auf Tahiti. Zeit, Bilanz zu ziehen.

Ich bin zufrieden damit, was ich aus meinem Leben gemacht habe. Ich denke an meinen Vater und sein Boot – seine Bette, dieses bescheidene Spitzgattboot. Wie schön wäre es, wenn er mich am Steuer des berühmtesten Forschungs- und Abenteuerschiffs der Welt sehen könnte.

Im Laufe meines Seemannslebens werde ich meinen Sack von Erinnerungen bis an den Rand gefüllt haben. Ich werde in alle Gewässer von Sormiou bis zur Antarktis, von Alaska bis Australien, vom Roten Meer bis zu den Marquesas getaucht sein.

Heute, nach all diesen Jahren der Abenteuer, bin ich einer Sache sicher: Ich werde niemals genug kriegen. Ich werde Wellen, Gezeiten, Muscheln, Fische und Wale nie satt haben. Ich werde so lange wie möglich zur See fahren. Sonne und Nebel werden noch mehr Falten in mein Gesicht graben und meine Haare bleichen. Aber weder Falten noch weiße Haare werden mir je meine Leidenschaft für das Meer nehmen können.

REGISTER

Halbfett gedruckte Seitenzahlen kennzeichnen einen Eintrag in einer Karte, *kursiv* gedruckte weisen auf eine Abbildung hin.

A

B

C

D

E

F

G

N

O

P

U

V/W

Literaturverzeichnis

Bei der Bearbeitung dieses Bandes wurden folgende Werke in- und ausländischer Verlage und Autoren zu Rate gezogen:

Attenborough, David: *The Living Planet,* The Reader's Digest Association Limited, 1985
Banister, Dr. Keith, and Campbell, Andrew (Hrsg.): *The Encyclopedia of Underwater Life,* George Allen & Unwin, 1985
Barkman, Lars, et al. (Hrsg.): *Underwater Archaeology: A Nascent Discipline,* UNESCO 1972
Brower, Kenneth: *Realms of the Sea,* The National Geographic Society, 1991
Cousteau, Jacques-Yves, and Sirvine, Alexis: *Jacques Cousteau's „Calypso",* Harry N. Abrams Inc., 1983
Cousteau, Jacques-Yves: *Le Monde Sans Soleil,* Hachette, 1964
Cousteau, Jacques-Yves: *The Silent World,* Futura Publications Limited, 1975
Deacon, G. E. R. (Hrsg.): *The Oceans: An Atlas History of Man's Exploration of the Deep,* Paul Hamlyn, 1962
Deacon, Margaret: *Scientists and the Sea 1650–1900,* Academic Press, 1971
Dugan, James: *Man Explores the Sea.* Hamish Hamilton, 1956
Earle, Sylvia A., and Giddings, Al: *Exploring the Deep Frontier: The Adventure of Man in the Sea,* National Geographic Society, 1980
Fothergill, Alastair: *Leben im ewigen Eis. Eine Naturgeschichte der Antarktis,* Kynos, 1996
George, David, and George, Jennifer: *Marine Life: An Illustrated Encyclopedia of Invertebrates in the Sea,* Lionel Leventhal Ltd., 1979
Gierloff-Emden, Hans-Günter: *Geographie des Meeres: Ozeane und Küsten,* 2 Bände (Lehrbuch der Allgemeinen Geographie Bd. 5), Walter de Gruyter, 1980
Göbel, Peter: Unser faszinierender Planet: Die Geheimnisse der Erde neu entdeckt, Verlag Das Beste, 1987
Harrison, Sir Richard, and Bryden, Dr. M. M. (Hrsg.): *Whales, Dolphins and Porpoises,* Merehurst Limited, 1988
Hempel, Irmtraud, und Hempel, Gotthilf: *Biologie der Polarmeere: Erlebnisse und Ergebnisse,* Gustav Fischer Verlag, 1995
Humann, Paul: *Fischführer Karibik,* Jahr Verlag, 1997
Humann, Paul: *Niedere Tiere Karibik,* Jahr Verlag, 1999
Humann, Paul: *Reef Coral Identification,* hrsg. von Ned Deloach, New World Publications Inc., 1989
Ingmarson, Dale E., and Wallace, William W.: *Oceanography: an Introduction,* Wadsworth Publishing Company, 1985
Keay, John (Hrsg.): *The Royal Geographical Society History of World Exploration,* Paul Hamlyn Publishing, 1991
Randall, Dr. John E.: *Red Sea Reef Fishes,* Immel Publishing, 1983
Silcock, Lisa (Hrsg.): *The Oceans: A Celebration,* Ebury Press, 1993
Sweeney, James B.: *A Pictorial History of Oceanographic Submersibles,* Crown Publishers, 1970
Talbot, Dr. Frank H., and Stevenson, Robert E. (Hrsg.): *The Encyclopedia of the Earth: Oceans and Islands,* Merehurst Limited, 1991
Westermann Lexikon der Geographie, Band I–V, Georg Westermann Verlag, 1975

Bildnachweis

O=oben; *U*=unten; *M*=Mitte; *R*=rechts; *L*=links; *E*=eingeklinkt

Bucheinband: *O* Michael Friedel *R* Equipe Cousteau *U* Planet Earth Pictures/Georgette Douwma
Vorsatzpapier: Jürgen Freund
Innenteil: **2** Ocean Eye Films/Lawson Wood FRPS FBIPP **3** The Image Bank/Jeff Hunter **5** Jürgen Freund **6/7** The Image Bank/Jeff Hunter **8/9** The Image Bank/Kaz Mori **12** *OL* Bruce Coleman/John Murray *MR* The Image Bank/Eric Meola **12/13** Rafn Hafnfjörd **14** Science Photo Library/US National Oceanic & Atmospheric Administration **14/15** Ardea, London/E. Mickleburgh **16/17** *O* The British Library *U* The Bridgeman Art Library **17** *OM* Wide World Photos *OR* Mary Evans Picture Library **18** *UL* Heather Angel *UR* Institute of Oceanographic Sciences, Deacon Laboratory **18/19** Ardea, London/François Gohier **19** NHPA/Daniel Heuclin **20/21** Ace/Mauritius **22** *O* Marsigli foundation/Anita McConnell *M* Marsigli foundation/Anita McConnell *UL* Royal Geographical Society **23** Marsigli foundation/Anita McConnell **24** *OR* L'Illustration, 1857 *UL* Brown Brothers **24/25** Black Star, New York/John Launois **25** Planet Earth Pictures/Krov Menuhin **26** *O* Science Photo Library/Jan Hinsch *UR* Minden Pictures/Flip Nicklin **26/27** The Image Bank/Paolo Curto **27** *O* Oxford Scientific Films/Fred Bavendam *U* Bruce Robison **28/29** Ardea, London/Ron & Valerie Taylor **30** *O* Britstock-IFA/Eric Bach *MR* John Miles *U* Oxford Scientific Films/Tim Rock **30/31** Ocean Eye Films/Lawson Wood FRPS FBIPP **31** Oxford Scientific Films/David B. Fleetham **32** *O* Pat Clyne *U* Pat Clyne **32/33** Pat Clyne **33** Pat Clyne **34** Planet Earth Pictures/Flip Schulke **34/35** Planet Earth Pictures/James King **35** *O* Woods Hole Oceanographic Institution *U* The Image Bank/Derek Berwin **36** *O* Tony Stone Images/David Higgs **36/37** *O* Peter Newark's Military Pictures *U* Photri Inc. **37** Photo Press **38** Greenpeace Communications Ltd./Culley **38/39** Oxford Scientific Films/David Cayless **39** *O* Greenpeace Communications Ltd./Dorreboom *MR* Greenpeace Communications Ltd./Grace **40** Tony Stone Images/Dave Bjorn **40/41** Tony Stone Images/Arnulf Husmo **41** *O* Survival Anglia/Des & Jen Bartlett *M* Minden Pictures/Flip Nicklin **42/43** Bruce Coleman/Michael Glover **44/45** Images Colour Library/Andris Apse **46** Albert Falco **47** Equipe Cousteau **48** Camera Press/Bernard Silberstein **50** Robert Harding Picture Library/Explorer **51** Albert Falco **52** Albert Falco **53** Albert Falco **55** Albert Falco **56** Colorific!/Fred Ward **58** Robert Harding Picture Library/Adam Woolfitt **59** Albert Falco **61** Equipe Cousteau **62** Planet Earth Pictures/Christian Petron **63** Ocean Eye Films/Lawson Wood FRPS FBIPP **64** *O* Equipe Cousteau/M. Verdue *UL* Equipe Cousteau *UR* Equipe Cousteau **64/65** Equipe Cousteau/A-M. Cousteau **65** *UL* Equipe Cousteau/R. Murphy *UR* Equipe Cousteau **66** Equipe Cousteau **67** Equipe Cousteau **68** Planet Earth Pictures/Warren Williams **69** Albert Falco **70** Albert Falco **71** Albert Falco **72/73** Equipe Cousteau **74** Equipe Cousteau **75** The Image Bank/Ocean Images Inc. **76** Ardea, London/Valerie Taylor **78** Ardea, London/Valerie Taylor **79** Trip/M. Portelly **80** Oxford Scientific Films/Laurence Gould **82/83** Ardea, London/David Nance **84** Minden Pictures/Flip Nicklin **85** Minden Pictures/Frans Lanting **87** Albert Falco **88** *O* Planet Earth Pictures/Nancy Sefton *UL* Ardea, London/Valerie & Ron Taylor **88/89** Planet Earth Pictures/Kurt Amsler **89** *OL* Planet Earth Pictures/Marty Snyderman *OR* Planet Earth Pictures/Carl Roessler *ML* Ardea, London/Valerie & Ron Taylor **90** The Image Bank/Andy Caulfield **91** Robert Harding Picture Library **92** Planet Earth Pictures/Peter Scoones **93** Equipe Cousteau **94** Ocean Eye Films/Lawson Wood FRPS FBIPP **95** NHPA/Anthony Bannister **96** Ocean Eye Films/Lawson Wood FRPS FBIPP **97** Equipe Cousteau/P. Legris **99** Albert Falco **100** Equipe Cousteau **101** Planet Earth Pictures/Norbert Wu **104** Albert Falco **105** Equipe Cousteau **106** Equipe Cousteau/R. Rinaldi **107** Aspect Picture Library/Geoff Tompkinson **108/109** Equipe Cousteau **110** NHPA/Norbert Wu **111** Equipe Cousteau **112** *O* Oxford Scientific Films/Max Gibbs *UL* Oxford Scientific Films/Zig Leszczynski *UR* Oxford Scientific Films/Rudie Kuiter **112/113** Planet Earth Pictures/Norbert Wu **113** *M* Oxford Scientific Films/Colin Milkins *U* Tony Stone Images/Marc Chamberlain **114** Minden Pictures/Flip Nicklin **115** Equipe Cousteau **116** Equipe Cousteau **117** Planet Earth Pictures/Norbert Wu **119** Equipe Cousteau **120** NHPA/Anthony Bannister **122/123** Equipe Cousteau **124** Equipe Cousteau **125** Planet Earth Pictures/Chris Huxley **126** Equipe Cousteau **127** Ocean Eye Films/Lawson Wood FRPS FBIPP **128** *OL* Oxford Scientific Films/Fred Bavendam *M* Ocean Eye Films/Lawson Wood FRPS FBIPP *U* Oxford Scientific Films/Howard Hall **128/129** Ocean Eye Films/Lawson Wood FRPS FBIPP **129** *UL* Oxford Scientific Films/Fred Bavendam *UR* Planet Earth Pictures/Mark Conlin **130** Planet Earth Pictures/Flip Schulke **131** Equipe Cousteau **132** Bruce Coleman/Atlantide SDF **133** Ardea, London/Ron & Valerie Taylor **134** Minden Pictures/Frans Lanting **135** Bruce Coleman/C. C. Lockwood **136** Equipe Cousteau **137** *UL* Planet Earth Pictures/Georgette Douwma *UR* Planet Earth Pictures/Norbert Wu **140** Equipe Cousteau **141** Planet Earth Pictures/Flip Schulke **142** Ardea, London/François Gohier **143** Survival Anglia/Jeff Foott **144** Survival Anglia/Jeff Foott **145** Minden Pictures/Flip Nicklin **146** NHPA/John Shaw **147** Oxford Scientific Films/Fred Bavendam **148** Equipe Cousteau **149** NHPA/Norbert Wu **150** Bryan & Cherry Alexander/David Rootes **150/151** Britstock-IFA/H. Schmidbauer **151** *O* Ardea, London/François Gohier *M* Ardea, London/François Gohier *U* Bruce Coleman/Jeff Foott **152** Minden Pictures/Flip Nicklin **153** Ardea, London/François Gohier **154/155** Equipe Cousteau **156** Bryan & Cherry Alexander **157** Equipe Cousteau **158** Planet Earth Pictures/Philip Sayers **159** Ocean Eye Films/Lawson Wood FRPS FBIPP **160** Minden Pictures/Flip Nicklin **161** Oxford Scientific Films/Doug Allan **162** Ardea, London/Graham Robertson/AUSCAPE **163** Albert Falco **164** *UL* Minden Pictures/Frans Lanting *UR* Survival Anglia/Mike Tracey **164/165** Oxford Scientific Films/Doug Allan **165** *M* Oxford Scientific Films/Doug Allan *UL* Oxford Scientific Films/Doug Allan *UR* Heather Angel **166** Equipe Cousteau **167** Albert Falco **168** Albert Falco **169** Albert Falco **170** The Image Bank/Roger Miller **171** Oxford Scientific Films/Raymond Blythe **173** Equipe Cousteau **175** Equipe Cousteau **176** Albert Falco **177** Equipe Cousteau **178** Ardea, London/François Gohier **179** The Image Bank/Joseph Devenney **180/181** Planet Earth Pictures/Doug Perrine **182** Albert Falco **183** Equipe Cousteau

Faszination der weiten Welt
Redaktion: Dr. Peter Göbel, Susanne Straub, Kirsten Thiel (Projektleitung)
Übersetzung: Michael Martin
Korrektur: Horst Langheinrich
Gestaltung und Typographie: Veit Müller
Einband: Karel Meisner
Produktion: Günter Kress, Roman Wagner
Bildresearch: Anja Kudsen/red.sign

Ressort Buch
Redaktionsdirektorin: Suzanne Koranyi-Esser
Redaktionsleiter Auswahlbücher und Leseserien: Heinz Volz
Art Director: Rudi Schmidt

Operations
Direktor Operations: Hanspeter Diener
Leitung Produktion Buch: Joachim Spillner

Satz: Lihs GmbH, Medienhaus, Ludwigsburg
Druck und Binden: Milanostampa S. p. A., Mailand